NUEVO 1

NUESTRO SEÑOR JESUCRISTO

QUE CONTIENE

LOS ESCRITOS EVANGÉLICOS Y APOSTÓLICOS

Versión de Casiodoro de Reina (1569)

Revisado por Cipriano de Valera (1602)

Revisión de la Antigua Reina Valera (1909)

Revisado por Dr. Henry Álvarez (2022)

Cotejado con el texto griego y con diversas
traducciones bíblicas clásicas.

El santo Evangelio según San Marcos

Introducción

Generalmente, se considera que Marcos fue el primer Evangelio que se escribió (Stein 1987; Brown 1997:99-125; Guthrie 1990:136-208). No obstante, la mayoría de los Padres de la Iglesia de los primeros cinco siglos sostuvieron que Mateo era el Evangelio más antiguo, posiblemente debido a sus raíces apostólicas directas (ver Ireneo en *Contra las herejías* 3.1.1-2; Tertuliano en *Contra Marción* 4.2.1-5; Papías, como se cita en *Historia eclesiástica* de Eusebio 7.39.16; y para evaluación, ver Bock 2002a:163-165). A pesar de este punto de vista, la tradición de la Iglesia primitiva también afirma consistentemente la conexión que existió entre Marcos, no discípulo de Jesús, y el apóstol Pedro. Lo que ayuda a explicar cómo un Evangelio escrito por una figura no apostólica se convirtió en parte del canon del Nuevo Testamento.

La creencia de que Marcos es nuestro primer Evangelio surge de varios factores: (1) El esquema de Marcos parece ser fundamental para la estructura básica de los otros dos Evangelios sinópticos[1]. En otras palabras,

---

[1] Evangelios sinópticos. Se les llama así a los Evangelios según Mateo, Marcos y Lucas porque ellos en sus escritos registran historias y enseñanzas similares en contenido y estructura. Lo cual es extensivamente diferente cuando se compara con el Evangelio de Juan, quien es, en su mayoría, muy distinto en contenido y estructura a los tres primeros Evangelios.

Mateo parece estar siguiendo a Marcos, y lo mismo ocurre con Lucas. (2) Marcos fue el primero en describir la conducta de los discípulos, y lo hizo tal cual como los percibió. Sin filtrar ningún elemento de su comportamiento y dejando ver al lector su completa humanidad. Posteriormente, los otros Evangelios parecen describir más los aciertos de ellos que sus desaciertos; por lo tanto, la presencia de narrativas presentes solo en Marcos argumenta en contra de que sea el segundo o tercer Evangelio escrito. (3) Marcos es el Evangelio más corto, pero en los relatos que son paralelos a los otros Evangelios, generalmente, brinda más detalles. Esto descarta que Marcos sea un Evangelio "resumen" que siguió a Mateo y Lucas. (4) Marcos es un Evangelio de "acción". Esto quiere decir que, del ministerio de Jesús, Marcos prestó más atención a los hechos que a sus discursos. Por ejemplo, no hay relato de la infancia de Jesús, ni evidencia de un Sermón del Monte, etc., mientras que su enfoque ha sido importante para presentar la vida de Cristo, especialmente en su pasión y muerte; y aunque algunos de sus relatos no estén ordenados cronológicamente, sí lo son por temas.

Autor del Santo Evangelio

Como ocurre con los otros Evangelios, el autor no se nombra a sí mismo en su obra. Por lo tanto, necesitamos buscar otras fuentes para descubrir su autoría. Tal cual expusimos anteriormente, la asociación de Pedro con Marcos nos llega a través del testimonio de la Iglesia primitiva (Gundry 1993:1026-1045; Taylor 1966:1-8); pero, además, según Eusebio, Papías describió a Marcos como el intérprete de Pedro (*Historia eclesiástica* 3.39.15). Los comentarios de Papías a menudo se fechan alrededor del 140 d. C., aunque algunos argumentan que en realidad podrían ser de hasta 30 años antes, ya que Papías está relacionado con Policarpo, Ignacio y Clemente de Roma, y la discusión de Eusebio precede a la mención que hace del emperador Trajano (Gundry 1993: 1027-1028). Papías afirma que lo dicho se remonta a Juan el anciano (probablemente el apóstol Juan). Esta observación nos ubica al final del primer siglo.

Papías, según lo informado por Eusebio, afirmó que Marcos, habiéndose convertido en el intérprete de Pedro, escribió con precisión, aunque no en orden, todo lo que recordaba de lo dicho y hecho por Cristo. Esto, debido a que él no escuchó al Señor directamente ni lo siguió, sino que después aprendió de su mentor, Pedro. Más aun, tenemos otras fuentes más allá de Papías. El *Prólogo antimarcionita* (alrededor del 180 d. C.), Ireneo (*Contra las herejías* 3.1.1-2) y Clemente de Alejandría (*Historia eclesiástica* 6.14.6) confirman la autoría. Se informa que Clemente dijo lo siguiente con respecto a Marcos:

El Evangelio según Marcos se originó así. Habiendo Pedro predicado la palabra públicamente en Roma y declarado el evangelio por el Espíritu, muchos de los presentes pidieron que Marcos, que lo había seguido durante mucho tiempo y recordaba sus dichos, los escribiera. Y habiendo compuesto el Evangelio, se lo dio a quienes lo habían pedido.

Mientras que Ireneo escribió:

Después de su partida [de Pedro y Pablo], Marcos, el discípulo e intérprete de Pedro, también nos transmitió por escrito lo que había sido predicado por Pedro.

Justino Mártir infiere que Marcos estaba relacionado con Pedro. En una alusión a Marcos en el *Diálogo de Mártir con Trifón* 106, refiriéndose a Pedro, llama "sus memorias" al material de Marcos 3:17. Otros registros también confirman esta conexión (Hengel 1985:74-81), aunque no hay evidencia externa para ningún otro autor. Taylor concluye: "No cabe duda de que el autor del Evangelio fue Marcos, el asistente de Pedro". La conclusión de que el autor fue Marcos "puede aceptarse como veraz" (Taylor 1966:26). Resulta pertinente acotar que muchos testigos bíblicos identifican a Marcos como Juan Marcos, un asistente conocido de Pedro, Pablo y Bernabé (Hch 12:12, 25; 13:13; 15:37-39; Col 4:10; 2 Ti 4:11; Flm 24; 1 P 5:13).

Fecha

Ireneo, en *Contra las herejías* 3.1.1-2, sitúa el escrito después de la muerte de Pedro y Pablo, aproximadamente a finales de los años 60. Mientras que Clemente de Alejandría, como lo cita Eusebio en *Historia eclesiástica* 2.15.2, retrasa la fecha hasta los años 50. La mayoría de los comentaristas optan por una fecha en el rango del 65 al 70 d. C.

Audiencia

El mismo texto de Clemente ubica a la audiencia original del Evangelio en Roma, comunidad que experimentó la presión tanto de los judíos como del imperio. La primera comunidad cristiana romana estaba siendo consciente de que no podían seguir a Jesús sin sufrir tal como sufrió el mismo Jesús, quien fue rechazado y despreciado (10:35-45), esto puede explicar el énfasis del Evangelio acerca del sufrimiento de Cristo.

Ocasión y propósito de la escritura

Del énfasis en el sufrimiento de Cristo presentado por Marcos se deduce que, probablemente, su Evangelio estuvo asociado con un período de persecución, especialmente contra la Iglesia en Roma (Lane 1974:24-25). El hecho de que Nerón quemara a los cristianos, culpándolos, además, del gran incendio de Roma, subraya la gravedad de la situación (Suetonio, *Nerón*

38). Los cristianos también eran despreciados porque se negaban a someterse a la adulación y adoración al emperador, imposición del nacionalismo romano; por lo que fueron vistos como ciudadanos desleales. Por tanto, el Evangelio debió animar a los cristianos que sufrían por su fe.

El Evangelio llama a sus seguidores a ser leales al evangelio y al mensaje de Jesús. Esto requiere un discipulado devoto y sacrificado (1:17, 20; 2:14; 10:28). Uno que esté respaldado por la comprensión de que Jesús es en verdad todo lo que demostró ser en su ministerio terrenal. La reivindicación de Jesús en la resurrección es precursora de su esperado retorno a la tierra.

Canonicidad

La estrecha conexión del Evangelio según Marcos con Pedro explica su aceptación y circulación en la Iglesia primitiva y le da la justificada credibilidad a este Evangelio. Debió haber tenido vínculos apostólicos para que la Iglesia le diera la bienvenida dentro de la colección básica del Evangelio cuádruple —una colección bien consolidada a mediados del siglo II— aunque la Iglesia reconoció que lo escribió alguien que no fue apóstol.

Estilo literario

La investigación literaria hecha por Burridge sostiene que el género literario antiguo que más se acerca a los Evangelios es la biografía antigua. Y precisamente, el

Evangelio según Marcos es el que más se acerca a esta categoría llamada biografía antigua. Esto significa que Marcos estaba preocupado por hablarnos sobre Jesús y la relevancia de su persona y acciones. La biografía antigua tenía el objetivo de resaltar la importancia de la figura o persona que se estaba tratando, y Marcos encaja bien en esta descripción. A diferencia de la biografía moderna, la biografía antigua se centra más en las acciones y la enseñanza de una persona que en su psicología. Ciertos énfasis hacen que el trabajo de Marcos sea único y reflejan un subgénero distinto dentro de la biografía antigua.

Un detalle importante sobre el término "Evangelio", tal como llegó a usarse en la Iglesia, es que las copias de los Evangelios están redactadas como "el Evangelio según Marcos", y no como "el Evangelio de Marcos" (Guelich 1989: xxvi; Hengel 1985: 65-67). El único Evangelio es el "de Dios", y Marcos da solo una representación de él, como mediador de un mensaje mucho más amplio. Aunque el trabajo de Marcos fue probablemente el primero de su tipo, fue visto como un ejemplo de la historia que surgió de la Iglesia primitiva y que finalmente se conoció como uno del "Evangelio cuádruple": un Evangelio en cuatro versiones.

Temas principales

Marcos comienza con una nota aclaratoria: él está narrando las buenas nuevas de salvación. Por tal motivo, el objetivo de Marcos era, claramente, decirles a sus lectores que Jesús llevó las buenas nuevas a la gente y, por lo tanto, se reveló a sí mismo como el Cristo, el Hijo de Dios. La cristología de Marcos muestra a Jesús como el Ungido prometido. Jesús es la historia y a la vez, el tema de la historia.

Aunque en menor grado que Mateo o Lucas, Marcos también menciona el Reino de Dios como tema. Para Marcos, el Reino tiene elementos que indican su presencia inicial o inmediata; pero a su vez, hace énfasis en que algún día, en el futuro, vendrá en plenitud. La entrada al Reino está disponible ahora, y para ello se requiere que uno sea como un niño. El misterio del Reino es que comienza siendo pequeño, pero crecerá hasta convertirse en una cosecha completa, logrando todo lo que Dios le ha asignado.

Marcos corrige el peligro de que algunos puedan presentar el evangelio en términos estrictamente triunfalistas, ya que sufrir el rechazo también es parte del camino. Para una comunidad bajo presión, la cruz marca el camino a seguir.

Marcos es más un Evangelio de acción que de enseñanza, donde los hechos suceden "inmediatamente". En Marcos se repite la palabra εὐθὺς *eutos* 41 veces. *Eutos* significa: inmediatamente, de inmediato, al instante. En contraste con Mateo, donde *eutos* se repite solo 5 veces, 1 en Lucas, 3 en Juan y 1 en Hechos. Siendo esta, por tanto, una de sus expresiones favoritas. Además, Marcos tiene solo dos discursos: uno sobre las parábolas del Reino (4:1-33) y el escatológico (13:1-37). Sin embargo, abundan los milagros. Marcos incluye veinte relatos de ellos. Combinando estas referencias de milagros, que comprenden un tercio del Evangelio, se configura casi la mitad de los primeros diez capítulos. (Ver Apéndice VI, pág. 218).

Esta imagen de Jesús como el que hace milagros es importante para Marcos, ya que lo presenta como alguien que tiene autoridad, tanto en sus acciones como en sus enseñanzas. Esta autoridad subraya la identidad de Jesús como el Mesías o Cristo, el Hijo de Dios (1:1; 8:29). Las afirmaciones de la autoridad de Jesús sobre el pecado, los demonios, las prácticas religiosas ligadas a la pureza, el sábado y el templo, lo ponen en problemas con los líderes judíos, quienes pronto determinan que deben detenerlo.

La autoridad de Jesús no se basó solo en un poder milagroso. Proporcionalmente, más que cualquier otro Evangelio, Marcos lo destaca como el sufriente Hijo del Hombre. De hecho, nueve de los trece usos del título "Hijo del Hombre" se refieren al sufrimiento de Jesús. Aunque no se cita Isaías 53, las descripciones de Jesús son claramente paralelas al retrato del siervo que sufre, especialmente en la afirmación de que su misión era dar su vida como "rescate por muchos" (10:45). Sin una apreciación completa de su sufrimiento, se malinterpretaría el llamado mesiánico de Jesús. Algunos han designado a esto el secreto mesiánico, pero no es que la identidad de Jesús como el Mesías debía mantenerse en secreto, sino que no debía compartirse hasta que esta se comprendiera más plenamente. Solo cuando la cruz se acercó, emergió el alcance completo de su promesa, mensaje y llamado divino. Los discípulos no estaban en condiciones de predicar a Jesús hasta que apreciaran este aspecto de su misión. Entonces es comprendida la misión posterior de la Iglesia.

El siervo Jesús es un ejemplo de cómo caminar con Dios en un mundo que rechaza a los enviados por Dios. Aquí también aparecen las demandas pastorales del discipulado (10:35-45). Marcos es como Mateo en este aspecto. Después del sufrimiento vienen la gloria y la reivindicación. Finalmente, Marcos 6–14 muestra que la experiencia del rechazo y el sufrimiento del Maestro desafiaron a los apóstoles a pensar en lo que significa ser un verdadero seguidor de Cristo. Es decir, un verdadero discípulo está dispuesto a pagar cualquier precio por su fe y hay una gran cantidad de fallas en los discípulos en estos capítulos. Los discípulos tienen mucho que aprender y uno sospecha que Marcos quiere que sus lectores se identifiquen con la dificultad como una forma de ganar fuerza, a partir del hecho de que estos apóstoles pudieron superar sus fracasos. Si Marcos es el Juan Marcos de Hechos 13:13, quien abandonó a Pablo bajo presión, entonces el tema bien puede ser un reflejo de su propia experiencia y crecimiento. A pesar de su fracaso relatado en Hechos, perseveró en el discipulado, como da testimonio Colosenses 4:10-11.

En resumen, Marcos se dirige a una Iglesia bajo coacción y que sufre rechazo como lo había experimentado su Maestro antes que ellos. El antídoto para su situación estresante es perseverar y mirar a Jesús como ejemplo. El Evangelio según Marcos nos da uno de los primeros destellos de cómo la Iglesia presentó a Jesús y su vida a quienes necesitaban establecerse en su caminar con Dios.[2]

---

[2] Turner, D., & Bock, D. L. (2005). *Cornerstone biblical commentary, Vol 11*: Matthew and Mark (pp. 393-399). Carol Stream, IL: Tyndale House Publishers.

Características del Evangelio según Marcos

1. Es el libro más corto de los cuatro Evangelios, consta solo de dieciséis capítulos.
2. Fue el primero en escribirse.
3. Aunque Marcos no fue uno de los doce discípulos, la información sobre Jesús la recibió de Pedro.
4. Fue originalmente dirigido a una audiencia gentil, los cristianos en Roma.
5. Enfatiza los títulos de Jesús: Hijo de Dios, Hijo del Hombre.
6. Su narrativa central gravita más en lo que hizo Jesús que en lo que dijo.
7. Muestra que el grupo que más rechazó a Jesús fueron los religiosos de su época, especialmente los saduceos. La mayoría de los judíos y gentiles lo aceptaron.
8. A Marcos le impresiona la rapidez con que Jesús realizaba los milagros y algunos eventos durante su ministerio. Se destacan en sus notas las frases: de inmediato, enseguida, rápidamente.
9. De toda la vida de Jesús, se enfoca principalmente en su pasión, muerte y resurrección, dándole un amplio margen a los detalles de lo que sucedió la última semana del Maestro en la tierra.
10. Para él, Jesús es el *Siervo que sufre*.

Primera historia: En Galilea (1:14-8:21)

Capítulo 1

Ministerio y mensaje de Juan el Bautista: El Reino de los cielos abre con entusiasmo sus puertas de par en par, preparándose así para recibir directamente a los que crean y reciban al Hijo de Dios.

1 Comienzo del evangelio de Jesucristo, Hijo de Dios.[3]

2 Como está escrito en Isaías, el profeta: He aquí, yo envío a mi mensajero. Es él quien preparará el camino delante de mí.[4]

3 Y será la voz de uno que en el desierto proclama: ¡Preparad vuestro corazón al Señor! ¡Enderezad vuestras sendas![5]

---

[3] "El evangelio de Jesucristo" describe bien toda la obra escrita por Marcos. Para Marcos el comienzo de las buenas nuevas acerca de Jesucristo se inició con la predicación de Juan, a quien se alude en la cita de los versos 2 y 3; además, mencionado explícitamente en los versos del 4 al 8. Marcos también pudo haber estado pensando en un nuevo comienzo comparable al de Gn 1:1. **1. Continúa en la página 232.**

[4] Los versos 2 y 3 son una combinación de dos profetas. Aunque Marcos solo menciona al profeta Isaías, en realidad, en el verso 2 primero está citando a Malaquías 3:1; y luego, cita en el verso 3 a Isaías. En cualquier lista donde se citaban varios profetas, era una costumbre mencionar solamente al profeta mayor.

[5] Isaías 40:3. Tanto Malaquías como Isaías usaron un lenguaje alegórico necesario para describir el ministerio de Juan el

4 Juan[6] comenzó a bautizar en el desierto, y predicaba el bautismo del arrepentimiento para perdón de pecados.

5 Venían a él de toda la provincia de Judea y de Jerusalén; y todos eran bautizados por él en el río Jordán, confesando sus pecados.

Bautista en su oficio profético. Juan el Bautista fue exactamente compatible con el oficio profético de Elías. En los tiempos bíblicos, un gobernante o un noble que viajara por el desierto tendría una cuadrilla de trabajadores despejando y disponiendo el camino delante de él. Esta es una alegoría, que en términos espirituales explica cómo Juan el Bautista estaba preparando el camino para la llegada del Mesías con la predicación a los hombres. Marcos hace una extraordinaria combinación de lo dicho por Isaías y Malaquías para explicarnos cómo el mensajero del Señor, predicando el bautismo del arrepentimiento para perdón de pecados, preparaba los corazones y vidas de los hombres para el Mesías.

[6] Juan era hijo de Zacarías, el sacerdote. Como hijo de un sacerdote, Juan estaba calificado para servir en el templo; en cambio, eligió el desierto solitario para comenzar su ministerio de llamar a una nación al arrepentimiento y preparar el camino para el Señor Jesús. El versículo 6 nos da un resumen completo de la dieta del Bautista. El punto central que se quiere comunicar es que, mediante su forma de vida sencilla, evidente en la alimentación y el vestido, Juan se había constituido en una protesta viviente contra toda forma de egocentrismo y autoindulgencia. Juan atacaba la frivolidad con que mucha gente vivía y la indiferencia u olvido de esta por lo más importante, la vida espiritual.

6 Juan[7] vestía ropa hecha de pelo de camello, llevaba un cinto de cuero alrededor de su cintura, y comía langostas y miel silvestre.

7 Y predicaba, diciendo: Tras de mí viene uno más poderoso que yo; de la correa de sus sandalias, no soy digno de inclinarme para desatarlas.

8 Yo os bautizo con agua, pero él os bautizará con el Espíritu Santo.

Jesús se somete a la voluntad específica del Padre para comenzar su ministerio: El bautismo de Jesús

9 Aconteció en aquellos días, que Jesús vino desde Nazaret,[8] ciudad de Galilea,[9] y fue bautizado por Juan en el Jordán.

10 De inmediato,[10] al salir del agua, vio abrirse los cielos y al Espíritu como paloma descendiendo sobre él.

---

[7] Considerado el último de los profetas del Antiguo Testamento, Juan el Bautista era hijo del sacerdote Zacarías y Elisabet, esposos que vivían en los montes del desierto de Judea (Lc 1:39). Ella y María, la madre de Jesús, estaban emparentadas (Lc 1:36). María pudo haber estado con Elisabet cuando nació Juan (Lc 1:56). Juan el Bautista no debe confundirse con el apóstol Juan, quien junto con su hermano Jacob estaba entre los doce discípulos de Jesús.

[8] Nazaret es una pequeña comunidad en el sur de Galilea.

[9] Galilea es una región al norte de Israel. El historiador Josefo y el Talmud describen que estaba formada por dos grandes porciones: la Galilea baja, donde se encuentra Nazaret, y la Galilea alta. (Ver ciudades de Galilea, Apéndice IV, pág. 192).

11 Y una voz dijo desde los cielos: Tú eres mi Hijo amado, en ti tengo complacencia.[11]

Último paso programado por el Padre antes que Jesús comience el ministerio. La tentación: Jesús es puesto a prueba

12 En seguida, el Espíritu lo llevó al desierto.

13 Anduvo en el desierto cuarenta días.[12] Siendo tentado por satanás, estaba con los animales salvajes;[13] y los ángeles le servían.[14]

---

[10] Gr. εὐθὺς *euthus* "de inmediato, enseguida, pronto, al momento". Esta palabra se repite 87 veces en el N. T. En Mateo 18; Marcos 42; Lucas 7; Juan 6; Hechos 10; Gálatas 1; Santiago 1; en 3 Juan, 1 y Apocalipsis 1. Marcos la usa indicando admiración por la rapidez con que Jesús hace los milagros y se suceden algunos acontecimientos del Reino de los cielos. En los versículos 10 y 11 vemos a las tres personas de la Deidad que estaban presentes: el Padre, el Hijo y el Espíritu Santo.

[11] Isaías 42:1.

[12] Los "cuarenta días" apuntan a Moisés, Elías y David, quienes fueron grandes campeones en la historia de Israel. (Ver Ex 34:28; 1 S 17:16; 1 R 19:8, 15).

[13] El valle del Jordán y el desierto adyacente eran conocidos como guarida de hienas, chacales, panteras y aun leones; los que, en la antigüedad, de ninguna manera eran escasos en Palestina. Evidencia de ello es el hecho de que en dos tercios de los libros del A. T. se mencionan leones. La región donde Jesús ayunó y fue tentado era, por tanto, un lugar abandonado y peligroso, diametralmente opuesto al paraíso donde fue tentado el primer Adán.

Jesús inicia su ministerio: Comienza predicando y enseñando en Galilea y luego llama a sus primeros cuatro estudiantes[15] de la Torah

14 Después que Juan fue encarcelado, Jesús fue por Galilea[16] predicando el evangelio de Dios,

15 diciendo: El tiempo es cumplido y el Reino de Dios se ha acercado. Arrepentíos, y creed al evangelio.[17]

16 Pasando cerca del mar de Galilea, vio a Simón y a su hermano Andrés que echaban una red en la mar, porque eran pescadores.

17 Y les dijo Jesús: Venid en pos de mí y haré que seáis pescadores de hombres.[18]

18 De inmediato, dejando sus redes, lo siguieron.

---

[14] Entre el versículo 13 y 14 hay un año entero de la vida de nuestro Señor que Marcos pasa por alto. Jesús transcurrió la mayor parte de ese año en Jerusalén y sus alrededores, como lo constata el Evangelio según Juan, que da más detalles de ese año en el capítulo 1.

[15] Estudiante, alumno. Viene traducido del griego μαθητής *mathétés* (heb. תַּלְמִיד *talmid*). **2. Continúa en la página 233.**

[16] Hay diez ciudades importantes en Galilea y Jesús terminó radicándose en una de esas ciudades, en Capernaum. Ver detalles de cada ciudad en Apéndice VII, pág. 222.

[17] En griego, cree el evangelio significa "cree las buenas nuevas", y en arameo es "pon tu confianza en el gozoso mensaje de esperanza". Esta traducción fusiona ambos conceptos, convirtiéndolo en "el evangelio lleno de esperanza".

[18] La metáfora "pescadores de hombres" simplemente significa que persuadirán a la gente y la guiarán hacia Dios.

19 Pasando de allí un poco más adelante, vio a Jacob,[19] hijo de Zebedeo,[20] y a Juan, su hermano, que estaban en su barca remendando las redes.

20 Enseguida los llamó; y dejando a su padre Zebedeo en la barca con los jornaleros, lo siguieron.[21]

La autoridad del Maestro de Galilea: Jesús comienza a sanar a los enfermos

21 Fueron a Capernaum[22] y en el día sábado, de inmediato, entraron en la sinagoga y enseñó.

22 Y se admiraron de su enseñanza,[23] porque les enseñaba como quien tiene autoridad, y no como los escribas.

---

[19] O Santiago. Otras traducciones de la Biblia sustituyen a Jacobo por Santiago. Además, tanto el griego como el arameo dejan el nombre hebreo tal cual: Jacob y no Jacobo. Esta traducción utilizará el nombre correcto, Jacob, en todo el Evangelio.

[20] Gr. Mi regalo.

[21] ¡Qué efecto tan poderoso tuvo Jesús en la gente! Un encuentro con el Hijo de Dios obligó a estos empresarios a dejar su oficio y seguirle. Aprendemos de Lucas 5:10 que la familia de Zebedeo trabajaba junto con Simón (Pedro) y Andrés. Eran dueños del bote y tenían una tripulación contratada. Lo que hace pensar que eran dueños de negocios prósperos, ya que los pescadores comerciales en la época de Jesús solían ser ricos.

[22] Capernaum significa "la aldea de Nahum"; y Nahum, "consolado". Jesús hizo de Capernaum la sede de su ministerio en Galilea; lugar donde realizó muchos milagros. La base de su ministerio fue en "la aldea de los consolados".

23 En ese mismo momento estaba en la sinagoga un hombre que tenía un espíritu inmundo, y comenzó a gritar,

24 diciendo: ¡¿Qué tienes con nosotros, Jesús el Nazareno?![24] ¡¿Has venido a destruirnos?! ¡Sé quién eres, el Santo de Dios![25]

25 Y Jesús le reprendió, diciendo: ¡Enmudece, y sal de él!

26 Entonces, el espíritu inmundo, sacudiéndolo con violencia, gritó a gran voz y salió de él.

27 Y todos se maravillaron. De tal manera que se preguntaban entre sí, diciéndose: ¿Qué es esto? ¿Qué

---

[23] Claramente, Jesús habló con tanta gloria y poder emanando de él, que sus palabras eran como rayos en los corazones de la gente. Dios quiera que escuchemos hoy sus palabras de la misma manera.

[24] Nazareno, equivalente a "renuevo". Jesús de Nazaret es presumiblemente un nombre con el cual Jesús sería reconocido fácilmente. La palabra Ναζαρηνός probablemente significa "de Nazaret" (véase 1:9), aunque las explicaciones alternativas la han vinculado con dos términos hebreos que significan "rama" y "consagrado".

[25] En el texto griego no hay signos de interrogación en la expresión: "Has venido a destruirnos", pero aquí, específicamente, no se trata tanto de una pregunta, sino de una declaración asertiva y desafiante, porque el hombre demonizado conocía la verdadera identidad de Jesús antes que la gente. Aparentemente, se sentía cómodo en presencia de los maestros religiosos; pero cuando Jesús entró en la habitación, gritó al no poder resistir su poder.

nueva enseñanza es esta? Porque con autoridad ordena y aun los espíritus inmundos le obedecen.

28 Enseguida, su fama se esparció por toda la región alrededor de Galilea.

Jesús sana a la suegra de Simón Pedro cuando le visitó en su casa

29 Inmediatamente después de haber salido de la sinagoga, vino a la casa de Simón y de Andrés, con Jacob y Juan.

30 La suegra de Simón estaba acostada con mucha fiebre, y de inmediato le hablaron de ella.

31 Jesús se le acercó, la tomó de su mano, la levantó y la fiebre le dejó; entonces, comenzó a servirles.

Jesús se compadece de los enfermos: Muchos son sanados y liberados de demonios

32 Esa tarde, luego de que el sol se puso, trajeron a él todos los que estaban enfermos y poseídos por demonios;

33 y toda la ciudad estaba reunida a la puerta.

34 Sanó a muchos afligidos por diversas enfermedades, y echó fuera muchos demonios; mas no permitió hablar a los demonios porque sabían quién era él.

Jesús se retira para su oración matutina. Luego, predica incansablemente en las sinagogas de Galilea y echa fuera demonios.

35 Por la mañana, habiendo oscuridad todavía, se levantó y salió a un lugar solitario donde comenzó a orar.

36 Simón y los que estaban con él le buscaron;

37 y hallándole, le dijeron: Todos te procuran.

38 Él les dijo: Vamos a las ciudades vecinas para que predique también allí, porque para esto he venido.

39 Salió entonces a predicar en las sinagogas de ellos por toda Galilea, y echaba fuera los demonios.

Jesús sana a un leproso

40 Un leproso vino a él y arrodillándose le suplicó, diciendo: Si quieres, puedes limpiarme.[26]

41 Y Jesús, teniendo compasión,[27] extendió su mano, le tocó, y le dijo: Quiero, sé limpio.[28]

---

[26] Los leprosos eran ceremonialmente inmundos según la ley del Antiguo Testamento (Lv 13:45 y ss.); por lo tanto, no debían tener contacto físico con otras personas.

[27] Esta es una emoción intensa. Algunos manuscritos griegos dicen que "Jesús se llenó de ira" (por la lepra, no por el hombre). Sin embargo, el arameo está claramente traducido: "movido por la compasión". Las dos palabras arameas para "ira" y "compasión" están escritas de manera casi idéntica.

42 Enseguida, la lepra se fue de él y fue limpio.

43 Jesús lo despidió de inmediato, pero le advirtió encarecidamente:

44 Mira, no digas nada a nadie; sino ve, muéstrate al sacerdote, y ofrece por tu limpieza lo que Moisés ordenó[29] para testimonio a ellos.

45 Pero él salió y comenzó a publicarlo abiertamente; y difundió el asunto de tal manera que Jesús ya no podía entrar de forma pública en una ciudad, por lo que decidió quedarse en las afueras, en lugares solitarios. Aun así, venían a él de todas partes.

Capítulo 2

Fe en acción: En Capernaum Jesús sana y perdona los pecados a un paralítico

---

Quizás, ambas son razonables. Jesús se sintió profundamente conmovido, sintiendo compasión por el hombre y a la vez, enojado contra la enfermedad.

[28] Jesús sana por sí mismo, sin invocar a Dios para ello. Marcos muestra aquí la divinidad de Jesús.

[29] Antes de que pudieran volver a una vida normal, las personas con lepra en la comunidad judía tenían que ser examinadas por un sacerdote, quien confirmaba que estaban sanas, es decir, "limpias". Se podría argumentar que Jesús había descartado la ley por una necesidad, pero esa es una interpretación demasiado simplista sobre Jesús. Exigió que el hombre "limpio" se adhiriera a lo que fue un proceso de limpieza prolongado de ocho días para la restauración de un leproso que ya sanado podía reincorporarse a la sociedad (Lv 14:1-32).

1 Después de algunos días, regresó de nuevo a Capernaum, y se escuchó que estaba en casa.

2 Y muchos se juntaron allí, tanto que no había lugar ni siquiera frente a la puerta; y les predicaba la Palabra.

3 Entonces, llegaron cuatro hombres trayendo un paralítico.

4 Y como no podían acercarse a él por causa de la multitud, descubrieron el techo encima de donde él estaba. Hicieron allí una abertura y bajaron al paralítico en el lecho donde yacía.

5 Y viendo Jesús la fe de ellos, dijo al paralítico: Hijo, tus pecados te son perdonados.

6 Algunos de los escribas que estaban allí sentados, deliberaban en sus corazones:

7 ¿Por qué habla este así? Él blasfema. ¿Quién puede perdonar pecados, sino solo Dios?

8 De inmediato, conociendo Jesús en su espíritu que pensaban así dentro de ellos mismos, les dijo: ¿Por qué pensáis estas cosas en vuestros corazones?

9 ¿Qué es más fácil decirle al paralítico: Tus pecados te son perdonados, o decirle: Levántate, toma tu lecho y anda?[30]

---

[30] La respuesta a la pregunta de Jesús es obvia. Es fácil para cualquiera decir "tus pecados te son perdonados" porque esto

10 Pues para que sepáis que el Hijo del Hombre[31] tiene potestad en la tierra para perdonar los pecados,

11 escuchad lo que digo al paralítico: A ti te digo, levántate, toma tu lecho, y vete a tu casa.

12 El paralítico se levantó y enseguida tomó su lecho y salió de la vista de ellos. Entonces, todos se asombraron y glorificaban a Dios, diciendo: Nunca hemos visto algo así.

Jesús llama a otro estudiante de la Torah llamado Leví, hombre de mala reputación. El Maestro cena con pecadores

13 Volvió Jesús a salir por la orilla del mar; y toda la multitud acudía a él, y él les enseñaba.

---

no puede ser probado. Pero si una persona le dijera a un paralítico que se ponga de pie, y él no se pone de pie, demostraría que cometió fraude. En el milagro de curación, Jesús no hizo lo fácil sin lograr lo difícil. El perdón y la sanidad fluyen de Jesucristo.

[31] El Hijo del Hombre (anunciado en Dn 7:13). Sin duda alguna, con esta expresión, Cristo declaró su mesianismo. Ciertamente, el Hijo del Hombre de Daniel representaba a Cristo; pero la comprensión correcta de esta expresión no parece haber sido enseñada en ese momento en las escuelas judías. Ellos debían saber que él era el Mesías. No de acuerdo con sus falsas nociones de mesías, sino de acuerdo con sus verdaderas demostraciones de mesianidad; a saber, la predicación del mensaje del evangelio para salvación, sanidad y liberación. Su manifestación de poder debía llevarlos a la conclusión de que él era el Mesías.

14 Mientras caminaba, Jesús vio a Leví,[32] hijo de Alfeo, sentado donde se cobraban los impuestos, y le dijo: Sígueme. Este se levantó y lo siguió.

15 Y aconteció que estando Jesús reclinado a la mesa[33] en casa de Leví, muchos publicanos[34] y pecadores estaban también a la mesa juntamente con Jesús y con sus discípulos, pues eran muchos los que lo seguían.

16 Viéndole comer con publicanos y pecadores, los escribas y los fariseos dijeron a sus discípulos: ¿Por qué come con los publicanos y pecadores?

17 Oyéndolos Jesús, les dijo: Los sanos no tienen necesidad del médico, sino los enfermos. No he venido a llamar a los justos, sino a los pecadores.

La pregunta sobre el ayuno

18 Algunos discípulos de Juan y de los fariseos estaban ayunando, entonces vinieron a él y le preguntaron: ¿Por qué los discípulos de Juan y de los fariseos ayunan, y tus discípulos no ayunan?

---

[32] El nombre Leví significa "unido". Leví o Mateo fue un recaudador de impuestos. **3. Continúa en la página 234.**

[33] Gr. κατακεῖσθαι *katakeisthai*. Reclinarse a la mesa para comer. Esta palabra griega se usó para describir una comida festiva con entretenimiento.

[34] Los publicanos eran los recaudadores de impuestos. Generalmente eran judíos (o nacionales) contratados y asignados a alguna delegación jurisdiccional del estado para efectuar la recaudación de tributos o impuestos. Este era odiado por otros judíos que los consideraban traidores a su país y a su religión.

19 Y Jesús les dijo: ¿Acaso pueden ayunar los amigos del esposo[35] mientras el esposo esté con ellos? Mientras tengan al esposo con ellos, no pueden ayunar.

20 Mas vendrán días cuando el esposo les será quitado; entonces, en aquellos días ayunarán.

La superioridad de lo nuevo

21 Nadie cose un remiendo de tela nueva en vestido viejo, porque el remiendo nuevo al encogerse se desprendería de la tela vieja, haciendo que la rotura se haga peor.

22 Ni nadie echa vino nuevo en odres viejos, porque el vino nuevo rompería esos odres,[36] entonces se perderían tanto el vino como los odres; mas el vino nuevo en odres nuevos se ha de echar.

Los discípulos recogen espigas en el día de reposo. Basado en la ley oral, era permitido por las enseñanzas de Hillel.

---

[35] En la tradición judía, cuando los novios estaban oficialmente comprometidos para casarse eran considerados esposos, aunque seguían viviendo en la casa de sus padres y bajo ninguna circunstancia podían tener relaciones íntimas, sino hasta después de la boda. Si esto sucedía era considerado un acto de fornicación y el novio, si quería terminar el compromiso, tenía que solicitar el divorcio.

[36] Mientras el jugo de las uvas se convertía en vino, se hinchaban y estiraban las pieles en las que se había almacenado. Si las pieles fueran viejas y rígidas, estallarían.

23 Aconteció que un día sábado, Jesús y sus discípulos pasaba por los sembrados y mientras se abrían paso comenzaron a arrancar espigas.

24 Entonces, unos fariseos les dijeron: ¿Por qué hacen en sábado lo que no es lícito?

25 Y él les dijo: ¿Nunca habéis leído en las Escrituras lo que hizo David cuando estaba necesitado y tuvo hambre él y sus compañeros?

26 ¿De cómo entró en la casa de Dios, siendo Abiatar sumo pontífice, y comió los panes de la proposición, de los cuales no es lícito comer sino a los sacerdotes, y aun dio a los que estaban con él?

27 También les dijo: El sábado fue hecho por causa del hombre; no el hombre por causa del sábado.

28 Por tanto, el Hijo del Hombre es Señor aun del sábado.

Capítulo 3

Jesús corrobora la interpretación de la ley oral que explica que sí se puede hacer el bien en el día de reposo, y así estaba considerado también por la escuela de Hillel.

1 En otra ocasión, Jesús entró de nuevo en la sinagoga, y había allí un hombre que tenía una mano seca.

2 Le observaban muy de cerca para ver si lo sanaba en sábado y así poder acusarle.

3 Entonces, dijo al hombre que tenía la mano seca: Levántate y ven al frente.

4 Luego pregunto a los presentes: ¿Es lícito en sábado hacer bien o hacer mal? ¿Salvar la vida o quitarla? Mas ellos guardaban silencio.

5 Y Jesús miró a todos a su alrededor indignado porque no obtuvo de ellos ninguna respuesta; y entristecido por la dureza de sus corazones, dijo al hombre: Extiende tu mano. Él la extendió y su mano quedó restaurada.[37]

La enorme popularidad de Jesús: Las multitudes lo siguen junto al mar

---

[37] Este milagro se encuentra en Mateo, Marcos y Lucas. Contiene lecciones valiosas para nosotros hoy, pues la mano simboliza sostener, dar, recibir, hacer. Era la mano derecha (Lc 6:6), que trae el significado adicional de poder (es decir, la diestra de Dios, Ex 15:6); de placer (Sal 16:11); de aprobación (Heb 1:13) y de justicia (Sal 48:10). Una mano derecha lisiada señala la carencia de todas estas acciones. Los seres humanos estamos indefensos ante Dios y lisiados en todas nuestras obras. Sin embargo, el poder de Jesús sana nuestras vidas al tratar con nuestras limitaciones y llevarnos al quebrantamiento espiritual. La religión no puede curarnos, pero Jesús sí.

6 Saliendo los fariseos, de inmediato tomaron consejo contra él junto con los herodianos,[38] buscando cómo matarlo.

7 Mas Jesús se apartó rumbo al mar con sus discípulos; y le siguió una gran multitud de Galilea y de Judea,

8 de Jerusalén, de Idumea,[39] de la otra parte del Jordán, y de las regiones de Tiro y de Sidón.[40] Estas multitudes vinieron a él porque oían cuán grandes cosas hacía.

9 Entonces, dijo a sus discípulos que le prepararan una barca a causa de la multitud, para evitar que el gentío lo oprimiera,

10 pues había sanado a muchos, y algunos enfermos se lanzaban sobre él queriéndole tocar.

11 Al verle los espíritus inmundos, se postraban delante de él y gritaban, diciendo: ¡Tú eres el Hijo de Dios!

---

[38] Los herodianos era un partido político odiado por los fariseos. Sin embargo, los fariseos y herodianos dejaron de lado sus diferencias religiosas y políticas para confabular una conspiración contra Jesús. Los fariseos primero se habían unido a los discípulos de Juan el Bautista con el fin de conseguir respaldo para arremeter contra Cristo. Luego, entraron en comunión con los herodianos, desde siempre contrarios, con tal de destruir a aquel a quien odiaban aún más, a Jesús. Conspiran con maquinaciones a sus espaldas en su búsqueda de cómo deshacerse de él.

[39] Idumea era el nombre de una región entre el sur de Israel y la Petra árabe habitada por Edom o Esaú y su posteridad.

[40] Tiro y Sidón se encuentran en el Líbano actual.

12 Mas él les ordenaba estrictamente que no lo diesen a conocer.

Jesús elige a doce apóstoles para que estuviesen con él

13 Subiendo después a un monte, Jesús llamó a los que él quiso, y vinieron a él.

14 Estableció a doce, a quienes también llamó apóstoles,[41] para que estuviesen con él y para enviarlos[42] a predicar el evangelio,

---

[41] "... a quienes también llamó apóstoles". Esta referencia está en Lucas 6:1 e incluida en algunos manuscritos antiguos y en varias de las versiones consultadas (ver TLA, NVI, DHH, CEV, NRSV). Es necesario aclarar que aparte de los doce que estuvieron con Jesús, en el Nuevo Testamento se mencionan más apóstoles. Pablo, por ejemplo, fue un apóstol que no perteneció al círculo de los que anduvo con Jesús; después vino Matías, entre otros. También debemos puntualizar que Jesús tuvo más de doce discípulos. Esto se ve claramente en los versículos 7 y 9, en los que se presenta a un grupo de discípulos de los cuales Jesús elige solo doce (v. 14) para una tarea más específica. Estos doce discípulos se convirtieron en apóstoles (enviados), sirviendo al Reino de Dios. Jesús eligió a estos doce y más tarde a setenta, a quienes envió a predicar el mensaje del Reino. Ninguno estaba completamente maduro o equipado para ello, porque el Espíritu Santo aún no había venido a darles poder. Los líderes de hoy necesitan formar a otros y no centrar su ministerio en sí mismos. El legado de un líder espiritual está conformado por aquellos a quienes él o ella ha liberado y enviado a proclamar a Cristo.

15 teniendo poder para curar enfermedades y echar fuera demonios.

16 Estableció pues a Simón, al cual puso por nombre Pedro;

17 a Jacob, hijo de Zebedeo;[43] y a Juan, hermano de Jacob; y les apellidó Boanerges,[44] que significa, hijos del trueno;[45]

18 a Andrés, Felipe, Bartolomé,[46] Mateo, Tomás, Jacob hijo de Alfeo, Tadeo, Simón el Cananita[47]

19 y a Judas Iscariote,[48] el que le entregó.[49]

---

[42] Gr. ἀποστέλλῃ *apostellē* enviado por un superior en una misión definida, lo cual conecta fuertemente al remitente con el enviado en su misión.

[43] Se cree que Salomé, la esposa de Zebedeo y madre de Jacob (Santiago) y Juan, era hermana de María, la madre de Jesús.

[44] Palabra de origen arameo que se traduce como Βοανηργές, Boanerges. El nombre parece connotar un celo ardiente y destructivo que puede compararse con una tormenta de truenos. Boanerges = hijos del trueno. Sobrenombre que el Señor les dio a Jacob y a Juan, hijos de Zebedeo.

[45] Pedro, Jacob y Juan formaron parte del círculo íntimo de Jesús. Por su naturaleza, los tres tenían un espíritu de valentía y de mucha iniciativa.

[46] Hijo de Tolmai. Este podría ser otro nombre para Natanael (Jn 1:45).

[47] Simón el cananita. Era miembro del grupo de resistencia contra los romanos llamado los zelotes. Por eso también se le conoce como Simón el zelote.

Jesús denuncia una calumnia contra él y advierte a estos religiosos que, de seguir obstaculizando el ejercicio de su ministerio ordenado por el Padre, podrían ser culpables de blasfemar contra el Espíritu Santo

20 De aquí, Jesús vino a su casa en Capernaum con sus discípulos,[50] y de nuevo una multitud se reunió allí. Hubo tanta gente que ni siquiera pudo encontrarse tiempo para comer.[51]

---

[48] Iscariote. Gr. *Iskariotes*, "varón de ciudades". Su nombre puede significar "hombre de Queriot", lugar en Judea al sur de Galilea (Jos 15:25); único apóstol no galileo.

[49] Jesús eligió a doce hombres como sus discípulos más allegados. Todos con diferentes personalidades. Al encontrar cuán diferentes eran estos doce hombres, sin duda que fue un gran reto el prepararlos para que conformasen un verdadero equipo, unido, y con un liderazgo transformador. Ver corta biografía de los Doce en el Apéndice V, pág. 208.

[50] Gr. ἔρχεται *erchetai*. Él vino, (εἰς οἶκον *eis oikon*) a *su* casa (συνέρχεται *synerchetai*), con ellos. "Jesús vino a su casa en Capernaum con sus discípulos". Jesús tenía su casa en Capernaum (Jn 1:39; Mr 2:1; Mt 4:13. También ver nota en el Evangelio según Mateo 8:20).

[51] En el texto griego, originalmente dice: "... de modo que ellos ni aun podían comer pan", queriendo decir que no les alcanzaba el tiempo ni siquiera para comer. "Comer pan" es una manera de referirse a comer los alimentos. En realidad, Jesús y sus discípulos estaban tan ocupados que no tenían tiempo, no solo para comer, sino tampoco para vigilar quién entraba en la casa. Evidentemente, hubo unos infiltrados, manipulados por los escribas, para alborotar a la multitud allí reunida y sabotear el ministerio del Mesías. Realmente, la intención era matarlo allí mismo, si hubiese sido posible.

21 Cuando unos discípulos de los escribas comenzaron a alborotar el lugar, pensando que estaba loco por hacer magia negra, gritaron: ¡Está fuera de sí! Al oír esto sus parientes y amigos cercanos, vinieron para llevárselo y así protegerlo de la violencia allí iniciada.

22 Fueron los escribas que habían venido de Jerusalén quienes rápidamente difundieron rumores en contra de Jesús en todo ese lugar, diciendo: Tiene a Beelzebú, y por el príncipe de los demonios echa fuera los demonios.

23 Entonces Jesús, al saber dónde se encontraban sus difamadores, los llamó y les habló en parábolas: ¿Cómo puede satanás echar fuera a satanás?

24 Si un reino está dividido contra sí mismo, tal reino no puede permanecer.

25 Y si alguna casa estuviere dividida contra sí misma, tal casa no podrá permanecer.

26 Si satanás se levanta contra sí mismo y está dividido, no podrá permanecer; su fin ha llegado.

27 Nadie puede entrar en la casa de alguien fuerte y saquear sus bienes si primero no ata al hombre fuerte; entonces, saqueará su casa.

28 De cierto os digo que a los hijos de los hombres se les podrán perdonar todos los pecados y también cualquiera blasfemia con que blasfemen,

29 pero el que blasfeme contra el Espíritu Santo no tiene jamás perdón, porque es culpable de una sentencia eterna.[52]

30 Jesús dijo esto porque los escribas le decían: Tienes un espíritu inmundo.[53]

La verdadera familia de Jesús: Las nuevas relaciones en el Reino

31 Cierto día, llegaron la madre de Jesús y sus hermanos a la casa donde se encontraba enseñando, pero como de costumbre, una multitud le escuchaba, y parados afuera por causa de la multitud, lo enviaron a llamar para hablar con él.[54]

---

[52] Gr. οὐκ ἔχει ἄφεσιν τὸν αἰῶνα "no tiene perdón jamás". Quien blasfeme contra del Espíritu Santo no será perdonado, ya que la blasfemia contra el Espíritu Santo es negar toda la obra del Espíritu Santo en Cristo. **4. Continúa en la página 235.**

[53] Es evidente que Jesús dijo esto solo contra aquellos que afirmaban en ese momento que él estaba poseído por un espíritu impuro.

[54] Es probable que la familia de Jesús no lo siguiera aún porque temía el rechazo de su misma comunidad. Lo peligroso que era seguir a Jesús se demostró precisamente en Nazaret, donde después de que declaró públicamente que él era el cumplimiento de la profecía sobre el Mesías, mencionado en Isaías, la gente de Nazaret quiso matarlo lanzándolo por un precipicio. (Ver Lc 4:18-29). Se desconoce la razón específica por la cual María y sus hermanos querían hablar con Jesús. Sin embargo, podemos suponer que ellos vinieron de Nazaret a Capernaum a visitarlo, ya que en Nazaret vivió hasta los 30 años de edad. Él, recién había

32 Mucha gente estaba sentada a su alrededor y alguien le dijo: Mira, tu madre, tus hermanos y tus hermanas están afuera y te buscan.

33 Y él les respondió, diciendo: ¿Quién es mi madre y mis hermanos?

34 Mirando a los que estaban sentados alrededor de él, dijo: He aquí mi madre y mis hermanos.

35 Porque cualquiera que hiciere la voluntad de Dios,[55] este es mi hermano, hermana y madre.

Capítulo 4

Parábola de los cuatro tipos de corazones: La historia de la semilla esparcida por el sembrador

1 Jesús comenzó nuevamente a enseñar junto al mar de Galilea, y una gran multitud se reunió a su alrededor, por lo que decidió subir a una barca anclada en el mar a poca distancia y se sentó; y toda la multitud estaba en tierra cerca del mar.

---

dejado la tierra que lo vio crecer y se había mudado a vivir a Capernaum, maravillosa ciudad cerca del mar de Galilea que eligió como base para su ministerio. Creemos que los deseos de quererlo ver de nuevo son algunas de las razones de su visita y quizás, posiblemente también, para manifestarle su desacuerdo con lo que los escribas estaban diciendo en su contra, difamándole vilmente.

[55] "Cualquiera que hiciere la voluntad de Dios", es decir, cualquiera que crea en mí y me siga como mi discípulo. Esta es la voluntad de Dios para con Cristo y la humanidad: que crean en él y lo sigan fielmente.

2 Les enseñaba por parábolas[56] muchas cosas, y en una enseñanza les dijo:

3 ¡Oíd! He aquí, el sembrador salió a sembrar.

4 Y aconteció que mientras sembraba, una parte de la semilla cayó junto al camino,[57] y vinieron las aves y la devoraron.

5 Otra parte cayó sobre pedregales, donde no había mucha tierra; y aunque no tenían profundidad en el suelo, brotaron[58] enseguida,

---

[56] A lo largo de la historia hebrea, los sabios, profetas y maestros utilizaron parábolas y alegorías como método preferido para enseñar verdades espirituales. Los poetas escribían sus acertijos y los músicos cantaban sus proverbios con imágenes verbales. Jesús siempre enseñó a la gente usando alegorías y parábolas (Mt 13:34; Mr 4:34). Como verdadero profeta, uno de sus métodos de enseñanza predilecto fue la alegoría. Ignorar la validez de la enseñanza alegórica es negar el método de enseñanza de Jesús.

[57] Esta parábola se explica por el procedimiento de siembra que se practicaba en Palestina. La semilla se esparcía arrojándola con la mano, de una manera que se conoce como siembra al voleo. Esto se hacía en una tierra preparada para la siembra, pero que necesitaba ser arada luego que la semilla había sido esparcida. Cuando se araba la tierra, parte de la semilla quedaba fuera del terreno, junto al camino, y allí era presa fácil de los pájaros, quienes se la comían. Este método de siembra puede parecer poco eficiente para los agricultores de hoy, pero era habitual en aquellos tiempos.

[58] En muchas partes de Israel, los pedregales representan una capa de piedra caliza que se encuentra aproximadamente a una pulgada debajo de la superficie del suelo. Esta capa atrapa

6 mas por lo caliente del sol se quemaron, por cuanto no tenían suficiente raíz.

7 Otra parte cayó entre espinos; y al crecer los espinos, ahogaron las plantitas y no pudieron dar fruto.

8 Y otra parte cayó en buena tierra, y dieron fruto; ascendieron, crecieron a plenitud y produjeron fruto; una a treinta, otra a sesenta y otra a ciento por uno.[59]

9 Entonces, les dijo: ¡El que tenga oídos para oír, debe escuchar esta palabra![60]

La metodología de Jesús: Al público en general se les habla en parábolas para que entiendan mejor y nadie tenga excusas de no haber sabido nada. Aquí vemos un ejemplo de una figura retórica llamada la ironía del profeta (*leer notas 61 y 62 al pie de página*)

10 Cuando estuvo solo, los doce y otros que estaban cerca de él, le preguntaron sobre la parábola.

---

la humedad y, durante un breve período de tiempo, la planta que crece allí puede parecer florecer; pero tan pronto como llega el período de sequía, la humedad se disipa rápidamente. Por tanto, debido a la capa de piedra caliza, la planta no puede echar raíces y pronto se seca y muere.

[59] Unas semillas produjeron treinta veces más, otras sesenta y algunas hasta cien veces más de lo que se había sembrado.

[60] La traducción: ¡"...debe escuchar! captura la fuerza del imperativo en tercera persona de manera más efectiva que el tradicional: "que oiga", el cual suena más a un permisivo para el lector de hoy. **5. Continúa en la página 237.**

11 Y les respondió: A vosotros os ha sido dado saber el misterio del Reino de Dios, pero a los de afuera[61] todo es dado en parábolas,[62]

12 para que viendo, vean y no perciban; y oyendo, oigan y no entiendan; no sea que se conviertan, y sean perdonados.[63]

---

[61] Es decir, a los forasteros o no interesados. Jesús habló alegóricamente para que aquellos a quienes no les importaba lo que Jesús enseñaba no tuvieran excusa alguna en decir: "a mí nadie me dijo nada." Pero, aquellos que realmente están hambrientos de la verdad, buscarían con diligencia el significado oculto de las parábolas y comprenderían los secretos del reino del reino de Dios. Todavía es así hoy. Solo los entendidos e interesados escudriñan la verdad. Ver Prov. 25:2.

[62] Jesús dijo: "A vosotros os ha sido dado saber el misterio del Reino de Dios" porque ellos eran los únicos interesados en saber la verdad y estaban dispuestos a obedecerla. "A los de afuera" son todos los que muestran indiferencia al mensaje de Jesús. Según la literatura rabínica, una parábola era el instrumento de enseñanza más usado de la época, pues permitía que cualquier clase de oyente entendiera la enseñanza. Así, el maestro se garantizaba que todos sus alumnos aprendieran la lección a partir de una historia que contenía un poderoso mensaje. La belleza de usar la parábola como recurso de enseñanza consistía en: (1) atraer al oyente a la historia, (2) provocar una evaluación de lo narrado y (3) exigir una respuesta; pues el alumno, según lo enseñado, tenía que decidir qué hacer al respecto.

[63] "Se conviertan y sean perdonados" es lo que Dios haría si vieran, oyeran, entendieran, y se volvieran a Él. Los perdonaría. "...para que viendo, vean y no perciban..." Es

13　Y les dijo: Si no comprendéis esta parábola,[64] no podréis entender ninguna parábola.[65]

14 El sembrador es el que se encarga de sembrar la Palabra.

15 Lo que fue sembrado junto al camino es el que oye la Palabra, y de inmediato viene satanás y quita la Palabra que fue sembrada.

---

una figura retórica llamada "la ironía del profeta." **6. Continúa en la página 238.**

[64] Jesús reflexiona ante sus discípulos así: *¿Quiere decir que no comprendieron mi parábola sobre el sembrador? Esa es la parábola clave para interpretar todas las demás. Si no pueden entender lo que estaba tratando de enseñar con esta, ¿cómo podrán comprender las demás parábolas?* Lo que revela la parábola del sembrador es clave para entender todas las otras parábolas, porque todas ellas narran una historia donde lo más importante aquí es la atención que el oyente les brinde. En la parábola del sembrador se describen cuatro clases de oyentes, y solo uno es el que da fruto. Se describen cuatro tipos de oyentes que reaccionan de forma diferente a la predicación del evangelio. El fruto depende solo del buen corazón y donde el que escucha con atención, siempre oye y obedece. Este es el que da fruto al treinta, sesenta y ciento por uno.

[65] Jesús consideraba esencial "la parábola del sembrador" para entender sus otras parábolas; ésta arroja luz sobre todas las demás, y encabeza las parábolas que encontramos en los tres Evangelios sinópticos. "Y les dijo: ¿No comprendéis esta parábola? ¿Cómo, pues, entenderéis las demás parábolas?" (4:13). Esta parábola ilustra la manera en que los hombres reciben la predicación del Reino y explica la necesidad de tener "buen oído", o sea, la buena disposición de escuchar la Palabra con un corazón humilde, con deseos de saber la verdad y con la firme intención de obedecerla.

16 Asimismo, lo sembrado sobre pedregales es el que oye la Palabra, y de inmediato la recibe con gozo,

17 pero al no tener suficiente raíz[66] son entusiastas a corto plazo. Entonces, cuando pasan por aflicciones y persecuciones por causa de la Palabra, rápidamente se desilusionan y renuncian a su fe.[67]

18 Lo sembrado entre espinos es el que oye la Palabra,

19 pero el afán de la vida, el engaño de las riquezas, y la codicia de muchas cosas, logran tener más importancia que la Palabra y la ahogan, y se vuelve infructuosa.

20 Mas lo sembrado en buena tierra es el que oye la Palabra, la recibe, y da fruto; uno a treinta, otro a sesenta, y otro a cien.[68]

La moraleja de la lámpara: Que tu fe sea vista por todos

21 También les dijo: ¿Acaso una lámpara es puesta debajo del almud, o debajo de la cama? ¿No es puesta sobre el candelero?[69]

---

[66] Gr. ῥίζαν *rhizan*. raíz, raíces. Es decir, no tener suficiente fundamento.

[67] En otras palabras, son individuos que cuando escuchan la Palabra por primera vez, responden con gran entusiasmo. Sin embrago, como su carácter es tan poco profundo, al desaparecer las emociones y enfrentar cualquier dificultad, rápidamente se dan por vencidos, apartándose de la fe.

[68] Jesús usa parábolas ya que es la forma más fácil de entender. 7. Continúa en la página 239.

Un acto inteligente: Antes que seas descubierto, descúbrete tú mismo ante ti y ante Dios.

Salmos 139:23-24

22 Y no hay nada oculto que no haya de ser manifiesto, ni secreto que no haya de salir a la luz.

23 Si alguno tiene oídos para oír, debe oír.

24 También les dijo: Presten mucha atención a lo que oyen de la Palabra. Cuanto más atentos estén a mis enseñanzas, más comprensión tendrán, y recibirán ¡Aún más de lo que esperan![70]

25 Porque al que tiene un corazón receptivo, le será dado más entendimiento; y al que no lo tiene, aun la oportunidad de seguir escuchando la Palabra le será quitada.[71]

Parábola sobre el crecimiento de la semilla

26 También dijo: El Reino de Dios es como un hombre que echa la semilla en la tierra;

---

[69] "…una lámpara…" **8. Continúa en la página 244.**

[70] Es decir, "presten atención a lo que oyen de mí. En la misma medida en que estudien la verdad espiritual en las Escrituras y apliquen esa sabiduría piadosa a sus vidas, en esa misma medida recibirán más entendimiento de ella. Les aseguro que recibirán una capacidad aun mayor para comprender y aplicar la Palabra, porque al que oye y obedece se le dará más sabiduría."

[71] Es decir, "el que acepta la enseñanza de Jesús recibirá una participación en el Reino ahora y aún más en el futuro, pero el que rechaza las palabras de Jesús, **la oportunidad** que esa persona posee de seguir escuchando el mensaje del Reino, algún día eso le será quitado para siempre."

27 duerme, y se levanta de noche y de día, y la semilla brota y crece sin él saber cómo.

28 Por sí misma la tierra da fruto; primero brota la hierba, luego la espiga, después el grano lleno en la espiga;

29 y cuando el fruto es dado, enseguida mete la hoz, porque la siega ha llegado.[72]

Parábola de la semilla de mostaza

30 Luego, dijo: ¿A qué compararemos el Reino de Dios? ¿Con qué parábola lo explicaremos?

31 Es como el grano de mostaza,[73] que cuando se siembra en tierra es la más pequeña de todas las semillas que hay en la tierra;[74]

32 mas después de sembrado, crece más grande que todas las plantas del huerto; y echa grandes ramas, de tal manera que las aves del cielo pueden anidar bajo su sombra.

---

[72] Esta parábola solo se encuentra en el Evangelio de Marcos. Nos enseña que la realidad del Reino de Dios es como una semilla sembrada en el mundo; esta crecerá a través de etapas de madurez hasta la cosecha.

[73] En el antiguo Israel, la semilla de mostaza era sinónimo de "la semilla más pequeña", y en el Talmud, la semilla de mostaza es una referencia usaba para ejemplificar algo muy pequeño.

[74] En esta parábola, Jesús está usando una hipérbole para enfatizar "el punto" de su enseñanza.

El uso de las parábolas

33 Con muchas parábolas les hablaba la Palabra; y lo hacía según la capacidad de los oyentes.

34 Y sin parábolas no les hablaba; mas a sus alumnos,[75] que seguían con buen corazón sus enseñanzas, les explicaba todo.[76]

Jesús muestra su autoridad sobre las fuerzas naturales: Calmó la tempestad y el viento se quedó sin aliento

35 Al llegar la tarde de aquel día, les dijo: Pasemos al otro lado.[77]

36 Pero antes de partir, despidieron a la multitud y así, tal como estaban dentro de la barca,[78] se pusieron en marcha; también navegaron otras barcas con ellos.

37 Entonces, una gran tempestad de viento se levantó,[79] las olas caían dentro de la barca, y esta se inundaba.

---

[75] Gr. μαθηταῖς *mathētais*. Estudiante, aprendiz, alumno, discípulo.

[76] De toda la multitud que escucha a Jesús, no todos estaban dispuestos a convertirse y seguir sus enseñanzas debido a la dureza de su corazón. La tradición religiosa había enceguecido los corazones de muchos. Mientras que a los que querían de corazón conocer esta revelación para ponerla por obra, Jesús les explicaba todo.

[77] "Pasemos al otro lado" del mar de Galilea.

[78] Jesús estuvo todo el día predicando y enseñando a la multitud desde la barca (4:1).

38 Jesús estaba en la popa,[80] durmiendo sobre el cabezal. Lo despiertan y le dicen: ¡Maestro! ¿No te importa que perezcamos?

39 Despertándose, reprendió al viento, y dijo al mar: ¡Calla, enmudece! El viento cesó y se produjo una gran calma.

40 Y les dijo: ¿Por qué teméis? ¿Aún no tenéis fe?

41 Todos se llenaron con gran temor, y decían el uno al otro: ¿Quién es este que aun el viento y el mar le obedecen?

Capítulo 5
El endemoniado gadareno

1 Y navegaron hacia el otro lado del mar, a la región de los gadarenos.[81]

2 Y saliendo él de la barca, enseguida, de los sepulcros le salió al encuentro un hombre con un espíritu inmundo,

---

[79] El mar de Galilea es famoso por sus tormentas repentinas y severas. Estas eran producidas por vientos que se canalizan a través de los desfiladeros y cañones de las colinas circundantes, creando así fuertes turbulencias en el agua. Como pescadores experimentados, los discípulos sabían que este era un riesgo casi constante en su profesión.

[80] Parte trasera de la barca.

[81] Gadara era parte de la Decápolis y en los Evangelios está asociada con la tierra de los gadarenos (Mt 8:28; Mr 5:1; Lc 8:26, 37) al sudeste del mar de Galilea. **9. Continúa en la página 244.**

3 que habitaba en las tumbas, y a quien nadie había podido atar ni aun con cadenas;

4 porque muchas veces había sido atado con grillos y cadenas, mas las cadenas las arrancaba y rompía y los grillos los quebraba en pedazos, y nadie le había podido someter.

5 Siempre, de día y de noche, andaba dando voces en los montes y en las tumbas, hiriéndose con las piedras.

6 Cuando vio a Jesús de lejos, corrió y se postró, arrodillándose[82] delante de él.

7 Y clamando a gran voz, dijo: ¡¿Qué tienes contra mí,[83] Jesús, Hijo del Dios Altísimo?! Júrame[84] por Dios que no me atormentarás.

8 Porque le había dicho: ¡Espíritu inmundo, sal de este hombre!

---

[82] Gr. προσεκύνησεν *prosekynēsen*. Derivado de προσκυνέω *proskuneó*. Esta palabra puede ser traducida como: adoraron, adorar, adoró, hacer reverencia a, profunda reverencia, respeto a una autoridad. **10. Continúa en la página 244.**

[83] Es un modismo griego: ¿qué para ti y para mí? La frase τί ἐμοὶ καὶ σοί (*ti emoi kai soi*) es de origen semítico y se popularizó en el griego coloquial. **11. Continúa en la página 246.**

[84] Gr. ὁρκίζω *horkizō*. Hacer jurar. Se pueden usar otros términos: en Lucas δέομαι *deomai*, rogar, y en Mateo παρακαλέω *parakaleó*, implorar, rogar con intensidad.

9 Jesús le preguntó: ¿Cuál es tu nombre? Y le respondió diciendo: Mi nombre es legión,[85] porque somos muchos.

10 Y le rogaba con insistencia que no los enviase[86] fuera de aquella región.

11 Había allí, cerca de una montaña, una manada grande de cerdos paciendo.

12 Y todos los demonios le rogaron, diciendo: Envíanos a los cerdos para que podamos entrar en ellos.

13 Entonces, Jesús se los permitió y los espíritus inmundos salieron y entraron en los cerdos. La manada corrió violentamente y se precipitó por un despeñadero al mar. Eran como dos mil cerdos y se ahogaron en el mar.[87]

---

[85] Legión era una unidad militar romana de más de seis mil hombres. Marcos da doce relatos de Jesús expulsando a los espíritus demoníacos. Los demonios siempre reconocieron a Jesús como el Hijo de Dios.

[86] Y le rogaba con insistencia que no los enviase... "Le rogaba" indica a un solo hablante; "los enviase" indica a toda la legión. Marcos señala gramaticalmente aquí la forma singular y plural para indicar que uno solo era el representante de la legión, el líder de los demonios hablaba con Jesús.

[87] Dependiendo del peso, el costo de dos mil cerdos vivos hoy podría llegar a trescientos mil dólares. El perjuicio económico para la comunidad, por la pérdida de este rebaño, fue significativo.

14 Los que apacentaban los cerdos se marcharon despavoridos, y lo reportaron en la ciudad y en los campos. Y gente de esa región vino a ver lo sucedido.

15 Cuando llegaron a Jesús, ven al que estuvo poseído por demonios sentado, vestido y en su juicio cabal, el mismo que había tenido la legión; y tuvieron temor.

16 Luego regresaron y contaron todo lo que habían visto, lo que aconteció al que estuvo poseído por demonios, y lo de los cerdos.

17 Y comenzaron a rogarle a Jesús que se fuese de su territorio.[88]

18 Al regresar a la barca, el que estuvo poseído por demonios, le rogó que le permitiera ir con él.

19 Mas Jesús no se lo permitió, pero le dijo: Ve a tu casa, a los tuyos, y declárales cuán grandes cosas el Señor ha hecho contigo, y de la misericordia que tuvo de ti.

20 Fue y comenzó a predicar en Decápolis[89] cuán grandes cosas Jesús había hecho con él, y todos se maravillaban.

---

[88] Es revelador saber que los demonios no querían salir de su territorio en Gadara, lugar que en su mayoría eran gentiles; pero ahora, los mismos que fueron testigos de semejante milagro, usan su influencia (cívica, gubernamental, política que gobierna el territorio) para echar fuera a Jesús de sus alrededores. **12. Continúa en página 247.**

La fe precede a la sanidad: Una jovencita muerta es resucitada y una mujer enferma es sanada

21 Cuando Jesús, de nuevo en la barca, cruzó al otro lado del mar, se reunió con él una gran multitud, y se quedó a la orilla del mar.

22 Vino uno de los príncipes de la sinagoga, llamado Jairo;[90] cuando lo vio, cayó a sus pies,

23 y le ruega con insistencia, diciendo: Mi pequeña hija está a punto de morir, ven y pon tus manos sobre ella para que sane, y vivirá.

24 Fue con él, y lo seguía una gran multitud que agolpándose lo apretaban.

25 Y hubo una mujer que estaba con un flujo de sangre desde hacía doce años,[91]

---

[89] Decápolis significa diez ciudades. Era una confederación de diez ciudades helénicas: Escitópolis (situada al oeste del río Jordán); al este del Jordán: Filadelfia, Gerasa, Pella, Damasco, Canatá, Dion, Abila, Gadara, e Hippos. La región de estas diez ciudades corresponde a Jordania y partes de Siria, incluida Damasco. Estas ciudades fueron centros culturales griegos y romanos de esa época. Es una maravilla notar que Jesús usó a un hombre que una vez tuvo miles de demonios para llevar la verdad de Dios a miles de personas. Después de ser puesto en libertad, el hombre se convirtió en un evangelista misionero y les contó a otros lo que Jesucristo había hecho por él. ¡No es de extrañar que la gente se maravillara al escuchar su historia! Ver mapa al final en Apéndice VII, pág. 222.

[90] Jairo: "a quien Dios ilumina".

26 que había sufrido mucho bajo varios médicos, y había gastado todo lo que tenía sin lograr mejoría alguna, más bien le iba peor.

27 Pero ella, habiendo escuchado acerca de Jesús, *salió de su confinamiento y arriesgando su vida*, se acercó por detrás de la multitud y tocó su manto,[92]

---

[91] Se infiere que haya sido un sangrado vaginal. El sangrado crónico en la mujer se puede presentar por diversas razones: engrosamiento de la pared o el revestimiento uterino, miomas y pólipos uterinos; cáncer de ovarios, del útero, del cuello uterino o de la vagina; desórdenes de sangrado o problemas con la coagulación; síndrome de ovario poliquístico, entre otras. Debido al tiempo (doce años) y a la falta de mejoría, pudo haber sido algo maligno. Este tipo de impureza se abordó en el A. T. (Lv 15:19-33), exigiendo que las personas debían evitar cualquier contacto o asociación con una mujer que padeciera esta clase de trastorno. Su larga experiencia física y de aislamiento por la exclusión social y religiosa, ordenadas radicalmente por las normas de pureza, acrecentaron su trauma emocional. Esta mujer había sido aislada de la sociedad. Por lo tanto, Marcos la describió como una completa marginada en todos los aspectos, incapaz de acercarse a la gente y ceremonialmente desautorizada para allegarse a Dios. Sin embargo, su fe la impulsó a luchar hasta ser sanada.

[92] El manto era una prenda exterior. Como hombre judío, Jesús habría tenido sobre sus hombros un manto de oración (talit). Los flecos (borlas) del talit que se encuentran en el borde de las cuatro esquinas de la prenda exterior (ver nota 513 en Mateo) sirven como remembranza de los mandamientos de Dios. El borde de esquina podría ser liso o decorado con color azul. Según la ley mosaica, el varón israelita religioso está obligado a usar estos flecos en las cuatro esquinas de su prenda exterior (Nm 15:38-41; Dt

28 porque decía: Si tocare tan solo su manto, seré salva.[93]

29 De inmediato, el flujo de su sangre se secó, y sintió en su cuerpo que estaba sana de aquella enfermedad.

30 Enseguida, Jesús, sabiendo en sí mismo que poder había salido de él, se volvió a la multitud, y dijo: ¿Quién ha tocado mi manto?

31 Y sus discípulos le dijeron: ¿Ves que la multitud te aprieta y dices quién me tocó?

32 Mas él miraba alrededor para ver quién había hecho esto.

33 Entonces la mujer, temiendo y temblando, sabiendo lo que le había sido hecho a ella, vino, se postró delante de él, y le dijo toda la verdad.

34 Y él le dijo: Hija, tu fe te ha hecho salva. Ve en paz y sé sana de tu enfermedad.

35 Mientras Jesús aún hablaba, vinieron de la casa del príncipe de la sinagoga, y le dijeron: Tu hija está muerta. ¿Por qué molestas todavía al Maestro?

22:12). La palabra hebrea para franja o borde de una prenda también puede llamarse "ala". Algunos han interpretado a Mal 4:2 ("curación en sus alas") como referencia a los flecos del manto de oración.

[93] La palabra griega es *sozo* y tiene diversas acepciones posibles, que incluyen: seguro y buena condición, sanado, liberado, rescatado, restaurado y salvo. Esto es lo que Jesús hace hoy por nosotros. (Ver Heb 13:8).

36 Pero Jesús, ignorando[94] lo que se decía, dijo al príncipe de la sinagoga: No temas, solo cree.[95]

37 Y no permitió que nadie viniese con él sino Pedro, Jacob y Juan, hermano de Jacob.

38 Ellos vinieron a la casa del príncipe de la sinagoga, y vio gente conmocionada que lloraba y gemía en voz alta.[96]

39 Una vez adentro, les dijo: ¿Por qué tanta conmoción y llanto? La muchacha no está muerta, mas duerme.

40 Y hacían burla de él; pero Jesús, echándolos a todos fuera, tomó al padre y a la madre de la muchacha[97], y a los que estaban con él, y entró donde estaba la muchacha.

---

[94] Gr. Παρακούσας *parakousas*. Negarse a escuchar o a atender lo que se dice, ignorar, desobedecer a lo que se dice (al no aceptarlo), no prestar atención. Ver *Sinopsis of the Four Gospels*. Edited by Kurt Aland. German Bible Society. 2001. Pág. 126.

[95] La versión *El Mensaje* traduce este pasaje acertadamente así: "Jesús [...] le dijo al líder: No los escuches; solo confía en mí". Si escuchamos el mensaje correcto nunca tendremos miedo a nada.

[96] Josefo (siglo I d. C.) informa que había flautistas contratados; muy común en la época del N. T. Ellos ejecutaban públicamente lamentaciones para que el sonido lúgubre e inquietante de la flauta se convirtiera en sinónimo de muerte, tragedia, duelo. También había dolientes profesionales, generalmente mujeres (plañideras) en los entierros, que aún son empleados en el Oriente Medio.

[97] Gr. παιδίου *paidiou*, muchacha.

41 Tomó la mano de la muchacha, y le dijo: Tal-itha cumi[98], que traducido significa: Doncella,[99] a ti te digo, levántate.

42 De inmediato, la doncella se levantó y caminó, pues tenía doce años. Enseguida los que la vieron, quedaron sorprendidos sin saber que pensar.[100]

43 Y Jesús les instruyó con mucho énfasis que nadie supiese lo ocurrido, y pidió que le diesen de comer a la joven.

Capítulo 6

El rechazo en Nazaret: ¡Es sólo un carpintero!

1 Salió de allí,[101] y vino a Nazaret, y sus discípulos le siguieron.

2 Al llegar el sábado, comenzó a enseñar en la sinagoga; y muchos al oírlo se asombraban, diciendo: ¿De dónde saca estas cosas? ¿Qué sabiduría es esta que

---

[98] Estas palabras están en arameo, idioma que se hablaba en Israel durante la época de Jesús.

[99] Gr. Κοράσιον *korasion,* doncella. Una palabra muy elocuente que trata de distinguir a una joven mujer soltera y distinguida.

[100] Gr. ἐκστάσει ekstasei. Éxtasis.

[101] La curación de la mujer y la resurrección de la hija de Jairo se llevaron a cabo en Capernaum. Ahora, Jesús se dirige al pueblo donde creció, como lo dice el texto griego καὶ ἦλθεν εἰς τὴν πατρίδα "y vino a su tierra", porque allí vivió muchos años. Jesús nació en Belén, creció en Nazaret y estableció la base de su ministerio en Capernaum.

le es dada? ¿Cómo son hechos por sus manos tan poderosos milagros?

3 ¿No es este el carpintero,[102] hijo de María, hermano de Jacob,[103] de José, de Judá[104] y de Simón? ¿No están también aquí con nosotros, sus hermanas? Y se ofendieron profundamente con él.

4 Mas Jesús les dijo: No hay profeta sin honra sino en su tierra, entre sus parientes y en su casa.

5 Y no pudo hacer allí ningún milagro notorio;[105] solo sanó unos pocos enfermos, poniendo sobre ellos las manos.

---

[102] Carpintero τέκτων *tek·tone*, pero también significa: albañil, constructor de barcas, trabajador de la construcción, artesano, persona dedicada al arte de la poesía, planificador, inventor, autor letrado o académico (hombre culto por dedicarse a un oficio y haber estudiado en la academia). La palabra griega también puede significar alguien que construye o trabaja con piedra o ladrillo. Posiblemente, José ya había muerto y para ese entonces (en el verso 3) Jesús ya había tomado su lugar en su oficio, ya que como primogénito debía proveer para la familia.

[103] Jacob o Santiago. Santiago más tarde se convirtió en un líder en la Iglesia de Jerusalén y fue el autor de la epístola de Santiago.

[104] Heb. Judá o Judas, autor de la epístola de Judas.

[105] Ningún milagro notorio se refiere a ningún milagro de impacto sobrenatural donde las multitudes, por causa de la magnitud de la señal, seguirían al Maestro. Nazaret fue el único lugar registrado en los Evangelios donde Jesús no pudo (debido a la incredulidad de los habitantes) hacer muchos milagros.

6 Se asombrado mucho de la incredulidad de ellos.[106] Entonces decidió visitar las aldeas de alrededor, para continuar con su enseñanza.

Jesús envía a los doce apóstoles a predicar el evangelio: El Reino de Dios se expande más allá de Capernaum

7 Jesús llamó a los doce, comenzó a enviarlos de dos en dos, y les dio autoridad sobre los espíritus inmundos.

8 También les dio instrucciones para que, aparte del bordón, no llevaran nada para el camino, ni pan, ni alforja, ni dinero en el cinto;

9 calzasen solo sandalias[107] y que no llevasen dos túnicas.[108]

10 Y les dijo: En cualquier casa que entréis, posad en ella hasta que salgáis del lugar.

---

[106] Este es uno de los tres casos en los que Jesús quedó asombrado. Los otros se encuentran en Mateo 8:10; y 15:28. Todos se refieren a la respuesta de fe. Aquí se muestra la gran incredulidad de quienes conocieron a Jesús y vivieron en su ciudad, en Nazaret (judíos), en contraposición con la gran fe del centurión romano (un gentil) y de una mujer sirofenicia (una gentil). Jesús hizo de Capernaum su base de ministerio mientras estaba al norte de la provincia de Galilea.

[107] Las sandalias tenían suela de madera o cuero que protegían la planta del pie, y se ataban con correas también de cuero.

[108] La idea fundamental es esta: salían visitando solo a los israelitas (Mt 10:5-16), con la más mínima provisión, para depender de que se les proveyera lo necesario en el camino; quizás para probar la hospitalidad de la gente. **13. Continúa en la página 248.**

11 Y en cualquier lugar que no os recibiesen ni os escuchasen, al salir de allí sacudid el polvo de la planta de vuestros pies, para testimonio en contra de ellos.[109] De cierto os digo que serán más tolerable para Sodoma y Gomorra en el día del juicio, que para aquella ciudad.

12 Y saliendo, proclamaron a todos que se apartasen del pecado.[110]

La muerte de Juan el Bautista y la conciencia de culpabilidad de Herodes

13 Y echaban fuera muchos demonios, y ungían con aceite a muchos enfermos y sanaban.

14 Oyó el rey Herodes Antipas acerca de Jesús, porque su nombre vino a ser bien conocido, y algunos decían: Juan el Bautista ha resucitado de los muertos y por eso obran estos poderes milagrosos en él.

15 Mientras, otros decían: Es Elías.[111] Y otros todavía decían: Es un profeta o como uno de los profetas antiguos.

---

[109] Un acto simbólico que expresa rechazo por un lugar que había repudiado el mensaje de salvación. Esto quiere decir para un israelita: "ustedes no son mejores que los paganos".

[110] Gr. μετανοῶσιν *metanoōsin* "arrepentirse". Es decir, "comenzaron a decirle a la gente que dejara de pecar y se volviera a Dios".

[111] Muchos de los judíos creían que el profeta Elías regresaría antes de que apareciera el Mesías.

16 Y oyendo esto Herodes, dijo: Este es Juan, el que yo decapité y ha resucitado.

17 El mismo Herodes había enviado a arrestar a Juan, y le había puesto en la cárcel a causa de Herodías, esposa de Felipe, su hermano, quien se había casado con ella.

18 Porque Juan decía a Herodes: No te es lícito tener la esposa de tu hermano.

19 Mas Herodías se enojó contra él, deseaba matarlo, y no podía,

20 porque Herodes temía a Juan, sabiendo que era varón justo y santo, y lo mantenía a salvo bajo custodia. Cuando lo escuchaba quedaba perplejo, y lo oía de buena gana.

21 Llegó un día oportuno, cuando Herodes, en su cumpleaños, hizo un banquete a sus príncipes, tribunos y principales líderes de Galilea.

22 Allí estuvo la hija de Herodías,[112] quien danzó y agradó a Herodes y a los que estaban con él a la mesa. Y el rey dijo a la joven: Pídeme lo que quisieres y yo te lo daré.

23 Y le juró: Todo lo que me pidas yo te lo daré, hasta la mitad de mi reino.

---

[112] El historiador Josefo la llama Salomé. Esta dinastía familiar tomó el nombre de Herodes el Grande casi como un título.

24 Y saliendo ella,[113] dijo a su madre: ¿Qué pediré? Y ella dijo: La cabeza de Juan el Bautista.

25 De inmediato, regresó con prisa al rey y pidió, diciendo: Quiero que ahora mismo me des en un plato la cabeza de Juan el Bautista.

26 El rey se entristeció, mas a causa del juramento y de los que estaban con él a la mesa, no quiso desecharla.

27 Enseguida, el rey envió a uno de la guardia y dio órdenes para traer la cabeza de Juan; el cual fue, y lo decapitó en la cárcel.

28 Trajo su cabeza en un plato, la dio a la joven, y la joven la dio a su madre.

29 Oyéndolo sus discípulos, vinieron, tomaron su cuerpo y lo pusieron en un sepulcro.

---

[113] La rápida salida de la muchacha para conversar con su madre indica que Herodías no fue bienvenida en la fiesta de cumpleaños. Por lo tanto, para lograr su objetivo, Herodías puso a su hija en una situación que comprometiese a su esposo delante los invitados a la cena. Así, manipuló a Herodes con su propia hija, quien les ofreció una danza erótica de provocación a actos incestuosos. La demanda de Herodías fue la cabeza de Juan el Bautista, y así lo pidió la muchacha (6:24). Herodías había planificado cómo deshacerse de quien le señalaba sus pecados y Herodes ahora estaba obligado por su juramento en presencia de muchos testigos. Para preservar su honor ante sus invitados a la cena, tenía que cumplir con la petición.

El regreso de los doce de la misión apostólica y el merecido descanso

30 Los apóstoles se juntaron con Jesús y le contaron todo lo que habían hecho, y lo que habían enseñado.

31 Y él les dijo: Vayan solos a un lugar apartado y descansen un poco. Porque había muchas personas que continuamente iban y venían, y ni para comer tenían tiempo.

32 Entonces, se fueron en una barca a un lugar apartado y solitario.

33 Pero la gente que los vio partir supo hacia dónde iban. Entonces, muchos de todas las ciudades cercanas corrieron a encontrarles en ese lugar, y llegaron antes que Jesús y sus discípulos.

Jesús tiene compasión por la multitud: La alimentación de los cinco mil

34 Al salir de la barca, Jesús vio una gran multitud, tuvo compasión de ellos porque eran como ovejas que no tenían pastor; y les comenzó a enseñar muchas cosas.

35 Acercándose la última hora del día, sus discípulos vinieron a él, y le dijeron: El lugar es desolado y se está haciendo muy tarde,

36 despídelos para que vayan a las aldeas de alrededor y puedan comprar algo para comer.

37 Pero él les dijo: Dadles vosotros de comer. Y le respondieron: ¿Iremos a comprar el pan con estos doscientos denarios,[114] y darles de comer?

38 Y él les dijo: ¿Cuántos panes tenéis? Vayan y cuenten. Al saberlo, dijeron: Cinco panes y dos peces.

39 Entonces, les ordenó que hicieran sentar a todos en la hierba verde, organizados en grupos.

40 Se sentaron en grupos de cien y en grupos de cincuenta.

41 Luego tomó los cinco panes y los dos peces y mirando al cielo, los bendijo; partió los panes y los dio a sus discípulos para que los presentaran ante los grupos. También repartió los dos peces a los doce.

42 Y todos comieron y fueron saciados.

43 Al terminar de comer, se recogieron doce cestas llenas con trozos de pan y de pescado.

44 Los que comieron los panes fueron cinco mil hombres.[115]

---

[114] Un denario era el salario de un día laboral. Al parecer solo tenían 200 denarios en el tesoro. Felipe comenta, según Juan 6:7, que comprar pan con 200 denarios no era suficiente para esa multitud.

[115] Era costumbre el no contar a las mujeres y los niños. Este milagro es el único que se registra en los cuatro Evangelios.

El dominio de Jesús sobre la ley natural: Jesús camina sobre el mar

45 Enseguida, Jesús insistió en que sus discípulos subieran a la barca y fueran delante de él al otro lado, a Betsaida,[116] mientras él despedía a la multitud.

Jesús y su oración vespertina[117]

46 Al despedirlos, se fue al monte a orar.

47 Al caer la noche, la barca se hallaba en medio del mar y Jesús estaba solo en tierra,

48 y pudo ver[118] que los discípulos se esforzaban con los remos, porque el viento les era contrario. Alrededor de la cuarta vigilia de la noche,[119] vino a ellos caminando sobre el mar y deseaba adelantárseles.

---

[116] Betsaida era un pequeño pueblo de pescadores en la orilla oeste del lago Genesaret (otro de los nombres con que se designa al mar de Galilea), hogar de Andrés, Pedro, Felipe y Juan. Betsaida = casa de peces o el lugar de pesca.

[117] A esta oración vespertina se le conoce como "arvit" (hebr. עַרְבִית, oración de la "tarde"), una de las tres oraciones diarias regulares. La tradición atribuye la institución del *arvit* al patriarca Jacob (basado en Gn 28:11; cf. Ber. 26b). En el Salmos 55:18 y Daniel 6:11 se refiere a las tres oraciones al día.

[118] Darse cuenta de lo que les sucedía a sus discípulos mientras estaban en medio del mar fue obviamente un milagro, porque había llegado la noche y Jesús estaba en tierra, en la oscuridad y a una gran distancia de ellos. Jesús ve y conoce las luchas por las que pasamos.

[119] 3:00-6:00 a. m.

49 Al verlo caminar sobre el mar, pensaron que era un fantasma y dieron voces de terror,[120]

50 y se turbaron al verlo. De inmediato, les dijo: ¡Tened confianza! ¡Yo soy, no temáis!

51 Luego Jesús subió a la barca, cesó el viento, y todos estaban en gran manera maravillados. Muchas preguntas dentro de sí mismos les inquietaban,

52 porque no habían entendido todavía que el milagro de los panes les revelo el poder y la deidad de Jesús, por cuanto sus corazones estaban endurecidos debido a su poca fe.[121]

Jesús enseña y atiende las necesidades de la gente: Milagros en Genesaret

53 Cuando cruzaron al otro lado del mar, llegaron a la tierra de Genesaret y tomaron puerto.[122]

54 Saliendo de la barca, en seguida lo reconocieron.
55 Recorrieron toda la región de alrededor; y adonde oían decir que estaba, comenzaron a traer en sus lechos a los enfermos.

---

[120] Gr. ἀνακράζω anakrázō. Significa dar un grito desde el fondo de la garganta, implica una expresión de terror.
[121] La explicación es que, durante el milagro de los panes, todavía no estaban listos para recibir esta revelación sobre Jesús y su divinidad. **14. Continúa en la página 249.**
[122] Aparentemente, se desviaron de su curso esa noche, ya que se dirigían a Betsaida. Genesaret es una llanura no lejos de Capernaum, en el lado noroeste del mar de Galilea.

56 Donde quiera que él entraba, en aldeas, ciudades o en el campo, ponían a los enfermos en las calles, y le rogaban que tan solo les dejase tocar los flecos[123] del borde de su manto;[124] y todos los que lo tocaron fueron sanados.

Capítulo 7
Lo que contamina al hombre: Jesús expone el peligro de abrazar doctrinas de hombres y rompe con las tradiciones creadas por los religiosos

1 Los fariseos y ciertos escribas que habían venido de Jerusalén se reunieron con Jesús,

2 y vieron a algunos de sus discípulos comer pan con manos impuras,[125] por no tenerlas ceremonialmente lavadas.[126]

---

[123] Gr. κρασπέδου *kraspedou,* fleco.

[124] En los bordes del manto, específicamente en sus cuatro esquinas, había flecos que simbolizaban todos los mandamientos y promesas de Dios. (Ver Nm 15:38-40 en la versión Nueva Biblia de las Américas). La palabra hebrea para franja o borde es כָּנָף *kânâph* (borde de un manto); también puede significar "ala". Esto está conectado con Mal 4:2 donde כָּנָף *kânâph* se relaciona con la "curación en sus alas". Esta referencia podría ser la base para querer "tocar los flecos del borde de su manto" y recibir la sanidad del Maestro Divino.

[125] Gr. κοιναῖς *koinais.* Impuras, profano, ceremonialmente inmundo. Los discípulos no habían realizado el esperado lavado ceremonial de las manos. Los fariseos y todos los judíos, siguiendo la tradición de los ancianos, si ceremonialmente no se lavaban muchas veces las manos, no

3 Los fariseos y todos los judíos no comían si no se lavaban las manos cuidadosamente, observando así la tradición de los ancianos.

4 Y cuando regresaban de la plaza, no comían si no se purificaban de nuevo.[127] Y había muchas otras tradiciones que observaban, como el lavar los vasos, jarros, recipientes, utensilios y hasta los lechos.[128]

La hipocresía religiosa

5 Entonces, los fariseos y los escribas le preguntaron: ¿Por qué tus discípulos no andan de acuerdo a la tradición de los ancianos, sino que comen pan con manos sin lavar ceremonialmente?

6 Y respondiendo él, les dijo: Con qué precisión profetizó Isaías de vosotros, hipócritas. Porque está escrito: *Este pueblo con los labios me honra, mas su corazón está lejos de mí.*

---

comían. Tampoco comían si al volver de la plaza, no se lavaban de nuevo. Y observaban, religiosamente, otras muchas reglas y formalidades, como las de lavar los vasos donde bebían, los jarros, etc. Para casi todo había una ceremonia fijada por la tradición de los ancianos.

[126] Originalmente, el concepto religioso de la pureza y santidad de Dios significaba que el hombre puede acercarse a Él solo en una condición pura ($\rightarrow$ καθαρός, νίπτειν). **15.** **Continúa en la página 250.**

[127] Gr. Βαπτίζω *baptize*. Sumergirse en agua. Algunos hasta se sumergían completamente en agua para purificarse.

[128] Marcos explica algunas costumbres judías y traduce términos hebreos para sus lectores gentiles en Roma. Esto incluía purificar los lechos donde se reposaba.

7 *En vano me honran, enseñando como doctrinas mandamientos de hombres.*

8 Han abandonado los mandamientos de Dios para guardar la tradición de los hombres,[129] como lavar los utensilios, las tazas y muchas otras cosas semejantes.[130]

La astucia religiosa para invalidar el mandamiento de Dios

9 Luego, añadió: Cuán hábiles se han vuelto para invalidar el mandamiento de Dios y en su lugar, guardar vuestra tradición.

10 Porque Moisés dijo: Honra a tu padre y a tu madre, y el que maldijere al padre o a la madre, debe morir.

11 Pero vosotros decís: Basta con que el hombre diga al padre o a la madre: Es Corbán,[131] queriendo decir, es ofrenda consagrada a Dios todo aquello con que pudiera haberte ayudado.

12 Con este nuevo precepto[132] permitís que la gente desatienda las necesidades de su padre y de su madre;

---

[129] Ver Isaías 29:13 (LXX).

[130] "Hacéis cosas como lavar los utensilios, las tazas y muchas otras semejantes", aparece en algunos manuscritos antiguos.

[131] Gr. Κορβᾶν *Korban*. Ofrenda consagrada a Dios. Corbán (*Korban*) es una palabra aramea que implica que una persona es pura, sincera y piadosa cuando hace una ofrenda a Dios. **16. Continúa en página 251.**

[132] Precepto nuevo es una enmienda al quinto mandamiento relacionado a los padres. Esta añadidura no se corresponde a

13 así priváis de autoridad a la Palabra de Dios con vuestra tradición que enseñáis al pueblo; y muchas cosas semejantes a estas hacéis.

14 De nuevo llamó a la multitud, y les dijo: Oídme todos, y entended.

Jesús explica lo que realmente contamina al hombre

15 Nada hay fuera del hombre que entre en él y le pueda contaminar espiritualmente, mas lo que sale de él, es lo que contamina al hombre.

16 Si alguien tiene oídos para oír, que oiga.

17 Cuando Jesús dejó a la multitud, entró en casa y sus discípulos le preguntaron sobre la parábola.

18 Él les contestó: ¿También estáis sin entendimiento? ¿No comprenden que todo lo de afuera que entra en el hombre no le puede contaminar espiritualmente?

---

lo que originalmente Dios enseñó a Moisés ni a los profetas. Es una invención religiosa introducida por la tradición de los ancianos para modificar la enseñanza original de Dios. Así se termina anulando el poder de la Palabra, y produciendo al mismo tiempo desobediencia en el pueblo.

19 Porque cuando se come, nada entra en el corazón, sino en el estómago, y después se elimina. Esto decía Jesús para declarar ceremonialmente puros a todos los alimentos.[133]

20 Pero lo que procede del corazón del hombre es lo que contamina al hombre espiritualmente.

21 Porque de lo más interno del corazón de los hombres proceden los malos pensamientos, las fornicaciones, los hurtos, los homicidios,

22 los adulterios, las avaricias,[134] la malicia,[135] el engaño, la indecencia,[136] la envidia,[137] la blasfemia,[138] la arrogancia,[139] la insensatez.

23 Todas estas cosas malas proceden de dentro y contaminan al hombre espiritualmente.[140]

---

[133] "Esto decía para declarar ceremonialmente puros a todos los alimentos" es un comentario de Marcos sobre lo que dijo Jesús, donde el evangelista explica que Jesús tampoco está de acuerdo con el rito ceremonial de purificación al que eran sometidos todos los alimentos antes de ser ingeridos.
[134] O la codicia.
[135] Se refiere a la conducta humana que trae ruina porque solo hace lo malo. Son todos actos inicuos.
[136] O la sensualidad, libertinaje, lujuria.
[137] Envidia. **17. Continúa en la página 251.**
[138] O la calumnia.
[139] O el orgullo.
[140] Jesús cierra esta sección al decir que todas estas cosas inicuas proceden de dentro y contaminan al hombre. En Marcos 6:52 (véase allí) vimos que el concepto bíblico de

La fe de una mujer sirofenicia es recompensada

24 Levantándose de allí se fue a las regiones de Tiro y de Sidón. Luego, entró en una casa y no quería que nadie supiera dónde estaba,[141] mas no pudo evitarlo,

25 porque de inmediato, una mujer que había oído hablar de él, y que tenía una hija[142] poseída por un espíritu inmundo, lo encontró y se postró a sus pies.

26 La mujer era griega, sirofenicia de nacionalidad,[143] y le pidió que expulsara el espíritu inmundo de su hija.

corazón apunta al centro de donde fluye toda la vida humana. Ahora bien, si los vicios mencionados en Marcos 7:21-22 proceden del corazón del hombre, no cabe duda de que estos contaminarán toda su vida intelectual, emocional y volitiva. Lo que uno debe hacer, por tanto, es orar para que le sea dado un corazón nuevo, transformado, y no deberíamos preocuparnos mucho del asunto de las manos sin lavar. La corrupción verdadera es la moral y espiritual, no la física. David lo expresa de forma muy hermosa: "Crea en mí, oh Dios un corazón limpio, y renueva un espíritu recto dentro de mí". Salmo 51:10.

[141] Jesús desea estar a solas con sus discípulos solo "por el momento", para seguir después con la actividad misionera (vv. 34-38). Véase, a continuación, el mapa del ministerio misionero de Jesús.

[142] Gr. θυγάτριον *thugatrion,* hija.

[143] Esta historia, a la luz de la cultura de esa época, es extraordinaria. **18. Continúa en la página 252.**

EL MINISTERIO DE RETIRO
(Comience en Capernaum y siga las flechas)

Mapa histórico[144]

---

[144] El mapa muestra el ministerio del retiro misionero de Jesús (7:24-9:50). Catorce secciones de Marcos cubren los sucesos que ocurrieron durante este período en los siguientes lugares: (1) La región de Tiro (7:24-30). (2) Decápolis (7:31-37). (3) Decápolis (8:1-10). (4) Dalmanuta (8:11-13). (5) Mar de

27 Y él le dijo: Deja que primero los hijos[145] se sacien, pues no está bien tomar el pan de los hijos[146] y echarlo a los perrillos.[147]

28 Y ella respondió: Sí, Señor, pero aun los perrillos debajo de la mesa comen de las migajas de los niñitos.[148]

29 Entonces, Jesús dijo: Por causa de esta palabra que has dicho, puedes irte, pues el demonio ya ha salido de tu hija.

Galilea entre Dalmanuta y Betsaida (8:14-21). (6) Betsaida (8:22-26). (7) Cesarea de Filipo (8:27-30). (8) Cesarea de Filipo (8:31-9:1). (9) Monte de la transfiguración y alrededores (9:2-13). (10) Monte de la transfiguración y alrcdedores (9:14-29). (11) Camino hacia Capernaum (9:30-32). (12), (13), (14) Capernaum (9:33-37; 9:38-41; 9:42-50 respectivamente).

[145] Gr. τέκνα *tekna,* niños que viven en total dependencia del Padre. También habla de un niño que vive en dependencia voluntaria. Ilustra cómo todos debemos vivir, momento a momento, en total dependencia del Señor, obteniendo la guía (cuidado, crianza) de nuestro Padre celestial. *Téknon* enfatiza la actitud de corazón infantil (y no infantil) que voluntariamente (con alegría) se somete al plan del Padre. Aprendemos esto profundamente cuando somos receptivos a Cristo, hablando su Palabra *rhēma* en nuestro interior para impartir fe (cf. Ro 8:16-17 con Ro 10:17, texto griego).

[146] Gr. τέκνων *teknon,* niños que viven en total dependencia del Padre (ver nota anterior).

[147] Gr. κυναρίοις *κυναρίοις,* perrillos.

[148] Gr. παιδίων *paidion* es el diminutivo para niño. Es decir, niñito.

30 La mujer se fue y al llegar a su casa encontró que el demonio había salido de su niña, quien estaba acostada en la cama.

Jesús sana a un sordomudo

31 Luego, regresó Jesús de la región de Tiro y se dirigió por Sidón al mar de Galilea para internarse en la región de Decápolis.

32 Allí le trajeron un sordo con dificultad para hablar, y le rogaban que pusiera su mano sobre él.

33 Le tomó aparte de la multitud para estar a solas con él, metió sus dedos en las orejas, luego escupió y con su saliva[149] tocó la lengua del hombre;

34 y mirando al cielo, suspiró profundamente,[150] y le dijo: ¡Efata!,[151] que significa: ¡Ábrete!

---

[149] La saliva fue en la antigüedad un remedio para los ojos (*Plin. HN 28, 7; Tacit. Hist. 4, 21; Sueton. Vesp. Cp. 7; Tanchuma, f. 10, 2; Sanhed., F. 101, 1; Hieros. Sotah, f. 16, 4; Vajikra Rabba, f. 175, 2. Comp. Wetstein & Lightfoot, ad Joh. Ix. 6*). En los tiempos de Jesús, la saliva era considerada como el aceite conductor del poder milagroso. Sin embargo, no se aplicó en la curación del oído, sino solo en la curación de la mudez; esto se repite en Mr 8:23 en la curación de la vista. Entonces, ¿para qué fue esta distinción? Probablemente, porque la saliva se adaptaba mejor a ser un medio simbólico para el despertar de la fe. Oral Roberts enseñó que, en ocasiones, la fe necesita en ciertas personas de un punto de contacto para ser despertada. Como lo hizo la mujer del flujo de sangre, que quiso tocar el borde del manto de Jesús creyendo que así sería salva.

35 Enseguida sus oídos fueron abiertos, su lengua fue desatada, y comenzó a hablar correctamente.[152]

36 Entonces, les encargó que no lo dijesen a nadie, pero cuanto más se los pedía, tanto más lo seguían publicando.

37 Y la gente en gran manera se maravillaba, diciendo: Todo lo ha hecho bien[153]. Incluso hace oír a los sordos y hablar a los mudos.

Capítulo 8
La alimentación de los cuatro mil: Jesús nuevamente alimenta milagrosamente a una multitud

1 En aquellos días se reunió de nuevo una gran multitud, y no tenían qué comer. Entonces, Jesús llamó a sus discípulos, y les dijo:

---

[150] G. ἐστέναξεν *estenaxen* ilustra la expresión hecha como en el pujo del parto (en sentido figurado), para sentir la presión de lo que se avecina, lo que puede ser intensamente placentero o angustioso (según el contexto). Jesús muestra su compasión con este gesto; el suspiro profundo describe el orar inaudiblemente (estando delante de un sordo).

[151] Efata, forma imperativa en arameo de: ¡Sé abïerto!

[152] Gr. ὀρθῶς *orthōs*. Traducido aquí como "correctamente". Lo que implica necesariamente otro milagro, ya que el sordomudo no tuvo que aprender a hablar como lo hacen los que nunca han escuchado.

[153] Gr. καλῶς *kalós*. Significa excelente, noble y encomiablemente.

2 Tengo compasión de la multitud, porque ya hace tres días que están conmigo y no tienen qué comer.

3 Si los enviare a sus casas sin comida desmayarán en el camino, porque algunos de ellos han venido de lejos.

4 Y sus discípulos le respondieron: ¿De dónde podrá alguien alimentarlos con pan en esta región deshabitada?

5 Y les preguntó: ¿Cuántos panes tenéis? Y ellos dijeron: Siete.

6 Entonces, dio instrucciones a la multitud para que se recostase en tierra y tomando los siete panes, dio gracias, los partió y los dio a sus discípulos para que repartiesen; y ellos lo repartieron a la multitud.

7 Además, tenían unos pocos pececillos. Los bendijo y les dijo que los repartiesen también.

8 Comieron y se saciaron todos. Y recogieron los pedazos que sobraron en siete cestas.[154]

9 Fueron como cuatro mil hombres presentes, y los despidió.

---

[154] Gr. Σπυρίδας, cestas. Esta es la misma palabra que se usa cuando Pablo escapó de Damasco al ser bajado por la muralla de la ciudad en una cesta (σπυρίδας *spuridas*). Estas cestas eran lo suficientemente grandes como para que un hombre se escondiera. (Ver Hch 9:25).

10 De inmediato, entró en la barca con sus discípulos, y vino a la región de Dalmanuta.[155]

La demanda de una señal milagrosa es denegada

11 Entonces, se acercaron los fariseos y comenzaron a debatir con él, exigiendo una señal del cielo para tentarlo.

12 Jesús gimió profundamente en su espíritu, y les dijo: ¿Por qué pide señal esta generación? De cierto os digo que no se dará señal a esta generación.

13 Y dejándolos, regresó de nuevo a la barca y pasó al otro lado.

La levadura contaminante de los fariseos y herodianos

14 Los discípulos se habían olvidado de tomar pan, y solo tenían un pan consigo en la barca.

15 Entonces, Jesús les advierte diciendo: Mirad, guardaos de la levadura de los fariseos y de la levadura de los herodianos.

16 Y comenzaron a razonar entre ellos si lo decía porque no trajeron suficiente pan.

---

[155] Dalmanuta era una región muy pequeña cerca del mar de Galilea; probablemente estaba conectada con el distrito de Magdala, donde según Mateo, Jesús desembarcó. La palabra aramea *Dalmanutha* significa "la tierra de la opresión" y literalmente es traducida como "tizón lento".

17 Entendiendo esto, Jesús les dijo: ¿Por qué discutís si tenéis pan o no? ¿Todavía no percibís ni caéis en cuenta? ¿Aún tenéis cerrado vuestro entendimiento?

18 ¿Teniendo ojos no veis, y teniendo oídos no oís? ¿No os acordáis de nada?

19 Cuando partí los cinco panes para los cinco mil, ¿cuántas canastas[156] llenas de los pedazos recogisteis? Y ellos dijeron: Doce.

20 Y cuando partí los siete panes para los cuatro mil, ¿cuántas cestas[157] llenas de los pedazos recogisteis? Y ellos dijeron: Siete.

21 Y les dijo: ¿Entonces, ¿cómo aún no entendéis? ¿Todavía creen que estoy preocupado de que no tengamos pan?

Segunda historia: Preparando el camino a Jerusalén y aprendiendo acerca de la cruz (8:22; 10:52)

Curación en dos dosis: Jesús restaura la vista a un ciego en Betsaida

22 Después de esto, fue a Betsaida[158] donde le trajeron un ciego y le rogaron que le tocase.

---

[156] Gr. Κοφίνους *kophinous*, canasta grande.
[157] Gr. Σπυρίδων *spyridōn*, cesta.
[158] Ciudad de Galilea (Jn 12:21). Las Escrituras la señalan como un lugar situado en la costa septentrional del mar de

23 Y tomando la mano del ciego, lo sacó fuera de la aldea, escupió en sus ojos, le puso las manos encima, y le preguntó si veía algo.

24 Entonces, mirando a su alrededor, dijo: Veo hombres como árboles que caminan.

25 De nuevo le puso las manos sobre sus ojos, y cuando abrió los ojos, fue restaurada su vista, y vio claramente todo.

26 Lo envió directo a su casa[159] y le dijo: No entres a la aldea, ni le digas a nadie lo sucedido.

¿Quién es Jesús? La confesión de Pedro: El Mesías, el Cristo

27 Luego, Jesús y sus discípulos salieron hacia las aldeas de Cesarea de Filipo.[160] Por el camino preguntó a sus discípulos: ¿Quién dicen los hombres que soy yo?

28 Y ellos respondieron: Unos, Juan el Bautista; otros, Elías; y aún hay otros que afirman que eres uno de los profetas.

Galilea, no lejos de donde desemboca el Jordán; hogar de Andrés, Pedro, Felipe y Juan. Información adicional: Betsaida = casa de peces.

[159] Este hombre no vivía en la aldea, sino en sus alrededores.

19. Continúa en la página 253.

[160] Es decir, la ciudad capital de Herodes Felipe II (ver Lc 3:1), al norte del mar de Galilea (a diferencia de Cesarea marítima, al sur del monte Carmelo).

29 Entonces, él les dice: Y vosotros, ¿quién decís que soy yo? Respondiendo Pedro, le dijo: Tú eres el Cristo.

30 Y les ordenó estrictamente que a nadie le hablasen de esto acerca de él.

Primera predicción de la muerte y resurrección de Jesús

31 Y comenzó a enseñarles que era necesario que el Hijo del Hombre padeciese mucho y fuese rechazado por los ancianos, los príncipes de los sacerdotes, y los escribas.[161] Tenía que ser entregado a muerte y después de tres días, resucitar.

32 Al declararles abiertamente el asunto, Pedro le tomó aparte para rogarle[162] que no hablara de esa manera.

33 Pero Jesús se volvió, miró a los demás discípulos y le mostró a Pedro su desacuerdo en esto, diciéndole: ¡Haz hablado como satanás![163] Porque tus sentimientos no son los de Dios, sino los de los hombres.

Jesús habla del costo del discipulado de entonces, de ahora y de siempre

---

[161] Los tres grupos más significativos que componían el sanedrín.

[162] La palabra griega aquí ἐπιτιμᾶν *epitiman* es la misma que usa Marcos en el verso 33 donde se dice que Jesús reprendió a Pedro. **20. Continúa en la página 254.**

[163] Literalmente: ¡Apártate de mí, satanás! satanás significa "el que se opone a la persona y propósitos de Dios". **21. Continúa en la página 255.**

34 Después llamó a la multitud para que se uniera a sus discípulos, y les dijo a todos: Cualquiera que quisiere venir en pos de mí, niéguese a sí mismo, tome su cruz,[164] y sígame.

35 Al que solo le preocupe hacer su vida terrenal segura, lo perderá todo. Pero aquel que decida dar su vida por mí y por anunciar las buenas noticias, realmente vivirá.[165]

36 Porque ¿de qué le sirve al hombre ganar el mundo entero y perder su alma?

37 O ¿qué dará el hombre a cambio de su alma?

38 El que se avergonzare de mí y de mis palabras en esta generación adulterina y pecadora, el Hijo del Hombre se avergonzará también de él cuando venga en la gloria de su Padre con los santos ángeles.

---

[164] Gr. σταυρὸν *stauron,* cruz. Conocido patíbulo romano de crucifixión a través del castigo y sufrimiento lento, muy cruel e ignominioso, asimilado por los griegos y romanos de los fenicios; aunque estos le agregaron el travesaño horizontal para mayor suplicio de los condenados. Es decir, para los tiempos de Jesús ya usaban la cruz para crucificar al reo y es imposible que Jesús muriera en una estaca, con una sola plataforma vertical que usaban los antiguos fenicios y otros pueblos anteriores a los griegos y romanos.

[165] "Realmente vivirá" significa que no solo tendrá la satisfacción de gozar de las promesas de Dios en esta vida temporal; sino que también sabrá que al dejar de latir su corazón, disfrutará de una vida eterna con su Señor. ¡Vivirá!

Capítulo 9

Jesús revela su gloria en una nube radiante de luz. La transfiguración muestra quién es realmente este Jesús: El Unigénito del Padre

1 También les dijo: De cierto os digo, que hay algunos de los que están aquí que no gustarán la muerte hasta que vean el Reino de Dios venir con poder.

2 Seis días después, Jesús tomó a Pedro, a Jacob, y a Juan, y los llevó a un monte alto para estar solos; y se transfiguró[166] delante de ellos.

3 Y sus vestidos se volvieron resplandecientes, extremadamente blancos, tanto, que ningún blanqueador en la tierra los podría volver tan blancos.

4 Luego, se aparecieron Elías y Moisés, quienes conversaban con Jesús.

5 Entonces, Pedro le dijo a Jesús: Rabbí, es bueno para nosotros estar aquí; hagamos tres tabernáculos,[167] uno para ti, otro para Moisés y otro para Elías.

---

[166] Gr. Μετεμορφώθη *metemorphōthē*. Cambio en otra forma. Transformar, transfigurar. La apariencia de Cristo cambió a su forma o imagen divina. Resplandeció con el brillo divino en el monte de la transfiguración. La descripción de Jesús es parecida a la de Juan en Apocalipsis 1:13-15.

[167] Gr. Σκηνάς *skēnas*. Tienda, tabernáculo, cualquier vivienda temporal, una carpa.

6 Pero realmente no sabía lo que hablaba, pues estaban sobrecogidos de temor.

7 Vino pues una nube que les hizo sombra, y una voz desde la nube les dijo: Este es mi Hijo, el Amado, a él oíd.

8 De repente, miraron alrededor y ya no vieron a nadie con ellos, excepto a Jesús solo.

9 Luego, mientras descendían ellos del monte, Jesús les dio instrucciones de que a nadie dijesen lo que habían visto, sino hasta cuando el Hijo del Hombre resucitase de los muertos.

10 Ellos guardaron estas palabras en silencio, aunque discutían lo que quiso decir con resucitar de los muertos.[168]

11 Después, ellos le preguntaron: ¿Por qué los escribas dicen que Elías debe venir primero?[169]

---

[168] La doctrina de la resurrección era una de las enseñanzas mejor conocidas por los fariseos; tanto, que Pablo, un hombre educado e inteligente, la usó para volver a los líderes religiosos contra ellos mismos (Hch 23:6-10). Sin embargo, los tres pescadores, aunque estaban familiarizados con algunas de las Escrituras proféticas, estaban confundidos por las declaraciones de Jesús sobre su muerte y resurrección.

[169] "¿Por qué los escribas dicen que Elías debe venir primero?". Es decir, Elías primero que el Mesías.

12 Y Jesús les dijo: En verdad está escrito que Elías ha de venir primero para restaurar todas las cosas. Pero más importante aún es preguntarse: ¿Por qué dice la Escritura sobre el Hijo del Hombre que este debe pasar por mucho sufrimiento y ser tratado con desprecio?[170]

13 De cierto os digo que Elías ya vino y le hicieron todo cuanto quisieron, tal como está escrito de él.[171]

El fracaso de los discípulos para sanar

14 Cuando regresaron a donde estaban los otros discípulos, vio una gran multitud alrededor de ellos, y algunos escribas discutían con ellos.

15 De inmediato la multitud, al ver a Jesús, se sorprendió con gran admiración[172] y todos corrieron a saludarlo.

16 Luego, preguntó a los escribas: ¿Qué discutíais con ellos?

---

[170] El versículo 12 es una aclaratoria de interpretación escatológica en cuanto a la venida del Mesías, lo cual era muy significativa en ese momento. **22. Continúa en página 256.**
22. Continúa en página 256.

[171] La misma persecución que sufrió Elías por parte de autoridades de Israel es remembranza de lo que Juan el Bautista experimentó (ver 1 R 19:2-3, 10, 14).

[172] Aquí, Marcos usa la palabra ἐϰθαμβέομαι *ekthambeómai*, la cual transmite una implicación directa que describe el impacto que produce en la multitud el reconocer que Jesús vino a ellos más pronto de lo que esperaban. **23. Continúa en página 256.**

23. Continúa en página 256.

17 Entonces, uno de la multitud, dijo: Maestro, traje a ti mi hijo, quien tiene un espíritu que no le permite hablar.

18 Y donde quiera que le toma, lo arroja al suelo, echa espuma por la boca, cruje los dientes, y al final, su cuerpo queda rígido. Les dije a tus discípulos que lo expulsaran, pero ellos no han podido.[173]

19 Y Jesús les dijo:[174] Todavía sois una generación sin fe.[175] No importa qué tanto tiempo deba seguir con ustedes enseñándoles para que tengan fe. Permaneceré hasta que lo aprendan todo.[176] Continuemos con esto. Traedme al muchacho.

Jesús libera al muchacho poseído por un demonio

20 Entonces, le llevaron al muchacho. Y cuando el espíritu vio a Jesús, inmediatamente se sacudió; y cayendo el muchacho en tierra, se revolcaba, echando espuma por la boca.

---

[173] Literalmente, dice: Pero ellos no tienen poder καὶ οὐκ ἴσχυσαν *kai ouk ischysan*.

[174] δὲ ἀποκριθεὶς αὐτοῖς λέγει *ho de apokritheis autois legei*, literalmente: "Y respondiéndole a él le dijo" o "y respondiéndole a ellos les dijo". **24. Continúa en página 257.**

[175] ἄπιστος *apistos* significa incrédulo, no tener fe, sin fe.

[176] La palabra griega clave en esta oración es ἀνέξομαι *anexomai*, traducida literalmente como soportar, permanecer o aguantar! **25. Continúa en la página 257.**

21 Jesús le preguntó a su padre: ¿Cuánto tiempo hace que le sucede esto? Y él dijo: Desde niño.

22 Muchas veces le echa en el fuego y al agua para matarlo; mas, si puedes hacer algo, ayúdanos, y ten compasión de nosotros.

23 Y Jesús le dijo: Esto no se trata de "si yo puedo", sino de "si tú crees". Porque todo es posible para el que cree.

24 Enseguida el padre del muchacho dijo con lágrimas: Señor, yo creo, ayuda mi incredulidad.[177]

25 Jesús lo escucho; y al ver que una multitud venía hacia él, reprendió al espíritu inmundo, diciéndole: Espíritu mudo y sordo, yo te ordeno, sal de él y nunca más entres en él.[178]

26 Y después de gritar y agitarlo mucho,[179] el espíritu inmundo salió, mas el muchacho quedó como muerto, de tal modo que muchos decían: Ha muerto.

---

[177] "Ayuda mi incredulidad", es decir: "Sigue ayudándome día a día y a cada instante, de modo que pueda vencer mi incredulidad siempre, porque mi fe siempre será atacada por temores y dudas".

[178] Al acelerar la realización del milagro se nota el deseo de Jesús de preservar el secreto de su viaje a Jerusalén.

[179] Gr. σπαράσσω sparasso aparece solo 4 veces en el N. T. Se traduce como moverse muy rápido de una manera desordenada y desgarrarse en pedazos. Lo que significa que el muchacho fue "doblado" y sacudido violentamente por el

27 Pero Jesús lo tomó de la mano, lo levantó, y se mantuvo en pie por sí solo.[180]

28 Cuando Jesús vino a una casa,[181] sus discípulos le preguntaron en privado: ¿Por qué nosotros no pudimos expulsarlo?

29 Él les dijo: Esta clase[182] no puede salir sino con oración y ayuno.[183]

---

espíritu; esto fue lo que realmente hizo pensar que quedó muerto.

[180] El relato de Jesús "tomando su mano y levantándolo" hace eco del lenguaje usado en la resurrección de la hija de Jairo (5:41-42), pero aquí no nos queda ninguna duda de que la impresión de la muerte fue temporal y equivocada. Esta no es otra "resurrección", sino la restauración del muchacho a la normalidad después de una experiencia traumática de liberación demoníaca.

[181] Esta es la segunda de cuatro veces en las que Marcos indicó que Jesús se retiró a una casa para instruir a los discípulos en privado (también 7:17; 9:33; 10:10; 4:10; 7:24). Después de realizar el gran milagro de rescatar a este endemoniado de las garras de un espíritu inmundo y de restablecerle las facultades de oír y hablar, Jesús entró "en una casa". Esta traducción es probablemente la mejor en el caso presente, sobre todo si el Señor aún no había llegado a Capernaum (véase v. 33). ¿Recibió hospedaje en casa de alguno de sus seguidores como presumiblemente sucedió a menudo? Sea como fuere, es entonces cuando sus discípulos —pensemos en los nueve— fueron a él con la pregunta: "¿Por qué no pudimos nosotros expulsarlo?". Era una pregunta razonable, pues, aunque estos hombres se habían enfrentado con éxito a muchos casos de posesión demoníaca, en esta ocasión habían fracasado.

Segunda predicción de la muerte y resurrección de Jesús: Nuevamente se advierte en privado a los discípulos sobre la misión del Mesías Sufriente descrito en Isaías

30 Cuando salieron de ese lugar, caminaron pasando por la región de Galilea; y no quería que nadie supiera que él estaba por allí,

31 porque deseaba enseñar a sus discípulos a solas. Entonces, Jesús les dijo: El Hijo del Hombre será entregado en manos de hombres, lo matarán; y después de muerto, al tercer día resucitará.

32 Pero ellos no entendían esta palabra,[184] y tuvieron miedo de preguntarle al respecto.

---

[182] "Esta clase", dice Jesús, "solo sale con oración y ayuno". Con esto se está afirmando que en el mundo de los demonios hay diferencias: algunos son más poderosos y más malignos que otros. Jesús no solo insta a sus seguidores a orar, sino también les alienta a perseverar en ella (Mt 7:7; Lc 18:1-18; 21:36). Lo mismo hace Pablo (Col 1:9; 1 Ts 5:17; 2 Ts 1:11).

[183] Muchos textos griegos confiables omiten el "ayuno". Sin embargo, la palabra ayuno se encontró en un fragmento que se remonta al siglo III. **26. Continúa en la página 259.**

[184] "...palabra". Gr. ῥῆμα *rhēma*. Significa "la palabra hablada". *Rhēma* es lo que ha sido pronunciado directamente por una voz viviente. Puede ser una voz divina o humana. En este caso, es la Palabra hablada del Unigénito Hijo de Dios. ῥῆμα *rhēma* se repite 68 veces en el N. T. En Marcos, *rhēma* aparece solo en 9:32 y 14:72. Hay que contrastar *rhēma* con la palabra griega λόγος *logos* que significa "palabra", bien sea hablada en el pasado o escrita, y que aparece 330 veces en el

¿Quién es el mayor? ¿Quién es el más importante? ¿Así que quieres el primer lugar? Jesús define el nuevo concepto de "la grandeza del servicio" según el Reino de Dios

33 Al llegar a Capernaum, estando ya en casa, Jesús les preguntó a sus discípulos qué discutían en el camino.

34 Mas callaron, porque venían discutiendo sobre quién habría de ser el mayor entre ellos.

35 Entonces, Jesús se sentó, llamó a los doce, y les dijo: Si alguno quiere ser el primero, deberá ser[185] el último de todos y el servidor de todos.

36 Luego, escogió a un niño y lo puso delante de ellos; lo tomó en sus brazos, y les dijo:

37 El que reciba en mi nombre a un niño como este,[186] a mí me recibe; y cualquiera que me recibe, no me recibe a mí, sino al que me envió.

N. T. La Palabra (λόγος *logos*) también es un título de Cristo (Jn 1:1). Esta enfatiza su propia deidad y lo identifica con Dios mismo.

[185] Aunque aquí ἔσται es el futuro indicativo, 3a. pers. sing. de εἰμί, el contexto no usa el tiempo verbal para indicar un simple futuro (lo que sucederá), sino que apunta a lo que una persona desea que suceda. De ahí que: "deberá ser" es la mejor traducción. En otras palabras, ἔσται tiene aquí una fuerza imperativa.

[186] Marcos revela el uso de un niño como ayuda pedagógica para la enseñanza, y esto tiene que ver aquí explícitamente (en términos de su contexto) con el estatus, no con ningún rasgo

El que no es contra nosotros, por nosotros es

38 Cierto día Juan le dijo: Maestro, vimos a uno que en tu nombre echa fuera demonios, pero no nos sigue, y se lo prohibimos porque no nos seguía.[187]

39 Pero Jesús dijo: No se lo prohibáis, porque ninguno hay que haga milagro en mi nombre que luego pueda hablar mal de mí.

40 Porque el que no está contra nosotros, está de nuestra parte.

Recompensa de profeta

41 Y cualquiera que os diere un vaso de agua en mi nombre, porque sois de Cristo, de cierto os digo que no perderá su recompensa.

La ocasión de caer y las tentaciones

42 Pero si alguien confunde o engaña[188] a uno de estos pequeñitos que creen en mí, mejor le fuera si se le atase una piedra de molino al cuello, y fuese echado en la mar.

---

de carácter supuestamente típico de los niños. **27. Continúa en la página 259.**

[187] Este hombre era con toda probabilidad un verdadero creyente en Jesús. **28. Continúa en la página 261.**

[188] "Confunda o engañe" viene del gr. σκανδαλίσῃ *skandalisē.* Lit., tropezar, ofender, caer, hacer pecar, apostatar, poner una trampa.

Entrar en el Reino puede significar un sacrificio doloroso

43 Si tu mano te es ocasión de caer,[189] córtala. Mejor te es entrar a la vida mutilado que tener dos manos pero ir al infierno,[190] al fuego que nunca se sacia;[191]

44 donde el gusano[192] no muere, y el fuego nunca se apaga.[193]

45 Y si tu pie te fuere ocasión de caer, córtalo. Mejor te es entrar a la vida cojo que, teniendo dos pies, ser echado al infierno, al fuego que nunca se sacia;

46 donde el gusano no muere, y el fuego nunca se apaga.

---

[189] "Caer", del gr. σκανδαλίζῃ *skandalizē* Lit., pecar, hacer caer.

[190] Gr. Γέενναν *geennan*. Infierno. También conocido como "el valle de Hinom" (o Gehena), que es una metáfora del infierno. Gehena se conocía en la era del A. T. como el lugar donde se ofrecían sacrificios humanos al dios pagano Moloc. (Ver 2 Cr 33:6; Jer 7:31).

[191] Gr. ἄσβεστον *asbeston*. Insaciable, inextinguible.

[192] Gr. ὁ σκώληξ *ho skólēx*, "el gusano". Específicamente, esa clase que se alimenta de cadáveres. Una figura tomada de Is 66:24 para expresar que el castigo después de la muerte nunca cesará y σκώληξ simboliza quizás la repugnancia de la pena. Aunque esta palabra aparece en Marcos 9:44 y 46, algunos manuscritos antiguos omiten por completo estos dos versículos.

[193] Gr. οὐ σβέννυται *ou sbennytai*. Que no se apaga.

47 Y si tu ojo te fuere ocasión de caer, sácalo. Mejor te es entrar al Reino de Dios con un ojo que, teniendo dos ojos, ser echado al infierno,

48 donde el gusano de ellos no muere, y el fuego nunca se apaga.

49 Todos serán probados con fuego[194], y aquel que sacrificó su miembro para no pecar será preservado,[195] así como la sal preserva la vida.[196]

50 Buena es la sal, pero si la sal pierde su salinidad, ¿con qué sazonaréis? Así que no pierdan de vista el vivir la vida como agrada a Dios, porque esto es lo que sazona la vida. Preservad la paz entre ustedes.[197]

---

[194] Fuego, puede representar una prueba o juicio divino.

[195] Literalmente: porque todos serán salados con fuego, y cada sacrificio será salado con sal, donde el fuego podría significar juicio y la sal, el poder para preservar. **29. Continúa en la página 262.**

[196] Literalmente, "todo sacrificio será sazonado con sal" que puede referirse a nosotros como "sacrificios vivos" que somos "sazonados con sal o preservados" para Dios. En los días de Jesús, tan pronto como se mataba un animal como sacrificio, se salaba para conservar la carne. (Véase Lev 2:13; Mal 3:2-3; 4:1; y 1 Co 3:11-15).

[197] Aquí la sal es una imagen del estilo de vida del hombre espiritual. En la Escritura, la sal es figurativa de sabiduría y del espíritu de disciplina; también es el símbolo del pacto (Nm 18:19; 2 Cr 13:5), lo que implica simbolizar una bendición que preserva la paz. La última frase de este verso dice literalmente: "Tened paz unos con otros", implicando que tendrá paz el que tiene esa "sal", es decir, ese estilo de vida.

Capítulo 10

El propósito divino en el matrimonio. Jesús enseña sobre el divorcio

1 Al partir de Capernaum, fue por la región de Judea,[198] al otro lado del Jordán.[199] De nuevo las multitudes acudieron a él y como solía hacer, les enseñaba.

2 Vinieron entonces unos fariseos y para tentarlo le preguntaron si es lícito al marido repudiar a su esposa.

3 Y Jesús les contestó con otra pregunta: ¿Qué les ordenó Moisés?

4 Ellos dijeron: Moisés permitió escribir una carta legal de divorcio y separarse.[200]

Todo el que no es devoto a Dios ni a su Palabra, tendrá "carencia de sal". En otras palabras, la falta o deficiencia de disciplina espiritual y de consagración a Dios, se traduce en relaciones interpersonales viciosas, y esta hace que la vida pierda su verdadero sentido.

[198] Judea era una provincia romana al sur de Israel, con Jerusalén como su centro. Jesús, al partir hacia Judea, inició el viaje que le llevó a su destino final: el ser crucificado en Jerusalén.

[199] La ruta, indicada en el texto, pasa por Judea y cruza el río Jordán hacia Perea.

[200] Antes de la Ley de Moisés se podía despedir a la esposa solo con una mirada, o una simple palabra o un simple gesto. Pero ahora Moisés introduce formalmente un documento escrito donde se involucran otras personas en escribir las condiciones para ello, entre otros asuntos. Sigue habiendo

5 Entonces, Jesús les dijo: Por la dureza de vuestro corazón les escribió este mandamiento.

6 Dios, desde el principio de la creación, los hizo hombre y mujer.[201]

7 Y a causa de eso se dijo: Dejará el hombre a su padre y a su madre, se unirá[202] a su mujer,[203]

"divorcio", pero Moisés se lo pone más difícil al que lo desee. Así mismo, es una oportunidad para reflexionar y tratar de evitar la separación propuesta. En fin, este documento era un certificado de divorcio creado para proteger a la mujer y a su familia (si la hubiere), como también le permitía (a ella) la oportunidad de volverse a casar. La palabra griega ἀπολύω *apolúo*, traducida por la mayoría de las editoriales como "repudiar", también transmite la idea de dejar ir, liberar a alguien de sus responsabilidades y privilegios, darle el derecho de comenzar una nueva vida. Mientras que según el diccionario Strong es figurativo de: liberar completamente, aliviar, despedir, perdonar o divorciarse *per se*. Valga señalar que la mujer de un griego o de un romano podía divorciarse de su marido.

[201] Aquí Jesús reafirma que el matrimonio es solo entre un hombre y una mujer, porque biológicamente hablando, solo hombre y mujer hizo el Creador desde el principio (Gn 1:27; 5:2). Jesús, implícitamente indica que no reconoce el matrimonio homosexual.

[202] Gr. Προσκολληθήσεται *proskollēthēsetai*. Aferrarse a, unirse estrechamente, pegarse o adherirse a una persona. Sugiere la asociación más permanente entre todas las relaciones humanas, la cual se nutre de una relación recíproca. Esta unión se conoce como casamiento o matrimonio.

[203] Génesis 2:24.

8 y los dos serán una sola carne; de manera que ya no son dos, sino una sola carne.

9 Por lo tanto, lo que Dios juntó,²⁰⁴ nadie tiene derecho a separarlo.²⁰⁵

10 Cuando Jesús regresó a la casa, sus discípulos le volvieron a preguntar sobre el mismo asunto.

---

²⁰⁴ Gr. Συνέζευξεν *synezeuxen*. Palabra compuesta: *sýn*, "identificado con"; *zeúgos*, "yugo." Significa literalmente: "sujetar a un yugo". Dios ha unido a una pareja heterosexual para estar sujeta a un yugo, el cual es el símbolo del "vínculo del matrimonio". El ser unido a un yugo implica que Dios une a dos personas con un propósito (ese es el yugo). El matrimonio es el propósito y el yugo es el compromiso mutuo que los mantendrá caminando en una misma dirección. Por lo que antes que la pareja piense en divorcio, es mejor revisar qué tanto se han alejado ambos del propósito y del compromiso común que mantenían, y así, poder regresar al diseño original y reforzar esa unión. Esta palabra συνέζευξεν *synezeuxen* transmite la idea de estar unidos en matrimonio. Exactamente, diría: "lo que Dios ayuntó".

²⁰⁵ Lit. ningún hombre lo separe. (Véase también Dt 24:1 y Mt 19:3-12). Esta pregunta, en el v. 2, se hizo en el contexto de un debate existente entre dos escuelas de pensamiento rabínico contemporáneo de la época. El punto de vista liberal (el rabino Hillel) decía que el divorcio se podía hacer por cualquier motivo, llamándose así divorcio "por cualquier asunto". Mientras que el punto de vista conservador (el rabino Shamai) creía que el divorcio solo era legal por adulterio. Jesús les dio la perspectiva de Dios y usó la creación del hombre y la mujer en el Edén como estándar para ratificar la voluntad del Creador sobre el asunto.

11 Entonces, les dijo: Cualquiera que desechare a su esposa y se casare con otra comete adulterio contra ella.[206]

12 Y si la mujer se divorciase de su marido y se casa con otro, adultera.[207]

13 Cierto día, aconteció que le trajeron unos niños para que los tocase, pero los discípulos reprendían a los que los traían.

Jesús bendice a los niños

14 Al verlo Jesús, se disgustó mucho y les dijo: Dejad que los niños vengan a mí y no se lo impidáis, porque de los tales es el Reino de Dios.[208]

---

[206] Es decir, **comete adulterio contra** la primera y **comete fornicación con** la segunda. La razón es muy sencilla. El adulterio no viene producto de recasarse. **30. Continúa en la página 263.**

[207] Es decir, comete adulterio contra el primer hombre y comete fornicación con el segundo. El primer siglo fue una época en la que el divorcio era demasiado fácil y común, ya fuera en el judaísmo o en el paganismo. Entre los ejemplos de divorcio que encontramos en la Biblia y otra literatura están: Mical (1 S 25:44), Herodías (Mt 14: 4), Salomé (Josefo en *Antigüedades judías* 15, 7, 10). Además, se tiene registro de que la ley romana permitía que la mujer se divorciara de su marido, pero la ley judía no permitía que la mujer hiciera esto. Aun así, la realidad era otra.

[208] Es decir, el Reino de los cielos pertenece a personas que son como este niño. Habla del carácter del niño. Según Barrow Eskimo, en la versión del N. T. este pasaje se traduce como "el Reino de Dios está lleno de personas que son como

15 En verdad os digo: El que no recibe[209] el Reino de Dios como un niño no entrará en él.[210]

16 Y tomándolos entre sus brazos, tiernamente los bendecía[211] poniendo sus manos sobre ellos.[212]

---

niños", lo cual es un equivalente cercano al posible significado de la expresión griega.

[209] El Reino de Dios no se gana por medio de logros o méritos humanos. Debe ser recibido como el regalo de Dios al hombre a través de la fe, y el que lo recibe de todo corazón (como lo recibiría un niño) es porque reconoce su incapacidad de ganarlo por sí mismo o de cualquier otra manera.

[210] "Recibir el Reino de Dios" no es una expresión fácil de traducir. Esta implica: recibir a Dios como rey, o recibir a Dios para gobernarle, o recibir a Dios como gobernante total, o alegrarse de que Dios gobierne sobre él, o ser feliz de que Dios sea el jefe. Cualquiera de esas variantes daría en el centro de lo que eso significa. Luego, tendríamos que agregarle a la frase: "recibir a Dios como gobernante", la siguiente: "así como lo recibe un niño". De tal manera que el que no lo reciba así, no tendrá a Dios como gobernante o rey en su vida y "no entrará en el Reino", como se expresa en el verso.

[211] Gr. κατευλόγει *kateulogei,* bendecía. Es un verbo imperfecto activo, indicativo, tercera persona del singular que se repite solo aquí en el N. T. Enfatiza el fervor cálido con el cual Jesús bendecía a cada niño que le llevaban a él. De acuerdo con las costumbres de la época, debemos entender que Jesús invocó las bendiciones de Dios sobre ellos: Dios los bendiga y haga..., en lugar de impartir una bendición en su nombre: Yo los bendigo.

[212] El verso 16 quizás sea una respuesta a las oraciones de padres piadosos que llevaban sus hijos a Jesús. Se esperaba

El hombre rico pregunta qué hay que hacer para heredar en el Reino de Dios. Jesús denuncia el peligro de las riquezas

17 Cuando salió de allí para continuar su camino,[213] un hombre[214] vino corriendo y arrodillándose a sus pies, le preguntó: ¡Maestro bueno! ¿Qué debo hacer yo para heredar la vida eterna?

18 Jesús le dijo: ¿Por qué me llamas bueno? Ningún hombre es bueno sino solo Dios.[215]

---

que solo los tocara; pero los tomó en sus brazos, impuso sus manos sobre ellos y los bendijo uno por uno.

[213] Esta fue su salida final de Perea a Jerusalén; y por lo tanto, siguió su camino a Betania para la resurrección de Lázaro. Era el tiempo entre la última Fiesta de la Dedicación en el invierno, cuando los judíos habrían apedreado a Jesús, y la Pascua, en la primavera, cuando le crucificarían.

[214] A este desconocido, Mateo lo llama un joven (19:20); Lucas, un hombre principal (un dirigente, Lc 18:18); y todos lo describen como una persona muy rica, que tenía muchas posesiones (Mt 19:22; Mr 10:22; Lc 18:23). Es por esto que generalmente se le aplica el título compuesto de "joven rico y principal". Probablemente, era uno de los oficiales a cargo de la sinagoga local.

[215] "Ningún hombre es bueno". Con esta respuesta, Jesús estaba tratando de revelar su deidad al desafiar a este hombre a que lo reconociera como el Buen Mesías. En otras palabras, Jesús le estaba diciendo: sé que me ves como cualquier hombre, pero en realidad soy el Mesías. Si el joven hubiera visto esto en Jesús, habría podido obtener lo que andaba buscando. Por eso pensamos que la respuesta de Jesús debe ser interpretada cristológicamente y no antropológicamente. Es decir: si quieres llamarme bueno, debes aprender de mi

19 Sabes los mandamientos: No adulterar, no asesinar, no hurtar, no dar falso testimonio, no defraudar,[216] honrar a tu padre y a tu madre.

20 ¡Maestro![217] Todas esas cosas las he observado desde mi mocedad.[218]

---

unidad con Dios y de mi naturaleza divina, que es igual a la del que me envió. En otras palabras: "No soy un *hombre bueno*, soy el *Mesías Bueno*, el *Buen Salvador*". Lamentablemente, este joven nunca pudo ver a Jesús como su Mesías, como su Salvador. Solo lo vio antropológicamente como un buen maestro más, como lo hacen los Testigos de Jehová hoy día y muchos otros que niegan la divinidad de Jesús el Mesías, el Hijo del Hombre.

[216] Gr. ἀποστερήσῃς *aposterēsēs*. Aprovechar, retener indebidamente, hacer mal, defraudar, engañar. Este mandamiento no se toma del Decálogo (como los demás mencionados) ni está en el resto de los 613, sino que se deriva probablemente de pasajes tales como Lv 19:13; Dt 24:14, 15; Stg 5:4. Se entendía que ἀποστερῖν se refería a cualquiera de los mandamientos que faltaran por enumerar, ya que en la ley judía se consideran un total de 613 mandamientos. Precisamente, el Maestro menciona ἀποστερῖν (defraudar), porque sabe que no es cierto que cumple con todos los mandamientos y al sostener que, si lo hace, defrauda (automáticamente) en todos los no mencionados. Ver en el Evangelio según San Mateo, del Dr. Henry Álvarez, notas 402 de 19:19 y 404 de 19:20.

[217] "Maestro" lo llama ahora el joven, omitiendo el calificativo de bueno.

[218] Se refiriere al *bar mitzvá* que celebraban los jovencitos judíos a los 13 años de edad, cuando se les declaraba "hijos de la ley". Desde entonces eran responsables de guardar todos los mandamientos de la ley como un adulto lo haría. Sin

Una cosa te hace falta

21 Jesús, mirándole, lo amó,[219] y le dijo: Una cosa te falta. Anda, vende todo cuanto tienes[220] y el dinero, dalo a los pobres,[221] así tendrás tesoro en el cielo; luego ven, toma tu cruz[222] y sígueme.

22 Entristecido por esta palabra, se fue muy afligido, pues tenía muchas posesiones.

---

embargo, lo único necesario que le faltaba a este joven era una lealtad absoluta a Dios, ya que en verdad las riquezas eran su dios (v. 22). Él estaba dedicado a ellas y no al Altísimo, transgrediendo de esa manera el primer mandamiento. Allí radicó su gran error.

[219] Gr. ἠγάπησεν *egapēsen*, le amó. En griego existen tres palabras distintas para referirse al amor. En la Biblia encontramos el único vocablo español "amor" para mencionar tres sentimientos que, aunque escritos igual, expresan: (1) Ágape: amor de Dios (amor incondicional). (2) Eros: amor de pareja y sexual. (3) Fileo: amor de amigos, de familiares. Jesús le habló a este joven con la palabra griega *agape*, "le amó incondicionalmente como Dios ama al hombre". Qué extraordinario privilegio.

[220] El mandamiento "vende todo... y dalo a los pobres" no debe universalizarse y aplicarse literalmente a todo cristiano profesante. Pertenece a una necesidad en particular. **31. Continúa en la página 264.**

[221] Implícitamente entendido es lo siguiente: el dinero de la ganancia de esta venta es lo que debía dar a los pobres. Tampoco se le pidió que diera todo su dinero ahorrado, ya que el dinero no se vende, solo las propiedades.

[222] Las palabras "toma la cruz" (KJV, NKJV) se encuentran principalmente en el texto griego medieval y son una asimilación a Marcos 8:34, donde no hay variaciones en el texto.

23 Entonces Jesús, mirando alrededor, dijo a sus discípulos: ¡Cuán difícil será para los que tienen riquezas entrar en el Reino de Dios![223]

24 Los discípulos quedaron asombrados por tales palabras. Y Jesús, volviendo a hablar añadió: Hijos, ¡cuán difícil es para los que ponen su confianza en las riquezas entrar en el Reino de Dios![224]

25 Más fácil es que pase un camello por el ojo de una aguja, que entrar un rico en el Reino de Dios.

26 Con mucho más asombro, los discípulos decían entre sí: Entonces, ¿quién podrá salvarse?

27 Jesús, al fijar en ellos su mirada, les dijo: Para los hombres esto es imposible, mas no para Dios; pues para Dios todas las cosas son posibles.

28 Entonces, Pedro le dijo: He aquí, nosotros hemos dejado todo y te hemos seguido.

---

[223] Entrar en el Reino significa ser participante de la vida eterna; por tanto, aquí se hace referencia al Reino de Dios en términos escatológicos.
[224] Todo el discurso señala el fatal error que comete un hombre cuando desplaza a Dios por el apego a las riquezas.

29 Y Jesús le respondió: De cierto te digo que no hay nadie que haya dejado su casa,[225] o hermanos, o hermanas, o madre, o padre, o hijos, o tierras por mi causa y por causa del evangelio,

30 que no reciba mucho más. Y en el *kairos*[226] de Dios, aunque lo acompañen persecuciones,[227] tendrán casas, hermanos, hermanas, madres, hijos y tierras,[228] y en el mundo venidero, la vida eterna.

31 Por eso, muchas personas que parecen ser importantes ahora, serán las menos importantes después; y muchos que aquí son considerados los más pequeños, serán los más grandes.

---

[225] Casa se refiere al propio hogar de un hombre, traducible en algunos idiomas como 'pueblo natal', en lugar de literalmente su 'choza', ya que un hombre puede dejar una casa por otra, pero este pasaje se refiere a una separación más permanente del pueblo cercano y los lazos familiares.

[226] Gr. καιρῷ kairō Tiempo propicio, tiempo señalado, tiempo oportuno, tiempo correcto. Se llama así también al "tiempo de Dios." **Cronos** en griego se refiere al tiempo humano. Hay un tiempo *kairo* oportuno y una ocasión favorable para **todos** debajo del sol. Eclesiastés 9:11.

[227] Las persecuciones son, en realidad, parte de nuestras mejores posesiones, por medio de las cuales también nos fortalecemos. (Ver Mt 5:12; Ro 5:3; Stg 1:2, 4; 1 P 1:6; Heb 12:6).

[228] Esta lista de recompensas podría incluir las posiciones eclesiásticas, los logros ministeriales y a la familia espiritual que recibimos por ser parte del cuerpo de Cristo, que es la Iglesia. Pablo lo dijo así: podemos andar en Cristo "Como no teniendo nada, pero poseyéndolo todo" (2 Co 6:10).

Tercera predicción de la muerte y resurrección de Jesús. Comienza el último viaje a Jerusalén

32 Al ir en su viaje junto a muchos otros peregrinos que subían a Jerusalén, Jesús se adelantó para ir un poco más al frente que el resto.[229] A medida que la caravana de peregrinos se acercaba a la ciudad de David, se admiraban y maravillaban al ver la majestuosidad del panorama, mientras que los discípulos sentían temor por recordar lo que allí les pasaría. Entonces, Jesús tomó a los doce, y nuevamente comenzó a decirles las cosas que habrían de sucederle, haciéndoles énfasis en la resurrección.

33 Mirad, vamos a Jerusalén. Allí el Hijo del Hombre será entregado a los príncipes de los sacerdotes y a los escribas; lo condenarán a muerte y lo entregarán a los gentiles.

34 Le escarnecerán, le escupirán, le azotarán, y le matarán; pero al tercer día resucitará.

---

[229] Desde muchos lugares, salían largas caravanas a Jerusalén. Flavio Josefo, un historiador judío del siglo I d. C. habla de unos tres millones de peregrinos en Jerusalén durante la Pascua de cada año. **32. Continúa en la página 265.**

Una petición improcedente: Jacob y Juan piden estar en los más altos lugares de honor. Jesús insiste en resaltar la importancia del servicio

35 Entonces, se le acercaron Jacob y Juan, los dos hijos de Zebedeo, diciendo: Maestro, quisiéramos que hagas por nosotros todo lo que te pidamos.[230]

36 Él les preguntó: ¿Qué deseáis que haga por ustedes?

37 Respondieron: Concédenos que, en tu gloria, uno de nosotros se siente a tu derecha y el otro a tu izquierda.

38 Mas Jesús les dijo: No sabéis lo que pedís. ¿Podéis beber de la copa[231] que yo bebo? ¿O ser bautizados con el bautismo con que yo soy bautizado?[232]

---

[230] Qué triste que Jacob y Juan no tomaron en cuenta lo que Jesús les acababa de revelar. Solo estaban pensando en sus propios intereses. Al comparar el versículo 33 y el 46, podemos concluir con buena probabilidad que este suceso ocurrió camino a Jerusalén, vía Jericó, pero antes de llegar a esta ciudad.

[231] Copa, en forma figurada, representa aquí el símbolo de sufrimiento. Jesús usó la idea de beber de una copa que implica aceptar el sufrimiento que enfrentaría en los terribles eventos que pronto acontecerían.

[232] Bautizados con el mismo bautismo. El bautismo, que por lo general se logra al sumergirse en agua, tiene un significado especial aquí: es estar cubierto o enterrado en problemas (persecuciones, destierros, martirios, etc.) por causa de la fe en Jesús.

39 Le respondieron: Sí podemos. Luego, Jesús les dijo: Beberéis de la copa que bebo y seréis bautizados con el bautismo con que yo soy bautizado;

40 pero el sentarse a mi derecha y a mi izquierda no está en mí darlo, sino que es para quienes está preparado.

41 Cuando los diez discípulos oyeron esto, comenzaron a indignarse contra Jacob y Juan.

42 Mas Jesús, llamándolos a todos les dijo: Ustedes saben que los que son tenidos por gobernantes sobre las naciones se enseñorean de ellas, y sus líderes principales las oprimen abusando de su autoridad.[233]

43 Pero no será así entre vosotros; sino que, quien desee hacerse grande entre ustedes, será vuestro servidor;

44 y quien quisiere ser entre vosotros el primero, será esclavo de todos.

---

[233] Las palabras del Maestro tienen aquí un tinte irónico. Jesús quiso decirles: Los que son conocidos como gobernantes estuvieron gastando todas sus energías para llegar al poder; y después de alcanzarlo, se enseñorearon de la nación y hacen que todos sientan el peso abusivo de su autoridad. Aun los principales líderes solo piensan en sí mismos, y desean que todos se sometan a su dominio absoluto. Todos ellos quieren el poder para exigir ser servidos.

45 Porque ni aun el Hijo del Hombre vino para ser servido, sino para servir y dar su vida en rescate por muchos.[234]

El ciego Bartimeo recibe la vista

46 Llegaron, pues, a Jericó. Y cuando quiso salir de Jericó acompañado de sus discípulos y de una gran muchedumbre, el hijo de Timeo, Bartimeo, quien era ciego, estaba sentado junto al camino mendingando.[235]

---

[234] Quizás es una referencia a Isaías 53:11. La frase "en lugar de muchos" es de suma importancia. No dice en lugar de todos, sino en lugar de muchos. La identidad de estos muchos se ve claramente en pasajes tales como Is 53:8; Mt 1:21; Jn 10:11, 15; 17:9; Ef 5:25; Hch 20:28; Ro 8:32-35. Pero también se ha de entender "no en lugar de unos pocos, sino de muchos" a la no distinción o sin distinción alguna de raza, nacionalidad, clase social, edad, sexo, etc. (Ro 10:12, 13; 1 Co 7:19; Gl 3:9, 29; Ef 2:14, 18; Col 3:11). Las buenas nuevas de salvación, mediante el rescate pagado por Cristo "para todos" los que creen en él (Mr 10:45; Jn 3:16; 2 Co 5:20-21), han de ser proclamadas a todos. Debe quedar en claro con respecto a "para todos", que Dios no se deleita con la muerte del impío mientras que sí se regocija cuando el impío se torna de sus malos caminos y vive en la verdad (Lm 3:33; Ez 18:23, 32; 33:11; Os 11:8).

[235] "...el hijo de Timeo, Bartimeo". Descripción de Marcos, plasmada en el texto griego. Generalmente, se coloca el nombre de la persona y luego de quien son hijos. Pero Marcos, al colocar primero "el hijo de Timeo", quiere señalar que Bartimeo es un personaje muy conocido por todos en esa región.

47 Habiendo oído que era Jesús de Nazaret el que pasaba, comenzó a gritar[236] y a decir: ¡Jesús, hijo de David, ten misericordia de mí!

48 Pero muchos le reprendían para que callara, y lo regañaban por causar tanto alboroto; pero mientras más le decían que guardase silencio, más gritaba con todas sus fuerzas: ¡Hijo de David, ten misericordia de mí!

49 Entonces, Jesús se detuvo y le mandó a llamar.[237] Y llamaron al ciego, diciendo: ¡Ten ánimo! ¡Levántate! ¡Él te llama!

50 Y Bartimeo arrojó su capa, se puso en pie de un salto, y vino a Jesús.[238]

---

[236] Κράζειν *krazein*. Su significado en griego es "gritos inarticulados que expresan una emoción profunda" y se corresponde al sentido hebreo de "llorar con voz fuerte y estridente" (estar insatisfecho). Se usa para un parto en Is 26:17, y es un grito de guerra en Jos 6:16 (en la captura de Jericó).

[237] Es interesante que Marcos especifica que Jesús mandó a llamar, mas no pidió que se lo trajeran. El relato termina diciendo que Bartimeo se levantó y fue a Jesús. Al parecer, el hombre ciego solo se guio por el sonido de la voz del Maestro. Está implícito en esta escena el hecho de que Jesús siguió dando voces al ciego para conducirlo hacia él. Que sea solo su Palabra lo que nos guíe en esta peregrinación por la tierra y que nunca nos dirijan la vista, las emociones, ni otras voces extrañas. Bartimeo usó su oído para ir hasta Jesús. No vayamos a Jesús por sus ropas, por las multitudes que le rodeen, ni por el privilegio de estar con el Mesías. Vayamos a él solo por creer en su Palabra.

51 Entonces, Jesús le dijo: ¿Qué quieres que te haga? El ciego le respondió: Rabboni,[239] que recupere[240] la vista.

52 Y Jesús le dijo: Entonces puedes irte, tu fe te ha salvado.[241] De inmediato recibió la vista, y acompañó a Jesús por el camino.

Tercera historia: En Jerusalén (11:1-16:20)

Capítulo 11

Jesús organiza su entrada a Jerusalén montado en un pollino. La entrada triunfal

1 Y al aproximarse a Jerusalén,[242] cerca de Betfagé y Betania,[243] junto al monte de los Olivos, Jesús envió a dos de los discípulos,

---

[238] "Arrojó su capa" significa dejar su vieja vida de mendigo; mientras que "y se puso en pie de un salto" representa la prontitud, diligencia y alegría con que se recibe el llamado de Dios a la salvación, que es en Cristo Jesús, Señor nuestro.

[239] Rabboni, *mi Maestro* (expresa un acento de honor y alto respeto). Bartimeo reconoció a Jesús como una persona muy distinguida. También, al decirle "Hijo de David", lo reconoció como su Mesías, lo que no hizo nunca el hombre rico (10:18).

[240] Gr. ἀναβλέψω *anablepsō*. Palabra compuesta por: *ana*, de nuevo; y *blepsó*, vista. Tener de nuevo la vista.

[241] Gr. σέσωκέν *sesōken*, viene de σώζω *sózó*, salvado.

[242] La llegada de Jesús a Jerusalén, por primera y única vez en la narración del Evangelio según Marcos, y al final de un largo relato del viaje desde el norte, marca un momento culminante en esta historia. Aquí se destaca la última semana de Jesús, en la cual se incluyen su pasión, muerte y resurrección.

2 y les dijo: Id a la aldea que está enfrente, y al entrar en ella, de inmediato encontraréis un pollino atado, sobre quien nadie ha montado; desatadlo y traedlo.

3 Si alguno os dijere: ¿Por qué hacéis esto?, decidle: El Señor lo necesita, y se lo regresará pronto.

4 Fueron y encontraron el pollino atado a una puerta, en cierta esquina donde se cruzaban dos calles, y lo desataron.

5 Algunos de los que estaban allí les dijeron: ¿Por qué desatáis el pollino?

6 Ellos les contestaron como Jesús les había dicho, y se les permitió tomarlo.

7 Llevaron el pollino a Jesús, y echándole encima sus mantos, montó en él.

8 También, muchos extendieron sus mantos sobre el camino, mientras otros extendían ramas frondosas cortadas de los árboles,

---

[243] Juntos se acercan a Jerusalén y el acercamiento está tan ordenado, que llegan a Betfagé y a Betania. Desde Jerusalén, Betfagé viene primero, y luego Betania. El distrito de Betania llegaba a unirse al distrito de Betfagé. Las dos aldeas se mencionan en orden lógico, porque la ciudad de Jerusalén se ha mencionado primero. Betfagé estaba más cerca de Jerusalén y un poco más lejos, hacia el este, estaba Betania. Por otro lado, para los que iniciaban su viaje en Betania, el orden era: Betania, Betfagé, Jerusalén.

9 y todos los que iban delante, y los que iban detrás de él, gritaban: ¡Hosanna![244] ¡Bendito el que viene en nombre del Señor!

10 ¡Bendito sea el Reino que viene de nuestro padre David! ¡Hosanna en las alturas!

11 Entonces, Jesús entró en Jerusalén, fue al templo, observó todo alrededor, y al hacerse tarde, se fue a Betania con los doce.

Jesús habla a la higuera: Un milagro con propósitos pedagógicos. Se establecen las bases prácticas para la gran enseñanza de Jesús sobre la fe

12 Al día siguiente, saliendo con sus discípulos de Betania, Jesús sintió hambre.

---

[244] Ώσαννά representa "sálvanos ahora" (en hebreo *hôšî'â-nā'*) del Sal 118:25, el último de los salmos de Hallel recitado en todas las fiestas importantes de Jerusalén. Como exclamación en un salmo de peregrinaje, "hosanna", aparentemente pasó a un uso más general. Es decir, de súplica a un grito de alabanza, como el "aleluya". En el N. T., ώσαννά ocurre solo en la historia de la entrada de Jesús en Jerusalén y según Marcos 11:9, la multitud saludó a Jesús con gritos de júbilo que comenzaron y terminaron con hosannas. La introducción ώσαννά tiene un significado mesiánico. Al adoptar el ώσαννά que era familiar para todos los judíos, Marcos quiere enfatizar que la multitud pensaba que su expectativa mesiánica ahora se había alcanzado.

13 Y viendo de lejos una higuera con hojas,[245] fue a ella por si encontraba algún fruto; pero al llegar no encontró sino hojas, porque no era tiempo de higos.

14 Entonces, dijo a la higuera: Nunca jamás nadie coma fruto de ti; y los discípulos lo oyeron.[246]

---

[245] Este árbol tenía las hojas que aparecen generalmente con los primeros frutos en la primavera. Aunque Marcos señala que no era tiempo de higos (se refiere al verano, tiempo de la verdadera cosecha), deja claro que sí pudo haber tenido al menos los higos verdes de la primavera. Esas hojas que Jesús vio de lejos fueron la señal de una posibilidad para comer del preciado fruto. Esta escena demuestra la humanidad de Jesús y su capacidad pedagógica. No hay ningún misterio profético revelado aquí, tampoco hay muestra de enojo o frustración por no encontrar higos. Marcos solo quiere resaltar que quien está a punto de morir en la cruz es un hombre (quien también es Dios). La humanidad de Jesús resulta interesante notarla porque él fue tentado en todo, y por ello entiende al ser humano en su totalidad, aun en cosas tan pequeñas como esta. Desea comer higos y no puede. Sin embargo, al no encontrar el fruto decide convertir el momento en una enseñanza monumental.

[246] Esta higuera se secaría. Creemos que fue una acción intencional del Maestro con un propósito pedagógico. El fin fue el usar esta escena para ilustrar la gran enseñanza sobre la fe. El gran Maestro estaba preparando su aula abierta para dar a sus discípulos una de las enseñanzas más gloriosas del evangelio. Para esto, Marcos se asegura en afirmar que lo que dijo Jesús a la higuera los discípulos lo escucharon. Al mismo tiempo, se comprueba que no hubo una maldición *per se*, sino una **simple declaración de fe**, la cual fue usada como modelo para que sus discípulos creamos y esperemos poder lograr lo imposible a través de la fe en Dios.

La limpieza del templo: Jesús y los comerciantes

15 Al llegar a Jerusalén, fue al templo, entró en el atrio de los gentiles[247] y comenzó a expulsar a los que allí vendían y compraban en los atrios del templo. También derribó las mesas de los cambistas[248] y los puestos de los vendedores de palomas;[249]

16 y no permitía que nadie transportase mercancía alguna en los patios del templo.

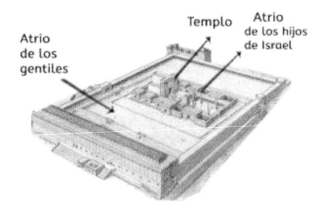

[247] En los tiempos de Herodes, el templo estaba rodeado de varios atrios o patios. **33. Continúa en la página 267.**

[248] Los cambistas eran los encargados de canjear dinero de otros países por dinero del templo.

[249] El comercio de animales que habían cumplido los criterios establecidos para el sacrificio era necesario para los fieles visitantes, especialmente para los gentiles; al igual que el cambio de dinero en la moneda especial requerida por la tesorería del templo para el pago del llamado "impuesto del templo", que era de medio siclo (Ex 30:11-16). **34. Continúa en la página 268.**

17 Luego, les enseñó diciendo: ¿No está escrito mi casa será llamada casa de oración para todas las naciones?[250] Pero vosotros la habéis convertido en cueva de ladrones.[251]

18 Oyendo esto, los príncipes de los sacerdotes y los escribas buscaban cómo poder matarle, pero le temían,[252] pues toda la muchedumbre estaba maravillada de su enseñanza.

19 Cuando llegó la tarde, Jesús salió de la ciudad.

La lección de la higuera: Punto de partida para que Jesús enseñara sobre la fe, la oración y el perdón. Tres variantes interconectadas

20 Muy temprano en la mañana, al pasar junto a la higuera, vieron que se había secado, aun desde sus raíces.

21 Pedro recordó lo que Jesús hizo con ella, y dijo: ¡Rabbí, mira! A la higuera que le hablaste[253] se secó.

---

[250] Cita de Isaías 56:7.

[251] Cita de Jeremías 7:11.

[252] Le temían porque la muchedumbre estaba tomando en serio sus enseñanzas, lo cual constituía una amenaza para el estatus religioso de los príncipes de los sacerdotes, los escribas y demás líderes religiosos. Las sinagogas se estaban quedado solas y multitudes querían escuchar al Maestro de Galilea.

[253] Muchas versiones traducen así: "la higuera que maldijiste". Sin embargo, muchos traductores han dudado en emplear el término κατηράσω *katērasō*, maldecir, de forma literal, pues

22 Entonces, Jesús les dijo: Tened fe en Dios.[254]

23 En verdad os digo que cualquiera que dijere a este monte: Quítate y arrójate al mar, y no dudare en su corazón, mas creyere que lo dicho sucederá, le será hecho lo que dice.

24 Por esto os digo: Todo cuanto pidiereis[255] en oración, creed que ya lo habéis recibido,[256] y lo tendréis.

25 Y cuando estéis orando, si tenéis algo contra alguien, perdonadlo primero, para que vuestro Padre, que está en los cielos, pueda perdonar vuestras ofensas.[257]

26 Porque si vosotros no perdonáis, tampoco vuestro Padre que está en los cielos os perdonará vuestras ofensas.

---

implica el uso de magia negra, mayormente motivada por celos, lo cual es inconcebible en Jesús. **35. Continúa en la página 269.**

[254] Si se traduce el texto griego como una frase adjetiva (posible y gramaticalmente correcto), quedaría así: tened fe semejante a la de Dios. **36. Continúa en la página 270.**

[255] Gr. αἰτεῖσθε *aiteisthe*. Significa: pedir, suplicar, anhelar, exigir, necesitar, desear.

[256] "Creed que ya lo habéis recibido *por fe*".

[257] Gr. παραπτώματα *paraptōmata*, ofensa, pecado, delito, un paso en falso, prevaricación.

La autoridad de Jesús es desafiada directamente al ser retado

27 Después de estas cosas vinieron de nuevo a Jerusalén, y mientras caminaba por el templo se le acercaron los príncipes de los sacerdotes, los escribas y los ancianos,

28 y le preguntaron: ¿Con qué autoridad haces estas cosas? ¿Quién te ha dado poder para hacerlas?

29 Jesús les contestó: Yo les haré también una pregunta y si me responden, les diré con qué autoridad hago estas cosas.

30 El bautismo de Juan, ¿era del cielo o era de los hombres? Respondedme.

31 Y discutían entre sí, diciendo: *Si decimos del cielo, dirá: Entonces, ¿por qué no le creyeron?*

32 *Y si decimos que de los hombres, tendremos problemas con el pueblo.* Porque temían a la muchedumbre ya que todos reconocían que Juan fue un profeta.

33 Entonces, respondieron a Jesús: No lo sabemos. Y Jesús les dijo: Tampoco yo les diré con qué autoridad hago estas cosas.

Capítulo 12

Jesús cuenta una historia con una aplicación directa: Vendrá el fin de la dictadura religiosa y legalista en Jerusalén. Los "labradores malvados", violadores de la Torah, serán exterminados

1 Y comenzó a hablarles en parábolas: Un hombre plantó una viña, la cercó con un muro, cavó un lagar, edificó una torre, la arrendó a unos viñadores, y partió a un viaje.

2 En el tiempo de la vendimia, envió un siervo a los viñadores para recibir de ellos la parte acordada de los frutos de su viña,

3 pero ellos lo agarraron, lo golpearon y lo enviaron con las manos vacías.

4 De nuevo, les envió otro siervo y ellos lo hirieron en la cabeza y lo ultrajaron.[258]

5 Envió otro, y a este lo mataron; después envió a muchos otros, y a unos los hirieron y a otros los mataron.

6 Por último, tenía un hijo, su amado, y se los envió diciéndose a sí mismo: Respetarán a mi hijo.

---

[258] Gr. ἠτίμασαν *étimasan* se traduce como *hacerlo pasar vergüenza*, deshonrar, marcar con deshonra, insultar, tratar con desprecio.

7 Pero aquellos viñadores dijeron entre ellos: Este es el heredero. Vamos, matémosle y será nuestra la propiedad.

8 Y tomándole, lo mataron y lo arrojaron fuera de la viña.

9 ¿Qué hará el dueño de la viña? Vendrá, matará a los viñadores y dará la viña a otros.

10 ¿No habéis leído esta Escritura? La piedra que desecharon los edificadores vino a ser la cabeza del ángulo;

11 del Señor viene esto y es admirable a nuestros ojos.[259]

12 Al escucharlo, buscaron como aprenderle, pues comprendieron que contra ellos había sido dicha la parábola. Pero temían a la multitud y dejándole allí, se fueron.

La cuestión del tributo: El pago de impuestos al César versus el pago de los diezmos a Dios

13 Luego, le enviaron algunos líderes selectos de los fariseos y de los herodianos para atraparlo, haciéndole decir algo por lo que podría ser arrestado.[260]

14 Al llegar le dijeron: Maestro, sabemos que eres sincero en lo que enseñas, que no mientes ni tienes

---

[259] Ver Salmos 118:22-23; e Isaías 8:14-15; 28:16.
[260] Querían arrestarlo haciéndole decir alguna enseñanza o declaración que pudiera incriminarlo para usar en su contra.

preferencia por nadie, tampoco te dejas llevar por las apariencias de los hombres, mas enseñas el camino de Dios con veracidad. ¿Es lícito pagar el tributo al César o no? ¿Debemos pagarlo o no?

15 Y conociendo su hipocresía, les dijo: ¿Por qué me tentáis? Traedme un denario[261] para que lo vea.

16 Se lo trajeron, y les dijo: ¿De quién es esta imagen y esta inscripción? Ellos dijeron: Del César.

17 Entonces, Jesús les dijo: Dad al César lo que es del César y a Dios lo que es de Dios.[262] Y se maravillaron de él.

Los discípulos de la escuela de Shamai lo interpelan sobre el matrimonio y la resurrección. Jesús revela la ignorancia de los saduceos con la misma Torah que ellos tanto veneraban[263]

18 Luego, algunos saduceos, de los que dicen que no hay resurrección, se acercaron a él y le preguntaron:

---

[261] Fue la principal moneda de plata del Imperio romano. Según la parábola de los obreros en la viña, un denario era entonces la paga ordinaria salarial de un día (Mt 20:2-13).

[262] *Dad a Dios lo que es de Dios.* Jesús confirma aquí el tema de los diezmos, porque según la Escritura lo único que pertenece a Dios son los diezmos (Lev. 27:30). Y esto es lo que debemos seguir dando a Dios.

[263] Los saduceos solo creían en la inspiración del Pentateuco. No creían en el resto de los libros del A. T., ni en la resurrección de los muertos. Jesús, Maestro de maestros, demuestra con el mismo Pentateuco (Torah) la doctrina de la resurrección y la vida después de la muerte.

19 Maestro, Moisés nos escribió que si el hermano de alguno muriere y dejare la esposa sin hijos, el hermano tomará a la viuda por esposa y procreará descendencia a su hermano muerto.

20 Hubo siete hermanos. El primero tomó una esposa, pero al morir no dejó descendencia.

21 El segundo tomó a la viuda por esposa, y murió sin dejar descendencia. Igual sucedió con el tercero.

22 Y de los siete, ninguno dejó descendencia. Murieron todos y por último, también la mujer.

23 Cuando en la resurrección resuciten, ¿de quién será esposa? Porque los siete la tuvieron por esposa.

24 Y Jesús les dijo: El error de ustedes es debido a que no conocen las Escrituras ni el poder de Dios.

25 Cuando resuciten de entre los muertos, ni se casarán, ni se darán en matrimonio, sino que serán como ángeles en los cielos.

26 Y concerniente a si los muertos resucitan, ¿no habéis leído en el libro de Moisés aquel pasaje sobre la zarza ardiendo, donde habló Dios diciendo: Yo soy el Dios de Abraham, y el Dios de Isaac, y el Dios de Jacob?[264]

---

[264] Cita de Éxodo 3:6.

27 Él no es Dios de muertos, sino de vivos. Por lo cual, erráis en gran manera.

El mandamiento más importante: El Shemá. Jesús incluye el credo oficial de la nación judía en su respuesta

28 Luego, se le acercó uno de los escribas que había escuchado la disputa, y al ver cuán bien había respondido Jesús, le preguntó: ¿Cuál es el primero[265] de todos los mandamientos?

29 Jesús contestó: El primero es: "Escucha, oh Israel, el Señor nuestro Dios, el Señor uno es;

30 y amarás al Señor tu Dios con todo tu corazón, con toda tu alma, con toda tu mente y con todas tus fuerzas".[266]

31 El segundo es este: "Amarás a tu prójimo como a ti mismo".[267] Ningún otro mandamiento es mayor que estos.

32 El escriba le dijo: ¡Correcto, Maestro! Has dicho la verdad, porque Dios es uno y no hay otro más que Él,

33 y amarle con todo el corazón, con todo el entendimiento, con toda el alma y con todas las

---

[265] Gr. πρῶτος *prōtos,* primero cronológicamente o en orden de importancia.
[266] Deuteronomio 6:4-5.
[267] Levítico 19:18.

fuerzas, y amar al prójimo como a sí mismo es más importante que todos los holocaustos y sacrificios.

34 Viendo Jesús cuán sabiamente había respondido, le dijo: No estás lejos del Reino de Dios. Y nadie se atrevió a hacerle más preguntas.

El Mesías: Hijo y Señor de David

35 Más tarde, mientras Jesús estaba enseñando en el templo, comentó: ¿Por qué dicen los escribas que el Cristo[268] es el hijo de David?

36 David mismo dijo por el Espíritu Santo: "Dijo el Señor a mi Señor: Siéntate a mi derecha hasta que ponga a tus enemigos debajo de tus pies".

37 Si el mismo David le llama Señor, ¿cómo entonces puede ser su hijo? Y una gran multitud le escuchaba con agrado.

Jesús advierte sobre la enseñanza y el comportamiento hipócrita de los escribas

38 También dijo mientras enseñaba: Guardaos de los escribas, pues les gusta pasearse con largas túnicas,[269] ser saludados en las plazas,

39 ocupar los primeros puestos en las sinagogas y los primeros asientos en los banquetes.

---

[268] El Cristo en griego, el Mesías en hebreo.
[269] Gr. Στολαῖς *stolais*. Larga túnica suelta usada por sacerdotes, reyes y personas distinguidas.

40 Además, devoran[270] los bienes de las viudas[271] y luego, para encubrir la clase de hombres que realmente son, fingen ser piadosos haciendo largas oraciones en público. Por eso recibirán mayor condenación.

La ofrenda de la viuda pobre: Nadie es demasiado menesteroso para no darle a Dios lo que le pertenece

41 En cierta ocasión, Jesús se sentó frente al arca de la ofrenda[272] observando con atención cómo la multitud iba echando monedas en el arca de la ofrenda; y muchos ricos echaban grandes cantidades.

---

[270] Gr. Καεσθιοντες *katesthiontes.* Término que denota intensidad al comer. Literalmente: "comérselo todo". Figuradamente: "devorar completamente, sin dejar nada; consumir ferozmente "hasta el suelo". Es decir, comer con un apetito voraz, cuyo resultado es la ruina, sin esperanza de recuperación e incluso sin dejar vestigios. Aquí, devorar, también en sentido figurado, significa robar, explotar, consumir, destruir. Jesús describe cómo estos escribas actuaban despreciablemente en este sentido.

[271] Es decir, apropiarse ilegalmente de sus bienes, despojando de estos a las viudas. Extorsionaban por medio de su conocimiento de la ley. Es lo que más desaprueba el Maestro, y "por eso recibirán mayor condenación".

[272] Gr. Γαζοφυλαχίου *gazophylakiou.* Gazofilacio. Lugar donde se colocaban las ofrendas del templo de Jerusalén. El tesoro o tesorería.

42 Entonces, se acercó una viuda pobre y echó dos moneditas,[273] que hacían un cuadrante;[274]

43 y llamando a sus discípulos, les dijo: En verdad os digo que esta viuda pobre echó más que todos los que han echado en el arca de la ofrenda.

44 Pues todos echaron de su abundancia;[275] pero esta, de su pobreza ha dado todo lo que tenía para su sustento.

Capítulo 13

Jesús predice la destrucción del templo y enseña sobre las señales del fin

1 Al salir él del templo, le dijo uno de sus discípulos: ¡Maestro, mira qué piedras y qué construcciones!

2 Y Jesús le dijo: ¿Veis estos grandes edificios? No quedará piedra sobre piedra que no sea derribada.

---

[273] Gr. Λεπτὰ *lepta*. Leptón. Moneda de cobre o bronce de muy poco valor. Otros lo traducen por "dos blancas". Esta moneda judía era la denominación de más escaso valor.

[274] Gr. Κοδράντης *kodrantēs*. Cuadrante era la moneda de cobre romana de más escaso valor.

[275] Gr. Περισσεύοντος *perisseuontos*. Tener abundancia, más que suficiente, desbordamiento, tener una cantidad excesiva de algo que va desde un exceso moderado hasta un grado muy alto. Al parecer, solamente los ricos y los que tenían abundancia ofrendaban. Solo una persona de su pobreza se atrevió a dar. No hay evidencia de que otros pobres estuvieran ofrendando, porque todos los que echaron en el arca de la ofrenda lo hicieron de su abundancia.

Prepárense para el fin: Que nadie os engañe

3 Más tarde, estando sentado en el monte de los Olivos, frente al templo, Pedro, Jacob,[276] Juan y Andrés, en privado, le preguntaron:

4 Dinos, ¿cuándo sucederán estas cosas y qué señal habrá cuando todas estas cosas hayan de acontecer?

5 Entonces, Jesús comenzó a decirles: Mirad que nadie os engañe.

6 Muchos vendrán en mi nombre diciendo: Yo soy Cristo, y a muchos engañarán.

7 Cuando oyereis hablar de guerras y rumores de guerra, no os turbéis, es preciso que esto suceda; pero aún no es el fin.

8 Porque se levantarán en armas nación contra nación, reino contra reino, habrán terremotos por diversos lugares, habrá hambres y alborotos; pero esto solo será el comienzo de los dolores de parto.[277]

Persecución de los discípulos

---

[276] Llamado Santiago en griego.

[277] "Dolores de parto". Interesante analogía. Los dolores del parto tienen características muy específicas. Aumentan progresivamente en frecuencia e intensidad hasta que se da a luz el bebé. Las señales irán en aumento, tanto en frecuencia como en más y más intensidad.

9 Estad alerta, porque os entregarán a las autoridades[278] y en las sinagogas seréis azotados, y ante gobernadores y reyes seréis llevados por mi causa, para testimonio a ellos.

10 Porque antes de que venga el fin, primero es necesario que el evangelio sea proclamado a todas las naciones.

11 Cuando os lleven para ser entregados, no os preocupéis de lo que habréis de decir, porque en aquella hora se os dirá qué decir, pues no seréis vosotros los que hablen, sino el Espíritu Santo.

Una señal para huir: Jesús predice un caos absoluto y la abominación desoladora

12 Y entregarán a muerte el hermano al hermano, el padre al hijo; se levantarán los hijos contra los padres, y harán que sean condenados con la pena de muerte.

13 Seréis odiados por todos a causa de mi nombre; mas el que perseverare hasta el fin, ese será salvo.

Más señales del fin

14 Cuando veáis la abominación desoladora, de la que habló el profeta Daniel, estableciéndose donde no debe[279] (el que lee, entienda), entonces los que estén en Judea, huyan a los montes.

---

[278] Gr. Συνέδρια *sunedria*. Sanedrín: máximo tribunal judío.
[279] La expresión "donde no debe" se refiere, probablemente, al lugar santo en el templo.

15 El que esté en la azotea de su casa, no baje ni entre en ella para tomar cosa alguna;

16 el que esté en el campo, no regrese ni para recoger su manto.

17 ¡Ay de aquellas que estén encinta y de las que estén amamantando en esos días!

18 Orad para que estas cosas no sean en invierno,

19 porque esos días serán de tan grande tribulación[280] como no la ha habido desde el principio de la creación, desde lo creado por Dios hasta ahora, ni la habrá.[281]

20 Y si el Señor no hubiese acortado aquellos días de tribulación, nadie sería salvo;[282] mas por causa de los escogidos[283] que Él eligió, se acortaron aquellos días.

---

[280] Gr. θλῖψις *thlipsis*, tribulación, aflicción. Propiamente hablando, es una presión que constriñe, usada para referirse a un lugar estrecho que "encierra a alguien"; de una presión interna que hace que cualquiera se sienta confinado (restringido, atrapado, sin opciones), donde no hay manera de escapar.

[281] Estas palabras son de una cita de Dn 12:1 y sugiere que Marcos está interpretando este período de sufrimiento como la gran tribulación que precede al final de esta era. Una vez más, una cita de Daniel sirve para dar un significado escatológico a los acontecimientos históricos. Es tanta la angustia, que el Señor ha acortado el tiempo... por causa de los escogidos. En Daniel y en escritos apocalípticos posteriores, encontramos la idea de que el calendario de los últimos días ya está fijado: deben pasar determinados años antes de que finalmente llegue el fin (Dn 12:7).

Jesús advierte acerca de los falsos cristos y ordena vigilancia teológica

21 Entonces, si alguien os dijere: He aquí el cristo, no le creáis.

22 Porque se levantarán falsos cristos y falsos profetas que harán señales y prodigios para engañar, si fuese posible, aun a los elegidos.[284]

23 Pero vosotros tened cuidado. De antemano os he dicho todas estas cosas.

---

[282] Gr. ἐσώθη *esōthē,* derivado de σῴζω *sōzó.* Salvo, rescatado, completamente sano; por extensión, significa tener una relación correcta con Dios, debido a que la condición antes de la salvación era de grave peligro.

[283] Gr. ἐκλεκτοὺς *eklegtous,* elegir, seleccionar, preferir. Este verbo, de acuerdo con la teología judía, indica la actividad de predestinación de Dios. Los elegidos es un término usado en el A. T. de Israel en general (Sal 105:6, 43; Is 65:9), y su equivalente pasó a usarse para describir a los pocos justos en Israel mencionados en la literatura rabínica (1 Enoc 1.1; 62.8; 1QS 8.6; 1QH 2.13). Naturalmente, los lectores de Marcos se verían a sí mismos como miembros de este grupo elegido. Por esa razón, "elegido" o "escogido", en el contexto de Marcos, es una la palabra que también se refiere a los cristianos, a los seguidores de Jesús.

[284] Desde el verso 5 en adelante, notamos que hay una doble referencia profética; donde la primera está relacionada con Israel, judía exclusivamente; y la otra es escatológica, que habla del fin del mundo, involucrando a la humanidad en general. **37. Continúa en la página 271.**

El retorno victorioso del Hijo del Hombre

4 En esos días, después de aquella tribulación, se oscurecerá el sol y la luna no dará su resplandor,

25 las estrellas caerán del cielo y los poderes que están en los cielos serán conmovidos.

26 Y entonces verán al Hijo del Hombre venir entre las nubes con gran poder y gloria.

27 Enviará a sus ángeles y juntará a sus elegidos de los cuatro vientos, desde el extremo de la tierra hasta el extremo del cielo.

La parábola de la higuera y su lección

28 Aprended de la higuera la siguiente enseñanza. Cuando sus ramas están tiernas y echan hojas, conocéis que el verano está cerca.

29 Así también vosotros, cuando veáis suceder estas cosas, sabed que todo está cerca, a las puertas.

30 En verdad os digo que no pasará esta generación[285] antes de que todas estas cosas sucedan.

31 El cielo y la tierra pasarán, pero mis palabras no pasarán.

---

[285] Es una profecía de doble referencia. Primero se refiere a la generación en los tiempos de Jesús que vio la destrucción de Jerusalén; y segundo, a la generación que vivirá en los días del fin, en que sucederán esos acontecimientos mencionados.

Estad listos porque solo el Padre sabe el día y la hora

32 En cuanto a ese día o a esa hora, nadie lo conoce, ni los ángeles del cielo ni el Hijo, sino solo el Padre.

33 Prestad atención, velad y orad porque no sabéis cuándo será el tiempo.

34 Es como el hombre que salió de viaje y antes de dejar su casa dio autoridad a sus siervos. A cada uno le asignó un trabajo, y al mayordomo le ordenó que estuviese vigilante.[286]

35 Velad, pues, porque no sabéis cuándo vendrá el amo de la casa, si por la tarde, si a media noche, al canto del gallo, o al amanecer.[287]

36 No sea que, viniendo de forma inesperada, os encuentre dormidos.[288]

37 Lo que a vosotros digo, a todos lo digo: ¡Estad atentos!

---

[286] En la alegoría del verso 34 el personaje importante es el mayordomo, a quien se le ordena estar siempre vigilante. Asimismo sucede con la Iglesia, compuesta por cada creyente.
[287] Estos son los nombres de las cuatro vigilias de la noche, de tres horas cada una, y conformadas a partir de las 6:00 p. m. hasta las 6:00 a. m.
[288] Dormidos significa durmiendo espiritualmente.

Capítulo 14

El complot para prender a Jesús

1 A dos días de la Pascua, seguida de la fiesta de los Panes sin Levadura,[289] los príncipes de los sacerdotes y los escribas seguían buscando una razón para atraparle y matarlo, aunque sea bajo engaño,

2 pero decían: No debemos arrestarlo en presencia de la multitud que asiste a la fiesta,[290] para que la gente no comience a luchar contra nosotros.[291]

Un acto de amor: Jesús es ungido en Betania

3 Mientras tanto, Jesús estaba en Betania comiendo en la casa de un hombre llamado Simón el leproso.[292] Y

---

[289] Gr. ἄζυμα azyma, panes sin levadura. La fiesta de la Pascua y de los Panes sin Levadura eran una doble celebración en la misma semana. Exactamente, el día grande para la Pascua era el viernes y el de los Panes sin Levadura el día siguiente, siempre en sábado (Leer Lv 23:5-6). De las dos fiestas, la Pascua es la celebración más conocida hasta el día de hoy. Pero para ambas fiestas había unos días de preparación. Eran tan comunes estas dos fiestas (por celebrarse el mismo fin de semana) que se intercambiaban los nombres como si fueran una sola (Lc 22:1).

[290] Los conspiradores dijeron: "No durante la fiesta", mientras que el Altísimo dijo: "Durante la fiesta". Este era el decreto divino y Su decreto siempre triunfa. (Véanse Lc 22:22; Hch 2:23; Ef 1:11).

[291] Los conspiradores comprendían que Jesús tenía muchos amigos y simpatizantes, especialmente entre los miles de galileos que asistían a las festividades. **38.** **Continúa en la página 272.**

estando sentado a la mesa, vino una mujer[293] trayendo un vaso de alabastro lleno de ungüento de nardo[294] auténtico,[295] de gran valor; y rompiendo el vaso de alabastro,[296] se lo derramó sobre la cabeza.[297]

---

[292] En la cena estaban presentes al menos quince hombres: Jesús, los Doce, Lázaro (Jn 12:2) y un tal Simón, mencionado aquí en el versículo 3 y en Mt 26:6. **39. Continúa en la página 272.**

[293] Juan el apóstol identifica a esta mujer como María, hermana de Marta y Lázaro (Mt 26:7; Jn 12:3). Cuando Jesús estaba en Galilea, cenando en la casa de un fariseo, fue ungido de manera similar por una mujer no identificada por su nombre en las Escrituras (Lc 7:36-39).

[294] Nardo, planta de cuyas raíces y tallo se confeccionaba un perfume muy preciado en el Oriente. El líquido aromático, de color rojizo, se conservaba en recipientes sellados de alabastro, piedra parecida al mármol, de textura suave y de color, por lo general, blanquecina.

[295] Puro, sin adulterar.

[296] Aunque era de gran precio, la mujer no deseaba quedarse ni retener nada: lo ofreció todo, lo entregó todo. El frasco contenía una apreciable cantidad de esta preciosa y muy fragante esencia. Como es evidente por Juan 12:3, una libra romana (¡trescientos setenta y cinco gramos!).

[297] Según Mateo y Marcos, derramó el perfume sobre la cabeza de Jesús (Sal 23:5); y según Juan, ungió sus pies. No hay contradicción, puesto que Mateo y Marcos indican claramente que el perfume fue derramado sobre el cuerpo de Cristo (Mt 26:12; Mr 14:8). Evidentemente, había más que suficiente para todo el cuerpo: cabeza, cuello, hombros y pies. La casa de Simón se llenó de su fragancia. Junto con el perfume, ¡María derramó su corazón en gratitud y devoción!

4 Algunos se enojaron dentro de sí, diciéndose: ¿Para qué se ha hecho este desperdicio de ungüento fino?[298]

5 Este ungüento pudo venderse en más de trescientos denarios[299] y darlo a los pobres; y a la mujer le expresaban su indignación con severidad.
6 Entonces, Jesús les dijo: Dejadla, ¿por qué le causáis tantas molestias? Ella acaba de hacer algo maravillosamente significativo para mí.

7 A los pobres siempre los tendréis con vosotros, y cuando queráis podéis hacerles bien; pero a mí no siempre me tendréis.

8 Ella hizo todo lo que pudo cuando fue oportuno; se ha anticipado a ungir mi cuerpo para la sepultura.[300]

9 En verdad os digo, que en todo el mundo,[301] dondequiera que se predique este evangelio, también

---

[298] "desperdicio de ungüento." El "piadoso Judas" (Jn 12:4-5) lanza su parecer según su modo de pensar. **40. Continúa en la página 273.**
[299] Literalmente, trescientos denarios era la paga de un año completo. Un denario romano, una moneda de plata, era el salario medio por un día de trabajo.
[300] No se sabe si la mujer tenía la intención de ungir el cuerpo de Jesús antes de su muerte y entierro. Sin embargo, la última parte del versículo presenta la interpretación y aplicación de Jesús de lo que ella hizo. También sugiere la importancia de la pasión para la comprensión de Marcos y su entendimiento sobre el mesianismo: Jesús fue ungido como un rey antes de su muerte y entierro.

se hablará con admiración de lo que ha hecho esta mujer. Esto será para memoria de ella.[302]

Judas ofrece entregar a Jesús

10 Entonces Judas Iscariote, uno de los doce,[303] *en desacuerdo con el Mesías por lo que hizo esta mujer,* salió a verse con los príncipes de los sacerdotes para negociar la entrega de Jesús.

11 Al oírle ellos se alegraron y prometieron pagarle con piezas de plata.[304] Desde entonces, buscaba la oportunidad para entregarle.

---

[301] Jesús pronunció estas palabras porque visualizó el período de tiempo entre su muerte y su retorno, durante el cual se predicaría el evangelio. Y en todo ese período se habría de conocer la relevancia de lo que esta mujer hizo.

[302] La profecía de Jesús sobre esta mujer se cumplió oficialmente cuando Marcos y Mateo (26:13) registraron la declaración de Jesús en sus escritos y sus Evangelios comenzaron a leerse por doquier. Aunque la historia misma tuvo efecto inmediato, porque desde entonces se relató oralmente el acontecimiento.

[303] La frase de Marcos "uno de los doce" destaca indudablemente lo privilegiado de la posición de Judas. Al mismo tiempo subraya lo grave de esta traición, ya que era uno de los doce hombres, elegidos por Jesús, que gozaban de incuestionables privilegios y de su extrema confianza.

[304] Gr. ἀργύριον *argyrion*, pieza de plata. Fueron treinta piezas de plata, el precio corriente para indemnizar al dueño de un esclavo herido mortalmente. (Ver Ex 21:32 y Mt 26:15).

La última Pascua:[305] Una cena memorable

12 En el primer día de la fiesta de los Panes sin Levadura,[306] cuando se sacrificaba el cordero de la Pascua, sus discípulos le dijeron: ¿Dónde quieres que vayamos a hacer los preparativos necesarios para que comas la Pascua?

13 Envió a dos de sus discípulos, diciéndoles: Id a la ciudad y os saldrá al encuentro un hombre cargando un cántaro de agua;[307] seguidle,

14 y donde él entrare, decid al dueño de la casa: El Maestro dice: ¿Dónde está mi aposento, en el que pueda comer la Pascua con mis discípulos?[308]

---

[305] La Pascua es la primera y principal fiesta ordenada por el Señor (Lv 23). 41. Continúa en la página 274.

[306] Aquí, Marcos usa indistintamente el nombre de la fiesta de los Panes sin Levadura por Pascua, como era la costumbre de su época. 42. Continúa en la página 274.

[307] Generalmente, las mujeres llevaban las tinajas de agua, por lo que habría sido fácil notar en la calle que un sirviente varón estaba realizando esta tarea. Esto sugiere que era una persona perteneciente a los esenios, grupo religioso ultraconservador judío, cuya mayoría no aceptaba a las mujeres en su comunidad. Como también existían grupos entre ellos que acudían a la fiesta en Jerusalén. (Más información acerca de los esenios al final, en Apéndice III, pág. 177).

[308] "mis discípulos." Jesús les dice a los dos apóstoles que al entrar en la ciudad de Jerusalén se encontrarían con un hombre que llevaría un cántaro de agua. 43. Continúa en página 275.

15 Él os mostrará un aposento alto, grande, amueblado y dispuesto.[309] Allí prepararéis todo para nosotros.

16 Los discípulos salieron, llegaron a la ciudad, lo hallaron todo como les había dicho, y prepararon allí la Pascua.[310]

17 Al llegar la tarde, vino con los doce al aposento,

18 y estando sentados a la mesa, mientras comían, dijo Jesús: En verdad os digo que uno de ustedes me entregará; uno que está comiendo conmigo.[311]

19 Ellos comenzaron a entristecerse y a decirle uno por uno: ¿No soy yo, verdad?[312]

20 Entonces, les dijo: Es uno de los doce, el que moja el pan conmigo en el plato.[313]

---

[309] "dispuesto…"La mayoría de las casas palestinas constaban de una a cuatro habitaciones en un nivel y una grande arriba de este. **44. Continúa en página 276.**

[310] Las trece personas tenían que estar cómodas.

[311] "Uno que está comiendo conmigo" indica: alguien de mi confianza. Solo los doce tenían ese privilegio de comer a solas con su Maestro.

[312] Gr. Μήτι ἐγὼ *Mēti egō.* Es una pregunta negativa que se usa en griego para esperar una respuesta positiva. Se esperaba un rotundo no como respuesta.

[313] En este caso, Jesús no estaba delante de todos incriminando directamente a Judas, porque todos estaban mojando el pan en el plato. El mensaje que Jesús les estaba dando solo lo recibía y entendía el traidor. Desde entonces,

21 Ciertamente, al Hijo del Hombre le irá tal y como está escrito de él; pero, ¡ay de aquel hombre por quien el Hijo del Hombre será entregado! Mejor le fuera a ese hombre no haber nacido.

La Santa Cena se instituye. Es la primera ordenanza del Señor. El pan y el vino son los elementos centrales: El cuerpo y la sangre del Señor

22 Y mientras ellos comían, tomó el pan y habiéndolo bendecido, lo partió, se los dio a ellos, y les dijo: Tomad, esto es mi cuerpo.[314]

23 Luego, tomó la copa, y después de dar gracias, la dio a sus discípulos; y bebieron todos de ella.[315]

Judas supo que Jesús ya estaba al tanto de sus malévolos planes.

[314] *Touto estin to sōma mou*, este es mi cuerpo. **45. Continúa en página 276.**

[315] En el v. 22, "bendijo" εὐλογήσας *eulogēsas,* y en el v. 23, "dio gracias" εὐχαριστήσας *eucharistēsas.* Ambas, *eulogeō* y *eucharisteō,* equivalentes del hebreo *barak,* se refieren a la misma acción de bendecir a Dios o alabar a Dios. Entonces, *eucharistēsas* (dar gracias a Dios), como ya se ha visto, y *eulogēsas* (bendecir) son dos verbos concomitantes en el leguaje semítico. Al verbo *eucharisteō* se le llama un grecismo o helenismo, del término semítico *eulogeō* y ambos representan al verbo hebreo *barak.* También Marcos describe *epion ex autoup pantes,* "todos bebieron de ella"; es decir, todos bebieron del contenido de la copa (incluyendo a Judas). La copa se pasaba de discípulo a discípulo hasta que todos hubieran bebido el vino.

24 Y les dijo: Esta es mi sangre del pacto[316] que es derramada por muchos.

25 En verdad os digo que no beberé más del fruto de la vid hasta que de nuevo lo beba en el Reino de Dios.

26 Y luego de haber cantado los himnos,[317] salieron al monte de los Olivos.

Pedro promete no abandonar a Jesús. La predicción de su negación

27 Entonces, les dijo Jesús: Esta noche todos me abandonarán, porque escrito está: Heriré[318] al pastor y se dispersarán las ovejas;

---

[316] La sangre del pacto es la sangre que ratifica o sella el pacto que Dios hizo con Su pueblo. Gr. Διαθήκης *diathēkēs,* pacto, un acuerdo solemne entre dos partes; testamento, un documento legal mediante el cual la propiedad se transfiere a los herederos, generalmente después de la muerte (Heb 9:16). Este nuevo pacto direcciona a los hombres a ejercer la fe en Cristo, y Dios les promete gracia y salvación eterna. Este es el pacto que Cristo estableció y se ratificó al morir.

[317] Se refiere al canto de los himnos pascuales, los Salmos 113-118 o salmos de Hallel. Estos salmos forman una parte importante del servicio tradicional de la Pascua. Por costumbre judía, los primeros dos (113-114) se cantan antes de la cena del cordero pascual, y los últimos cuatro (115-118) después. No cabe duda de que se tratan de los himnos que Jesús y sus discípulos cantaron en la noche en que se instituyó la Cena del Señor. (Ver Mt 26:30).

[318] Gr. Πατάξω *Pataxō.* Matar, matar con violencia, cortar la vida, herida mortal.

28 pero después que resucite, iré delante de ustedes a Galilea.[319]

29 Mas Pedro le dijo: Aunque todos te abandonen, yo no.

30 Jesús le dijo: En verdad te digo que hoy, esta noche, antes que el gallo cante dos veces, me negarás tres.

31 Pero él insistía con vehemencia diciendo: Aunque fuera necesario morir contigo, no te negaré. Esto también decían los demás.

Jesús ora con mucha tristeza porque siente que su cuerpo se debilita y sin explicación alguna, comienza a experimentar síntomas de una muerte repentina

32 Llegaron a un lugar cuyo nombre era Getsemaní,[320] y dijo a sus discípulos: Sentaos aquí mientras voy a orar.

33 Tomó consigo a Pedro, a Jacob y a Juan y comenzó a asombrarse por la intensa sensación de muerte

---

[319] Como pastor resucitado, Jesús iría delante de su rebaño a Galilea, donde habían vivido y trabajado durante su ministerio terrenal y de donde fueron llamados y comisionados por él (1:16-20; 3:13-15; 6:7, 12-13). Ellos debían seguir al Señor resucitado, quien continuaría guiando a su pueblo en sus tareas futuras (13:10; 14:9).
[320] Gr. Γεθσημανί *Gethsēmani,* prensa de aceite de oliva.

prematura que sentía, y se entristeció mucho por esto.[321]

34 Entonces, les dijo: Sumamente triste está mi alma por esta sensación de muerte inesperada que siento en mi cuerpo. Permaneced aquí y velad.

35 Él se adelantó un poco, y agobiado por la debilidad súbita, cayó[322] en tierra, y postrado allí, oró deseando que en las posibilidades de Dios Padre se le permitiera salir vivo y fuerte[323] de Getsemaní, para seguir a Jerusalén.

[321] El estudio exegético en Marcos revela que Jesús sintió una inminente sensación de muerte acercarse a él. La muerte se sentía llegar más pronto de lo previsto, lo cual lo mantuvo muy preocupado. Él sabía que no estaba dicho en las Escrituras el morir en Getsemaní, sino en Jerusalén y clavado en una cruz; sin embargo, estaba intranquilo por la sensación de muerte tan súbita que sentía en su cuerpo.
[322] Gr. πίπτω piptó. Palabra común en el N. T. cuyo significado básico es caer, caerse, desplomarse. **46. Continúa en la página 278.**
[323] Marcos nos hace ver aquí que la preocupación de Jesús era con respecto a su misión que todavía no había terminado. **47. Continúa en la página 278.**

36 Y Jesús dijo: Abba[324] Padre, todo es posible para ti. Aparta de mí esta copa[325] de muerte prematura; *no puedo morir en Getsemaní, mi muerte debe ser en Jerusalén*; y Padre, de ninguna manera deseo que sea removida esta sensación de muerte inminente como yo quisiera, sino que se haga como tú quieras.[326]

37 Regresó y los encontró dormidos, y dijo a Pedro: Simón, ¿duermes? ¿No has podido quedarte despierto y vigilar conmigo ni una hora?[327]

---

[324] Palabra aramea que usan los niños pequeños cuando se dirigen a sus padres, pero que los judíos no usan al orar cuando se dirigen a Dios debido a la familiaridad implícita en la misma. **48. Continúa en la página 279.**

[325] La copa se convierte en una metáfora que habla del gran sufrimiento y extrema debilidad que Jesús tuvo que soportar esa noche en el jardín de Getsemaní. **49. Continúa en la página 281.**

[326] "Que no se haga mi voluntad sino la tuya" es parte de un principio de una oración judía muy común en los tiempos del período del Segundo Templo. De esto se sabe, que el que pide tiene derecho a recibir, siendo Dios el dador y quien determina la forma en que hará las cosas. Jesús se apegó a ese principio y nunca puso condición alguna en cuanto a la forma o manera en que iba a ser contestada su petición. Su petición fue contestada en ese momento a la manera de Dios. Su Padre le envió un ángel para fortalecerlo. Dios es fiel. Confiemos en que Dios dará a todo el que le pide lo que pida, pero la forma en que Él lo haga no debe ser exigida ni cuestionada por el suplicante.

[327] Era natural dormir en aquella hora, más aún, cuando ya era pasada la medianoche, y especialmente después de las emocionantes e intensas experiencias en el Aposento Alto: el

38 Manteneos despiertos y orad para que no entréis en tentación; el espíritu está dispuesto, mas la carne es débil.[328]

39 De nuevo se retiró y oró diciendo las mismas palabras.

40 Regresando de nuevo, los encontró otra vez dormidos porque sus ojos estaban excesivamente cargados de sueño;[329] y no sabían qué responderle.

---

lavamiento de los pies de los discípulos, la revelación de que uno de los Doce iba a traicionar al Maestro, la partida de Judas, la institución de la Santa Cena del Señor; después, lo de "todos vosotros me seréis infieles", la protesta de Pedro, etc. **50. Continúa en la página 284.**

[328] "… el espíritu está dispuesto, más la carne es débil…". Es decir: "sé que desean orar conmigo, aunque también entiendo que están bien cansados físicamente". Jesús no los está reprendiendo, más bien, como su líder reconoce que espiritualmente siempre desean orar con él, pero en este momento sus cuerpos están exhaustos. Pensamos que los otros nueve discípulos se quedaron dormidos desde el principio. Véase el detalle de la intensa jornada de los discípulos en esa última semana en la nota subsiguiente (324) y se comprenderá por qué estaban tan agotados. Ahora bien, la observación de Jesús fue directamente sobre Simón, pues había prometido fidelidad incondicional y no estaba cumpliendo lo prometido.

[329] Desde que comenzó esa semana hasta esa hora, alrededor de las 2:00 a. m. del día viernes, los discípulos habían tenido una agenda bien intensa y sin descanso. **51. Continúa en la página 284.**

41 Cuando regresó por tercera vez, consintió diciendo: Duerman ahora, pueden descansar.[330] Pero después de un breve tiempo, les dijo: Ya es suficiente. ¡Ha llegado la hora! El Hijo del Hombre va a ser entregado en manos de los pecadores.

42 ¡Levantaos, partamos ya! He aquí, el que me ha de entregar está cerca.

Jesús es arrestado por sus enemigos: Judas lo traiciona públicamente ante los apóstoles[331]

43 En aquel instante, mientras él aún hablaba llegó Judas, uno de los doce, y con él una multitud de gente armada con espadas y palos enviada por los príncipes de los sacerdotes, los escribas y los ancianos.

44 Y el que le había traicionado les había dado una señal, diciendo: A quien besare, ese es;[332] prendedle y llevadle con toda seguridad.

45 Al instante vino Judas y se le acercó a él diciendo: Rabbí, Rabbí,[333] y lo besó.

---

[330] Porque el ángel enviado por Dios vino a quitarle la agonía de la muerte prematura; le había fortalecido por completo (Lc 22:43). Ya no era necesario orar más. Jesús nuevamente está listo para continuar excelentemente con el plan de redención. ¡Todo lo hizo perfecto!

[331] Es la primera vez que los once apóstoles se enteran de que Judas es el responsable de la traición y arresto del Maestro.

[332] "A quien besare, ese es". new 52. Continúa en página 285.

46 Entonces, ellos lo tomaron como prisionero y lo pusieron bajo custodia.

47 Pero uno de los que estaban cerca de Jesús, sacando la espada, hirió a un siervo del sumo sacerdote y le quitó una oreja.[334]

48 Y Jesús le dijo a la multitud: ¿Habéis venido como si fuera un ladrón con espadas y palos para prenderme?

49 Todos los días estuve con ustedes en el templo enseñando y no me prendisteis; pero tenían que cumplirse las Escrituras.

50 Entonces, todos los discípulos lo abandonaron y huyeron[335] lejos del lugar.

El joven que huyó

51 Mas un joven[336] le seguía, vestía solo un lienzo de lino echado sobre su cuerpo desnudo, y los soldados le echaron mano;

---

[333] En los textos griegos más respetados, el *Textus Receptus y Soden*, aparece doblemente escrita la palabra Rabbí.

[334] El que lo hizo fue Pedro, pero el escritor del evangelio San Marcos fue un discípulo de Pedro llamado Juan Marcos. Pedro le conto a Marcos toda la historia sobre la vida de Jesús y quizás, por respeto a su tutor, Marcos omitió en su texto griego, el nombre de Pedro en esta escena.

[335] Gr. ἔφυγον *ephygon*, huir con la idea de escapar del peligro.

[336] La palabra griega νεανίσκος *neaniskos*, joven, podría indicar a alguien en la adolescencia tardía. **53. Continúa en página 286.**

52 pero desprendiéndose del lienzo de lino, huyó desnudo.

Comienza el juicio contra Jesús: En la casa del sumo sacerdote

53 Entonces, condujeron a Jesús al sumo sacerdote, y se juntaron allí todos los príncipes de los sacerdotes, los ancianos y los escribas.

54 Pedro le siguió de lejos hasta entrar dentro del atrio del palacio del sumo sacerdote; y sentado con los sirvientes, se calentaba cerca del fuego.

55 Los príncipes de los sacerdotes y todo el sanedrín buscaban un testimonio contra Jesús para condenarle a muerte, y no encontraban ninguno.

56 Mucha gente vino a acusar falsamente a Jesús, tergiversando lo que Jesús había dicho o hecho; pero sus testimonios eran muy contradictorios.

57 Por ultimo, algunos hombres se levantaron y dieron este falso testimonio contra él:

58 *Nosotros le oímos decir: Yo destruiré este templo, que es hecho con manos, y en tres días edificaré otro hecho sin manos.*

59 Pero ni aun en esto los testigos pudieron ponerse exactamente de acuerdo en lo que él realmente había dicho.

60 Entonces, levantándose el sumo sacerdote, se puso en medio y le preguntó a Jesús: ¿No respondes nada? ¿Qué piensas de lo que todas estas personas han dicho acerca de ti?

61 Pero él callaba y no respondía nada. De nuevo, el sumo sacerdote le preguntó: ¿Eres tú el Cristo, el Hijo del Bendito?

62 Jesús dijo: Yo soy y veréis al Hijo del Hombre sentado a la diestra del Poder, y viniendo con las nubes del cielo.

Jesús es condenado por el sanedrín

63 El sumo sacerdote, rasgando sus vestiduras, dijo: ¿Qué necesidad tenemos de testigos?[337]

64 Oísteis la blasfemia. ¿Qué os parece? Y todos le condenaron, sosteniendo que era digno de muerte.[338]

65 Entonces, algunos comenzaron a escupirle, le abofeteaban y le cubrieron el rostro, diciendo: ¡Profetiza! Y los soldados lo golpearon con puñetazos.

Pedro niega conocer a Jesús

66 Estando Pedro abajo, en el patio,[339] llegó una de las siervas del sumo sacerdote,

---

[337] Esta fue una respuesta requerida por la ley judía para los jueces que habían escuchado blasfemia. Sin embargo, la ley del A. T. prohibía al sumo sacerdote rasgarse la ropa (Lv 10:6; 21:10).

[338] En realidad, todo el juicio fue una farsa. **54. Continúa en la página 287.**

67 y viendo a Pedro calentándose junto al fuego, lo miró y le dijo: Tú también estabas con Jesús el Nazareno.

68 Pero el negó diciendo: No sé ni entiendo lo que tú dices. Y saliendo del patio por el pasadizo que conducía a la puerta, el gallo cantó.

69 Luego la sierva, al verlo de nuevo, insistió diciendo a los presentes: Este es su discípulo,

70 y una vez más lo negó. Un poco más tarde, unos que estaban por allí confrontaron a Pedro y le dijeron: Ciertamente eres uno de ellos. Eres galileo. Lo sabemos por tu acento.[340]

71 Entonces, él comenzó a maldecir y a jurar:[341] No conozco a este hombre de quien habláis.

---

[339] De esta descripción se infiere que el interrogatorio de Jesús tuvo lugar en una habitación ubicada sobre el patio, dentro de un salón, en el segundo nivel de la propiedad.

[340] Los galileos tenían un acento característico, bien reconocido por ser un fenómeno fonético que se produce en el habla. En un sentido son comparables a los puertorriqueños, que su pronunciación es muy típica, ya que suplantan inapropiadamente la "l" en lugar de la "r". Fenómeno a nivel dialectal que se denomina lambdacismo.

[341] Es decir: ¡Maldito sea yo si lo que digo no es verdad! Para ejemplos de esto cf. 1 S 20:13; 2 S 3:9; Hch 23:12. En ninguno de los dos verbos aquí empleados se sugiere vulgaridad o blasfemia por parte de Pedro. Son, más bien, expresivas y solemnes afirmaciones que tratan de reafirmar la veracidad de lo dicho.

72 Al instante, por segunda vez el gallo cantó. Y Pedro recordó las palabras[342] que Jesús le había dicho: Antes que el gallo cante por segunda vez, me negarás tres veces; y pensando en esto se echó a llorar.

Capítulo 15
Jesús comparece ante Pilato: el procurador romano

1 Al amanecer, se juntaron para tomar consejo los príncipes de los sacerdotes con los ancianos, los escribas y todo el sanedrín. Luego de haber atado a Jesús, se lo llevaron y lo entregaron a Pilato.

2 Pilato le preguntó: ¿Eres tú el rey de los judíos? Y Jesús le respondió: Tú lo dices.

3 Los príncipes de los sacerdotes lo acusaban de muchas cosas.

4 Entonces, Pilato volvió otra vez a interrogarlo, y le dijo: ¿No respondes nada? Mira cuántas cosas atestiguan contra ti.

5 Pero Jesús no contestó nada más, por lo que Pilato estaba maravillado.

---

[342] Gr. ῥῆμα *rhēma*. (Leer nota de Marcos 9:32).

Jesús versus Barrabás: Una turba enfurecida, manipulada por los líderes religiosos, pide que Jesús sea crucificado

6 Durante la fiesta de la Pascua se solía conceder la libertad de uno de los presos, de cualquiera que pidiesen.

7 Ahora bien, había un hombre llamado Barrabás[343] que estaba en prisión entre los rebeldes que habían matado a personas en una insurrección contra el gobierno romano.

8 Y una turba[344] subió[345] y comenzó a exigir que Pilato hiciera lo que solía hacer por ellos.

---

[343] Barrabás era el cabecilla de los rebeldes sediciosos.

[344] Gr. ὄχλος *ochlos*. Generalmente, traducido como multitud o grupo de personas, turba también implica un grupo de gente común, de la calle, confusa y desordenada. Esto último encaja perfectamente porque describe este tipo de multitud que tenemos aquí: gentío que con espada y palos fue a Getsemaní, alrededor de las 3:00 a. m., y que luego vociferaba ante Pilato. Multitud que discrepa totalmente de la que días atrás, en Jerusalén, gritaba: "Hosanna, bendito el que viene en el nombre del Señor". De quienes echaron sus mantos sobre la calle y batían al aire palmas frescas para celebrar al Mesías. Jesús nunca reprendió a esa multitud, sino que le permitió la celebración y les defendió. Al contrario de esta turba, que sí fue reprendida por Jesús, cuando les dijo: ¿Habéis venido como si fuera un ladrón con espadas y palos para prenderme? Definitivamente, no es la misma multitud, son dos tipos de personas que difieren en creencia y actitud en cuanto a Jesús. Unos creen que es el Ungido y otros, un malhechor.

9 Entonces, Pilato les preguntó: ¿Queréis que os suelte al rey de los judíos?

10 Porque sabía que por envidia los príncipes de los sacerdotes se lo habían entregado.

11 Mas los príncipes de los sacerdotes instigaron a la turba a que en su lugar liberara a Barrabás.

12 Pilato de nuevo les preguntó: ¿Qué queréis que haga con aquel a quien llamáis el rey de los judíos?

13 Y ellos respondieron gritando una y otra vez: ¡Crucifícalo![346]

14 Pero Pilato les dijo: ¿Qué mal ha hecho? Mas ellos gritaban mucho más fuerte: ¡Crucifícalo!

Pilato entrega a muerte a Jesús y los soldados romanos lo escarnecen

15 Y Pilato, queriendo satisfacer a la turba, les soltó a Barrabás y entregó a Jesús, después de azotarle, para que fuese crucificado.[347]

---

[345] Nótese el verbo "subió". Probablemente, la turba subió los escalones de la Fortaleza Antonia que conducían a los aposentos de Pilato.

[346] El verbo crucificar está relacionado con la ejecución por medio de una cruz y por las implicaciones que tiene no es suficiente traducirla por matar. Crucifícalo significa: haz que sea clavado en una cruz hasta que muera. Por tanto, la forma particular en que Jesús fue ejecutado en la cruz se describe como: "sujetarlo a un madero extendido hacia atrás" para ser "clavado en una cruz".

16 Los soldados lo llevaron al salón llamado pretorio,[348] y convocaron a toda la guardia del palacio.

17 Lo vistieron con un manto de púrpura[349] y le pusieron una corona entretejida de espinas.

18 Comenzaron a saludarle diciendo: ¡Saludos, oh rey de los judíos!

---

[347] Esta escena sucede aproximadamente entre las 7:00 y 8:00 a. m. del día viernes.

[348] Gr. Πραιτώριον *praitōrion*, pretorio. Al estar ahora condenado a muerte, Jesús no tiene ningún derecho y los soldados pueden hacer con él lo que quieran. El pretorio era su cuartel (que algunos lo califican como el salón o palacio), donde todo el batallón se reúne (quizás seiscientos hombres), y como entendían que "Jesús había afirmado ser un rey", el procedimiento de escarmiento y vejamen ejecutado por ellos fue la de parodiar a un soberano. La capa de púrpura, la corona de espinas, los saludos burlescos, la caña por cetro y el homenaje fingido no fue parte del castigo ordenado por Pilato.

[349] Era un manto militar escarlata (ver comentario Mt 27:28) para representar la púrpura imperial. De ahí la designación de una túnica de púrpura (πορφυραν), como la describen Marcos y Juan. Y debido a que esta es la importancia simbólica de la túnica, no hay discrepancia en que lo hayan vestido así, ya que la capa militar escarlata simboliza la púrpura real. Además, la corona de espinas, una corona real; y la caña, un cetro real. Todo lo acontecido fue un drama irónico. Todo lo acontecido representó el abuso infame que podía percibirse fácilmente a través de la simulada glorificación o salutación. En el cetro que fue una caña que simbolizó la impotencia; la corona de espinas, el dolor al incrustarse en la frente; y la púrpura, el sarcasmo de una grandeza fingida.

19 Herían su cabeza con una caña, lo escupían e hincándose de rodillas le hacían reverencias.

20 Después de haberse burlado de él, le quitaron el manto de púrpura, le colocaron sus propias ropas, y lo condujeron afuera de la ciudad para crucificarlo.

La crucifixión: Siendo llevado como cordero al matadero, Jesús asciende al lugar del sacrificio como Isaac ascendió al monte Moriah

21 Andando por el camino, venía del campo un tal Simón de Cirene,[350] padre de Alejandro y Rufo;[351] a este obligaron a llevar la cruz de Jesús.

22 Y lo llevaron a un lugar llamado Gólgota,[352] que se traduce: lugar de la Calavera.[353]

23 Allí le ofrecieron a beber vino mezclado con mirra;[354] mas él no quiso beberlo.

---

[350] Cirene, la ciudad principal de lo que hoy conocemos como Libia, en el norte de África.

[351] Su familia llegó a ser muy conocida entre los cristianos. (Ver Ro 16:13).

[352] Gr. Γολγοθᾶν *Golgothan*, es la palabra aramea que se traduce al griego *kranion*, y significa cráneo o calavera en español. **55. Continúa en la página 288.**

[353] Cualquiera que sea el lugar exacto de la crucifixión, el significado de Gólgota está bien traducido al latín como *Calvaria*, lo que sugería una cima redondeada, sin vegetación, que daba la apariencia de un cráneo. El lugar de la Calavera está ubicado al norte y en las afueras de Jerusalén. La colina en la que se encuentra sobresalía como una calavera, dando nombre al lugar.

24 Después de haberlo crucificado, repartieron entre sí sus vestidos, echando suertes sobre ellos para ver lo que cada uno habría de tomar.

25 Era la hora tercera[355] cuando le crucificaron.

26 Y tenía el título de su acusación escrito en una tablilla que decía: Rey de los judíos.

---

[354] La mezcla de mirra (de sabor amargo) con vino, se conoce por otras fuentes en la antigüedad. Este brebaje tenía un gusto muy fuerte y con efectos sedantes. Jesús rechazó el beberlo porque quería morir plenamente consciente. En el libro de *Sanhedrin* 43A (en el Talmud de Babilonia) se da testimonio de que era una costumbre judía el dar una copa de esta bebida a una persona condenada. Por el relato de Mateo se sabe que el vino que los soldados intentaron dar a Jesús estaba mezclado con algo amargo (Mt 27:34), lo probó y luego lo rechazó. Marcos aclara que la sustancia amarga era mirra. Le ofrecieron a Jesús este vino mezclado con mirra, pero no quiso beberlo.

[355] Las nueve de la mañana. Parece, en este capítulo, que Marcos quiere fraccionar el día en cinco horarios: Primero dice πρωΐ *prōi* (15:1), muy temprano en la mañana, es decir, equivalente a 6:00 a. m. Segundo, τρίτος ὥρα *tritos hōra*, la hora tercera (15:25), es decir, 9:00 a. m. Tercero, ἕκτος ὥρα *hektos hōra*, la hora sexta (15:33), es decir, 12:00 del mediodía. Cuarto, ἔνατος ὥρα *enatos hōra*, la hora novena (15:34), es decir, 3:00 p. m. Y quinto, ὀψία *opsia*, después de la puesta del sol (15:42), es decir, caída la tarde, equivalente a antes de las 6:00 p. m., ya que Marcos especifica que fue antes de la víspera del día de reposo, el cual comienza después de las 6:00 p. m.

27 Junto a él crucificaron a dos ladrones, uno a su derecha y otro a su izquierda,

28 y se cumplió la Escritura que dice: Y fue contado con los transgresores.[356]

29 Los que pasaban por el lugar blasfemaban contra él, meneando sus cabezas y diciendo: ¡Ah! Tú que destruyes el templo y lo reedificas en tres días,

30 sálvate a ti mismo y desciende de la cruz.[357]

31 De la misma manera, también los principales sacerdotes, junto con los escribas, burlándose de él, decían entre ellos: ¡A otros salvó y a sí mismo no puede salvarse!
32 Que el Cristo, el rey de Israel,[358] descienda ahora de la cruz para que le creamos. También los que estaban crucificados con él, lo ultrajaban.

La muerte de Jesús

33 Al llegar la hora sexta,[359] hubo oscuridad sobre toda la tierra hasta la hora novena.[360]

---

[356] Isaías 53:12.
[357] Gr. σταυροῦ *staurou*, cruz. Era un instrumento de tortura y ejecución por delitos graves. **56. Continúa en la página 289.**
[358] Con escarnio comentan que él se había presentado como "el Cristo, el Rey de Israel". Por cierto, Jesús hizo esta doble reclamación (Mr 14:61-62 y 15:2).
[359] El mediodía.
[360] 3:00 p. m.

34 A la hora novena, Jesús clamó a gran voz, diciendo: ¡Eloi, Eloi! ¿Lama sabactani?[361] Que quiere decir: Dios mío, Dios mío, ¿por qué me has desamparado?[362]

35 Y algunos de los presentes, oyéndolo decían: Mirad, llama a Elías.[363]

36 Entonces, uno de ellos corrió, empapó una esponja en vinagre,[364] la puso en una caña y le dio de beber para mantenerlo despierto, y dijo: Veamos si Elías viene a bajarlo.

37 Mas Jesús, dando un gran grito, expiró.[365]

---

[361] Voz en arameo: *Eloi, Eloi, ¿Lama sabactani?* La voz en hebreo es parecida: *'eli 'eli lamah 'azabhtani.*

[362] Cita de Salmo 22:1.

[363] El nombre Elías, en hebreo, suena como Eloi en arameo, que significa "mi Dios". A la gente le sonó como el nombre de Elías, el famoso profeta que ministró en Israel alrededor del 850 a. C.

[364] Vinagre, se refiere a un tipo de vino agrio mezclado con agua, una bebida común de los soldados romanos. El vinagre preparado con vino (Nm 6:3) es mucho menos fuerte, y si se mezcla con agua se considera una buena bebida. También esta mezcla de vino con vinagre es recomendada por los médicos por sus cualidades para reducir la fiebre, refrescar y ayudar la digestión. Si se vierte en la nariz se irrita la membrana mucosa y se despierta el individuo. Tal vez, el ofrecimiento de esta bebida fue para permitir a Jesús mantenerse despierto hasta que viniese Elías.

[365] Gr. ἐξέπνευσεν *exepneusen*. Expirar, respirar el último aliento, morir.

38 El velo del templo se rasgó de arriba abajo en dos partes.

39 Y el centurión que estaba frente a él, viendo que había expirado, dijo: Verdaderamente, este hombre era el Hijo de Dios.[366]

40 Había allí también varias mujeres que estaban mirando de lejos, entre las cuales estaba María Magdalena y María, madre de Jacob el menor y de José; y Salomé,[367]

41 quienes, cuando Jesús estaba en Galilea, le seguían y le servían; y también estaban muchas otras, que con él habían subido a Jerusalén.

---

[366] Este "gran grito", narrado en el verso 37, penetró el corazón del centurión que estaba frente a la cruz. El soldado estaba acostumbrado a ver morir criminales, quienes en su agonía, tormento, odio e impotencia, daban alaridos de dolor. Pero, él notó que Jesús era diferente, no era un criminal, y el grito que dio fue la manifestación que expresa victoria y triunfo aunado al correspondiente semblante de gozo en su rostro de acuerdo a Hebreos 12:2. Lo que escuchó fue la fuerte articulación vocal y final de lo que dice Juan 19:30: Τετέλεσται *Tetelestai*, que significa "consumado es". Por eso el centurión discernió que Jesús no era un simple reo, sino el Hijo de Dios.

[367] Mateo 27:56 indica que Salomé era la madre de Jacob y Juan, los hijos de Zebedeo. De igual forma se cree que Salomé era una de las hermanas de María, la madre de Jesús.

El entierro de Jesús según la tradición judía. Su cuerpo es colocado con reverencia en un sepulcro

42 Al acercarse la tarde, por ser todavía el día de preparación, es decir, el día que precede al sábado,[368]

43 José de Arimatea, prominente miembro del concilio, quien también esperaba el Reino de Dios, se atrevió valientemente[369] a ir ante Pilato, y pidió el cuerpo de Jesús.

44 Pilato, sorprendido de que tan pronto hubiese muerto,[370] hizo llamar al centurión y le preguntó si realmente había muerto.

La muerte de Jesús es confirmada

45 Al ser confirmada la muerte por el centurión, le concedió el cuerpo a José.

46 Entonces, llevó una sábana de lino fino, lo bajó de la cruz, lo envolvió en la sábana, lo colocó en una tumba excavada en un acantilado de roca sólida, y rodó una gran piedra para cerrar la entrada de la tumba.

---

[368] "Al acercarse la tarde...". Con este detalle, Marcos quiere dejar claro que todavía es viernes, "el día de la preparación", antes de que comience el sábado, a las 6:00 p. m.

[369] Gr. Τολμήσας *tolmēsas*, atreverse, ser valiente, asumir una resolución, tomar una decisión audaz.

[370] La muerte por crucifixión, en extremo dolorosa, era generalmente un proceso lento que a veces duraba dos o tres días.

47 Y María Magdalena y María madre de José observaron donde fue puesto.

Capítulo 16

La resurrección: Las mujeres, con temor y gran gozo, ante el sepulcro vacío. Día domingo

1 Habiendo pasado el sábado,[371] María Magdalena, María madre de Jacob y Salomé, compraron especias aromáticas para ungirlo.

2 Entonces, muy temprano, en el primer día de la semana,[372] salido ya el sol, fueron a la tumba.

3 Y se decían entre ellas: ¿Quién nos removerá la piedra puesta en la entrada de la tumba?

4 Pero al mirar la enorme piedra, se dieron cuenta de que había sido removida.

5 Entraron en la tumba y vieron a un joven sentado al lado derecho, vestido con una larga túnica blanca,[373] y se quedaron asombradas en extremo.[374]

---

[371] Habiendo pasado el sábado implica, técnicamente, que sería en cualquier momento después de las 6:00 p. m. del sábado cuando comenzaría el primer día de la semana (domingo). En el contexto, habría correspondido a nuestro sábado por la noche cuando las mujeres compraron las especias.

[372] Muy temprano, en el primer día de la semana... cuando el sol había salido, corresponde al domingo por la mañana (después del sábado por la noche, según el versículo anterior), al amanecer o poco después del mismo.

6 Y él les dijo: No os atemoricéis. Jesús, al que buscáis, el Nazareno que había sido crucificado, él ha resucitado, no está aquí. Mirad el lugar donde le pusieron.

7 Id y decid a sus discípulos, y a Pedro, que él irá delante de vosotros a Galilea, donde le veréis, tal como os lo dijo.

8 Al salir de la tumba, huyeron despavoridas porque fueron sobrecogidas[375] de temblor[376] y pánico;[377] y a nadie dijeron nada, porque tenían mucho miedo.[378]

Un apéndice antiguo[379]
Jesús se le aparece a María Magdalena

9 Habiendo resucitado temprano por la mañana, en el primer día de la semana, Jesús se apareció primero a

---

[373] Gr. Στολὴν *stolēn*, túnica suelta o estola larga usada por sacerdotes, reyes y personas distinguidas.

[374] Gr. ἐξεθαμβήθησαν *exethambēthēsan*, grandemente asombrado.

[375] Gr. Εἶχεν *eichen*, comenzaron a sentir.

[376] Gr. Τρόμος *tromos*, temblor y agitación debido a la súbita noticia.

[377] Gr. ἔκστασις *ekstasis*, éxtasis, pánico, asombro extremo.

[378] Gr. ἐφοβοῦντο *ephobounto*, extremadamente impresionado, pavor, miedo. **57. Continúa en la página 293.**

[379] "Un apéndice antiguo" **Introducción al pasaje final de Marcos**: A los versos del 9 al 20 se les conoce como "final largo de Marcos". **58. Continúa en la página 294.**

María Magdalena,[380] de quien había echado fuera siete demonios.

10 Ella fue y lo dijo a los que habían andado con él mientras ellos estaban de luto y llorando.

11 Al oírle decir que vivía, y que lo había visto, no le creyeron.

Jesús se les aparece a dos discípulos

12 Después de estas cosas, se apareció en otra forma[381] a dos de ellos, mientras caminaban en el campo.

13 Y ellos fueron y lo contaron a los demás, pero tampoco les creyeron.[382]

---

[380] Así como la mujer fue la primera en pecar, así Cristo, después de terminar la salvación, escogió revelarse primero a una mujer, a María Magdalena, de quien había echado fuera siete demonios. Véase a continuación las mujeres en el NT. **59. Continúa en la página 298.**

[381] De la declaración "en otra forma" se intuye que esta aparición de Jesús fue de forma diferente a la que tuvo con María Magdalena. Al parecer, Jesús tenía la habilidad de cambiar de apariencia como lo vemos en Juan 20:15, donde las mujeres que le vieron lo confundieron con el hortelano. Tal vez, esa sea la razón obvia del porqué en la historia de Lucas los dos discípulos que caminaban hacia Emaús no reconocieron a Jesús en el primer momento.

[382] Tampoco a ellos les creyeron. Una narrativa diferente a la que se da en Lucas 24:33-35. **60. Continúa en la página 304.**

Jesús se aparece a sus once apóstoles

14 Más tarde, Jesús se apareció a los once discípulos mientras estaban sentados a la mesa; y les llamó a cuentas por su falta de fe[383] y dureza de corazón,[384] porque no habían creído a los que le habían visto después que resucitó de la muerte.

El Señor Jesús envía a sus seguidores a predicar las buenas nuevas de salvación y a bautizar

15 Y les dijo: Id por todo el mundo,[385] proclamad el evangelio a toda criatura,[386]

---

[383] Gr. ἀπιστίαν *apistian* aparece 11 veces en el N. T. Falta de fe (a menudo con la implicación de negarse obstinadamente a creer o actuar de acuerdo con la voluntad de Dios), incredulidad y falta de confianza. Evidentemente, Jesús llama a cuentas a los once para disipar todo temor e inseguridad que había producido el impacto de lo grandioso del evento: su resurrección en cuerpo glorificado.

[384] Dureza de corazón, frase que a menudo significa tardanza para creer la revelación de Dios. Marcos fue el experto en hacernos saber la importancia de creer rápidamente. La palabra εὐθὺς *euthus* se repite en el N. T. 51 veces y solo Marcos la menciona 41. Tenemos que aprender a ser rápidos en creerle a Dios y esto solo se logra cuando hemos desarrollado la confianza en Él, y esta confianza la produce solo la relación, nunca la religión.

[385] "…id…" El mandato de Jesús de ir por todo el mundo y proclamar las buenas nuevas recuerda lo dicho en Hechos 1:8 y Mateo 28:19. **61. Continúa en la página 306.**

[386] Gr. Κτίσει *ktisei,* creación, cosa creada, criatura, institución gubernamental, creación humana.

16 el que creyere y se bautizare será salvo, pero el que no creyere será condenado.

17 A los que creen, estas señales les acompañarán: En mi nombre echarán fuera los demonios, hablarán nuevas lenguas,

18 tomarán con sus manos serpientes, y si bebieren cosa mortífera no les hará daño;[387] pondrán las manos sobre los enfermos, y ellos sanarán.[388]

La doctrina maravillosa de la ascensión:[389] Jesús culmina su misión y vuelve al cielo

19 Después que el Señor Jesús[390] les habló estas cosas, fue recibido arriba en el cielo,[391] y se sentó a la diestra de Dios.[392]

---

[387] Se relata, extrabíblicamente, una historia sobre Juan el apóstol, quien bebió de una copa envenenada sin sufrir daño alguno; y también, una historia similar sobre Bernabé, relatada por Eusebio (Hist. Ecl. 3:39). **62. Continúa en la página 307.**

[388] Gr. ἔξουσιν *hexousin,* se recuperarán, se pondrán bien. **63. Continúa en la página 308.**

[389] La ascensión significa, entre otras cosas, el fin del ministerio terrenal y físico de nuestro Señor Jesucristo y el comienzo del ministerio terrenal del maravilloso Espíritu Santo sobre la Iglesia, el cuerpo de Cristo.

[390] "Señor Jesús" es un título de reverencia que Marcos no había usado jamás; sin embargo, lo usa aquí por única vez para expresar la fe de la Iglesia. Además, se vuelve apropiado en este punto, ya que, en su exaltación, Jesús se sentó a la diestra de Dios. El lenguaje (haciendo eco del Salmo 110:1) se

20 Y ellos, saliendo, predicaron en todas partes,[393] obrando[394] el Señor con ellos y confirmando la Palabra[395] con las señales que la seguían. Amén.

---

usa con frecuencia en el N. T. para expresar el señorío de Cristo.

[391] Y se sentó a la diestra de Dios. El relato de la ascensión debe ser complementado en todos los puntos por el de Lucas, con quien Marcos no está en contradicción. Es un relato que descansa, en parte, en la visión directa que presenciaron los discípulos (Hch 1:6-9), en parte sobre una revelación dicha por los ángeles (Hch 1:10-11), en parte sobre las palabras de Cristo (Jn 14:3), y especialmente sobre los eventos que ocurrieron en Pentecostés (Hch 2:33). El hecho en sí mismo es, por un lado, local. Es decir, es estar sentado en ese trono de gloria donde tienen lugar las autorrevelaciones de Dios, y en medio de esa majestad de donde proceden las manifestaciones de Su poder; y, por otro lado, es un símbolo del dominio real de Cristo (Flp 2:10).

[392] Desde la ascensión de Jesús a los cielos, los creyentes comenzaron a celebrar la fiesta de la Ascensión, comprendida esta entre la Pascua y Pentecostés. Después del siglo IV, asumió una liturgia más formal como una fiesta muy especial, y se celebraba cuando comenzaban a empezar los cuarenta días después de la Pascua.

[393] En todas partes. Es probable que Marcos sabía que el evangelio se estaba extendiendo por la tierra. Cada evangelista concluye peculiarmente, aunque con un tema común: la gloria y el gobierno real de Cristo. El punto de vista particular de Marcos es la manifestación del poder de Cristo hacia sus siervos para liberar al mundo, eliminando todos los poderes demoníacos por los cuales este fue contaminado.

[394] Gr. συνεργοῦντος *synergountos*. Trabajar con, ayudar, ayudar a algo. Lit. obrando con ellos. Describe la esfera del trabajo

Apéndice I

Programa especial de Semana Santa para celebrar en la iglesia y en el hogar

Elaborado por el Dr. Henry Álvarez

La Semana Santa es la celebración más importante de la cristiandad. De allí la relevancia de presentar una serie de disposiciones para conmemorarla, tanto en la iglesia como en las casas. Como recordatorio de la última semana de sufrimiento de Jesús, nuestro Señor, en la tierra; así como para celebrarla con gozo, por su resurrección.

Probablemente, no podremos ir a la iglesia durante la Semana Santa por motivos de fuerza mayor, pero tenemos el santuario más sagrado que ha sido instituido en esta tierra: *el hogar en familia*. Así que a medida que vamos rememorando cada día los acontecimientos más resaltantes que vivió Jesús con sus discípulos, usted y su familia podrán conocerlos para enaltecer la consumación de la obra que le fue encomendada por el Padre con su muerte.

Lo que llamaremos semana, en realidad comienza con una narrativa desde el viernes anterior, de tal manera

común. Trabajan juntos en la misma misión. Es el punto convergente que les une es la misión.
[395] Evidentemente, la Palabra se ministra primero y luego le siguen las señales.

que tenemos un total de 10 días. Usted puede calcular estos días en su calendario cada año cuando se señale en él la Semana Santa o el día de Pascua.

1. **Día viernes:** Según el apóstol Juan, Jesús y sus discípulos llegaron a Betania un día viernes para celebrar la Pascua el jueves siguiente (Jn 12:1). Allí descansaron con el propósito de ir el domingo (primer día de la semana) a Jerusalén, pues la intención de estar cerca de la ciudad era para celebrar la Pascua el siguiente fin de semana. Aunque, según el reglamento establecido por el calendario religioso, la gran Pascua sería el día viernes, a todos los ciudadanos foráneos y que venían de lejos, se les permitía celebrar la Pascua desde el día jueves. Ceremonia esta que duraba alrededor de seis horas, desde las 6:00 p. m. a la medianoche. Esta flexibilidad concedida de comenzar a celebrar la Pascua desde el jueves por la noche se debía a la multitud de personas que se reunían en Jerusalén el día de la festividad. Según Josefo, Jerusalén y sus alrededores estaban siendo visitados para celebrar la Pascua por, aproximadamente, tres millones de personas. Algunos comentan que Josefo exageró la cifra, pero en lo que no se equivocó fue en registrar que era la fiesta más concurrida de todas.

2. **Día sábado:** Día de reposo.

3. **Día domingo:** Jesús entra triunfalmente a Jerusalén. (Lectura: Mt 21:1-17; Lc 19:28-40; Jn 12:12-19; Mr 11:1-11).

4. **Día lunes:** Manifestación de la autoridad de Jesús como profeta de Dios.

   a. Jesús habla a la higuera (Lectura: Mt 21:18-22; Mr 11:12-14, 20-26).

   b. Jesús purifica el templo (Lectura: Mr 11:15-19; Lc 19:45-48; Jn 2:13-22; Mt 21:12-17).

5. **Día martes:** Exposición de varias enseñanzas por Jesús.

   - Parábola de los labradores malvados. (Lectura: Mt 21:33-46).
   - Parábola de la fiesta de bodas. (Lectura: Mt 22:1-14).
   - Enseñanza sobre el tributo al César. (Lectura: Mt 22:15-22).
   - Enseñanza sobre la resurrección. (Lectura: Mt 22:23-33).
   - Enseñanza sobre el gran mandamiento. (Lectura: Mt 22:34-40).
   - Enseñanza sobre de quién es hijo el Cristo. (Lectura: Mt 22:41-46).
   - Enseñanza sobre los fariseos religiosos. (Lectura: Mt 23:1-36).
   - Lamento sobre Jerusalén. (Lectura: Mt 23-37-39).
   - Enseñanza sobre el fin y las señales antes de este. (Lectura: Mt 24:1-28.
   - Enseñanza sobre la venida del Hijo del Hombre. (Lectura: Mt 24:29-51).
   - Parábola de las diez vírgenes. (Lectura: Mt 25:1-13).

- Parábola de los talentos. (Lectura: Mt 25:14-30).
- Enseñanza sobre juicio de las naciones. (Lectura: Mt 25:31-46).

Ahora bien, Mateo 26:1-6 dice que Jesús, después de enseñar acerca de estos asuntos, el día martes les dijo a sus discípulos que en dos días debían preparase para la Pascua. Lo que quiere decir que a ellos, quienes venían de lejos, se les permitió celebrar la Pascua desde el jueves por la noche. Qué maravilloso, porque el día viernes, Jesús, siendo el Cordero de Dios, se iba a ofrecer él mismo por toda la humanidad. Esto encaja perfectamente, pues la gran celebración desde el templo era el día viernes. Recalco, se podía celebrar desde el jueves por la noche. Así que Jesús pudo celebrar con los discípulos la Pascua el jueves por la noche, y también ofrecerse a sí mismo por toda la humanidad el viernes. ¡GLORIA A DIOS!

6. **Día miércoles:** día de retiro y descanso para Jesús y sus discípulos en casa de Simón el leproso (Mt 26:6-13), donde una mujer unge a Jesús con un perfume de gran precio.

7. **Día jueves:** Resalta en este día la primera ordenanza que Jesús da a sus discípulos: la Santa Cena (la segunda ordenanza es el bautismo en el nombre del Padre, del Hijo y del Espíritu Santo).

   a. Se anuncia la traición de Judas y la institución de la Cena del Señor. (Lectura: Mt 26:14-29; Mr 14:12-25; Lc 22:7-23; Jn 13:21-30; 1 Co 11:23-26).

163

b. Jesús anuncia la negación de Pedro. (Lectura: Mt 26:30-35; Mr 14:26-31; Lc 22:31-34; Jn 13:36-38).

c. Jesús lava los pies a sus discípulos. (Lectura: Jn 13:1-20). (Invitamos a que el líder de cada hogar lave los pies de su familia).

8. **Día viernes:** Alrededor de la medianoche del jueves, justo después de haber cantado el Himno para concluir con la Pascua; es decir, al amanecer del día Viernes, salen al Getsemaní, y allí se desarrollan los siguientes acontecimientos en este orden:

Alrededor de la tercera vigilia de la noche (12:00 a. m. – 3:00 a. m.)

a. Jesús anuncia la negación de Pedro. (Lectura: Mt 26:30-35).

b. Jesús ora en Getsemaní. (Lectura: Mt 26:36-46).

c. Jesús es arrestado. (Lectura: Mt 26:47-56).

Al comienzo de la cuarta vigilia de la noche (3:00 a. m. – 6:00 a. m.)

d. Jesús es llevado ante el concilio, también con Caifás. (Lectura: Mt 26:57-68).

e. Jesús es llevado ante Pilato. (Lectura: Lc 23:1-5).

f. Jesús es llevado ante Herodes. (Lectura: Lc 23:6-12).

Después de las 6:00 a. m.

g. Jesús regresa ante Pilato. (Lectura: Lc 23:13-25).

h. Jesús es crucificado a las 9:00 a. m. del viernes. (Lectura: Mr 15:25).

i. Jesús muere alrededor de las 3:00 p. m. (Lectura: Mr 15:33. El viernes fue el día de la expiación por nosotros).

j. Jesús es sepultado antes de las 6:00 p. m. del viernes, previo al día sábado, que iniciaba después de las 6:00 p. m. del viernes. (Lectura: Jn 19:38-42).

9. **Día sábado:** Jesús permanece muerto. Pero nadie se imaginaba todavía lo que iba a suceder este día de reposo en la tierra pero no en el mundo espiritual. En realidad este fue un día de mucha actividad en "el centro de la tierra." Se derrota a satanás en su propio territorio. Le es arrebatada la llave del inferno y de la muerte al diablo. Jesús fue al infierno y predicó a los espíritus encarcelados. (Lectura: Hch 2:24, 27; 1 P 3:18-20).

10. **Día domingo:** Jesús resucita de entre los muertos. (Lectura: Mt 28:1-10; Mr 16:1-8; Lc 24:1-12; Jn 20:1-10).

¡Él vive! ¡Resucitó!

Porque él vive también nosotros viviremos. Gracias, Dios, por Jesús y por su inmensurable amor (Jn 3:16).

Las siete palabras de Jesús desde la cruz el día viernes

1. Padre, perdónalos porque no saben lo que hacen (Lc 23:34).

2. Hoy estarás conmigo en el Paraíso (Lc 23:43).

3. Mujer, he ahí tu hijo (Lc 19:26).

4. Dios mío, Dios mío, ¿por qué me has desamparado? (Mr 15:34).
5. Tengo sed (Jn 19:28).
6. Consumado es (Jn 19:30).
7. Padre, en tus manos encomiendo mi espíritu (Lc 23:46).

Los siete sufrimientos que Cristo experimentó por causa de cada pecador

... para que todo aquel que en él cree no se pierda, mas tenga vida eterna. Jn 3:16
(Pueden ser leídas el sábado, después de la crucifixión)

1. La agonía del alma ("Mi alma está muy triste... hasta la muerte". Mt 26:38; Lc 22:42).
2. La traición de Judas (uno de sus amigos. Lc 22:3).
3. Los golpes y escarnecimiento (¡Profetiza! ¿Quién te golpeó? Lc 22:64).
4. La falsa condena a muerte (no se halló falta en él. Jn 19:6).
5. La flagelación cruel (cuarenta latigazos menos uno. Jn 19:1).
6. El ser ridiculizado y agredido física y verbalmente (Mt 27:29-31).
7. La crucifixión (Jn 19:17-30).

Pruebas de la inocencia de Cristo

La Biblia registra siete diferentes pruebas que Jesús soportó después de que lo embargara una gran tristeza en el huerto de Getsemaní. De estas, hubo dos pruebas que Jesús sufrió, ante no judíos: Pilato y Herodes.

1. Ante Anás. (Jn 18:13, 24).
2. Ante Caifás, ayudado por un grupo de sacerdotes y el sanedrín. (Mt 26:57-68; Mr 14:53-65; Jn 18:14-28).
3. Ante el sanedrín, cerca de la caída del día. (Mt 27:1-2; Mr 15:1; Lc 23:1-7; Jn 18:28-32).
4. Ante Pilato, quien libró de cargos a Jesús; pero los judíos aportaron más cargos contra él; y Pilato, al saber que Jesús era Galileo, lo envió donde Herodes por ser de su jurisdicción. (Mt 27:11-14; Mr 15:2-5; Lc 23:3-7; Jn 18:33-38).
5. Ante Herodes Jesús fue escarnecido, pero no condenado. (Lc 23:6-12).
6. Ante Judas, quien dijo: "He pecado entregando sangre inocente". (Mt 27:4).
7. Ante Pilato, por segunda vez, Jesús fue sentenciado a muerte por instigación de los principales sacerdotes judíos, y luego llevado para ser crucificado. (Lc 23:20-24).

Apéndice II

El poder de la cruz: Proclamando a Cristo crucificado

Introducción

La salvación a través de Cristo es el resultado de un pacto divino. En las Escrituras existen pactos condicionales e incondicionales. Los incondicionales significan que ni el tiempo ni las circunstancias detendrán el cumplimiento de los mismos.

El primer pacto incondicional celebrado fue uno concebido en los cielos: el Pacto de Redención. Este es un pacto eternal entre el Dios Padre, Dios Hijo y Dios Espíritu Santo. En este pacto, los miembros de la Trinidad se comprometen a participar activamente y en armonía por la salvación del creyente. El Padre salva al creyente en Cristo, y el creyente es acompañado por el Espíritu Santo hasta el día de su glorificación (la continuidad del crecimiento del creyente se describe, en parte, en Romanos 8:30).

Este Pacto de Redención entre la Trinidad fue hecho en la eternidad, por eso es eterno, y significa que nuestra salvación está indefectiblemente unida a la interacción dinámica de la Trinidad. Nuestra salvación depende exclusivamente de nuestro Dios Trino (bajo ningún aspecto depende del creyente). En este pacto, el amor del Padre y del Espíritu para con el Hijo está demostrado en la multitud de salvados sobre quienes Cristo es colocado como cabeza. Y el amor del Hijo para con el Padre y el Espíritu está demostrado en que el Hijo promete redimir a esa familia de salvados al mayor costo o precio posible. Es en sí el corazón del Pacto de Redención.

Por supuesto, nadie va a encontrar el nombre Pacto de Redención en la Biblia, así como tampoco se encuentra la palabra Trinidad; pero sí se puede demostrar en la Biblia, desde Génesis hasta Apocalipsis, que Dios es un Dios de pacto, al igual que Dios es un Dios Trino.

Por lo tanto, para entender lo que sucedió el viernes en la cruz del Calvario, el día sábado en las entrañas de la tierra y el domingo, hay que contextualizar las narrativas de lo acontecido dentro del concepto Pacto de Redención. En cada uno de estos días veremos la participación activa de la Trinidad divina direccionada por el Pacto de Redención.

La muerte de Cristo está concebida, precisamente, en un plan: el Plan de Salvación; y este, está orquestado y sustentado por el Pacto de Redención. El Plan de Salvación contemplaba varias expectativas y la muerte de Cristo debía cumplir a cabalidad con estos siete principios:

1. Muerte redentora. Para redimir. Lo redimido era propiedad del redentor.

2. Muerte expiatoria. Expiación para poder borrar los pecados.

3. Muerte propiciatoria. En virtud de lo cual Dios podría ser propicio al pecador, quien es atraído a Jesús por el Espíritu Santo.

4. Muerte sustituta. Jesús tomó nuestro lugar. El creyente ya no tiene que morir por sus culpas.

5. Muerte por justicia. La justicia de Cristo imputada al creyente (2 Co 5:21).

6. Muerte única. Esta iba a ser la única oportunidad para Cristo. Una sola muerte, un solo sacrificio (Heb 10:12).

7. Muerte perfecta y, por ende, eterna.

Porque Cristo cumplió a cabalidad con todos estos requisitos, su muerte es: redentora, expiatoria, propiciatoria, sustituta, única, perfecta, eterna, e imputa su justicia a los que creen en él. Para tener el derecho legal, Jesús tenía que cumplir con ciertos requisitos impuestos por Dios mismo:

I. Derramamiento de sangre. De acuerdo a Levítico 16:14, Jesús, el Cordero de Dios, debía derramar siete veces su sangre, y así lo hizo:

    1. Sudor como gotas de sangre (Lc 22:42-44).

    2. Al ser golpeado en el rostro (Mt 26:67). "Con vara herirán en la mejilla al juez de Israel". Miqueas 5:1.

3. Por la flagelación por latigazos (Mt 27:26). "Di mi cuerpo a mis heridores...". Isaías 50:6.
4. Por la corona de espinas (Mt 27:29-30).
5. Al mesar su barba, la cual le fue arrancada. "Di mi cuerpo a los heridores, y mis mejillas a los que me arrancaban la barba". Isaías 50:6.
6. Su cuerpo en la crucifixión. "Horadaron mis manos y mis pies". Salmo 22:16.
7. Traspasado el costado con una lanza (Jn 19:34). "Mirarán a mí, a quien traspasaron". Zacarías 12:10.

II. Debía cumplir con diversos requisitos generales para calificar y poder ser el Redentor:
   1. Tenía que ser 100 % hombre (Heb 2:11-14; Flp 2:8).
   2. Tenía que ser perfecto y sin pecado (Heb 7:26).
   3. Tenía que poseer sangre divina. Solo ella puede redimir (Ap 12:11; 1 P 1:18-19; Ef 1:7).
   4. Tenía que tener su cuerpo sin mancha y sin contaminación (1 P 1:19).
   5. Tenía que haber sido obediente en todo, hasta la muerte (Flp 2:8).
   6. Tenía que ir al sacrificio voluntariamente (Jn 10:18). Por ello, entrando en el mundo dice: "He aquí que vengo, oh Dios, para hacer tu voluntad" (Heb 10: 7).

7. Tenía que morir dos veces (Is 53:9).

Ahora bien, la muerte en la cruz vino a ser el centro del mensaje del evangelio. El corazón del evangelio. Para el apóstol Pablo, el mensaje de la cruz de un Jesucristo crucificado es un mensaje de poder.

Apéndice III

Los Esenios en el Periodo del Segundo Templo

Los esenios conformaban un partido religioso judío del período del Segundo Templo que surgió y floreció en Palestina desde el siglo II a. C. hasta el siglo I d. C. Sus partidarios se veían a sí mismos como el verdadero pueblo de Dios y como práctica, solían retirarse al desierto para ejercitar la pureza y la devoción hasta la venida del Señor.[396] Habían establecido sus propias comunidades en lugares desérticos, separándose tan completamente de la sociedad humana que los primeros cristianos no recordaban ningún encuentro entre ellos y Jesús. Estaban esperando la acción de Dios para traer Su reino y a menudo estaban conectados con la comunidad judía sectaria conocida por los rollos del mar Muerto.

No hay mención de los esenios en los Evangelios. Sin embargo, algunos escritores han sugerido que Juan el Bautista era esenio porque trabajaba en el desierto de Judea y allí había un monasterio esenio. Otros escritores han insinuado que debido a que Jesús no criticó a los esenios, debe haber apoyado sus actividades y actitudes. Conjetura refutada, ya que en la práctica, Jesús difirió mucho de ellos. Por ejemplo, Jesús consideró al Reino de los cielos como algo dado

---

[396] Witthoff, D. (Ed.). (2014). *El glosario de lexham cultural ontology*. Bellingham, WA: Lexham Press.

por Dios, en lugar de algo por el cual deben luchar los seres humanos. Además, su amor por los hombres y las mujeres, su cuidado por los que sufren y los pecadores, su deleite en compartir la vida hogareña y la comunión en la mesa con una comida están en marcado contraste con el retraimiento y el ascetismo de los esenios. Lo que sí sabemos cabalmente es que el monasterio esenio en el desierto de Judea fue finalmente destruido por los romanos, sin la dramática intervención de Dios, que los mismos esenios esperaban.[397]

Como ni el Nuevo Testamento ni la literatura rabínica mencionan a los esenios, nuestro conocimiento de este grupo depende de autores griegos y latinos —principalmente Filón, Plinio el Viejo y Flavio Josefo— y de fragmentos de los rollos del mar Muerto. Los esenios amplían nuestra comprensión del judaísmo del Segundo Templo, lo que ayuda al estudio del Nuevo Testamento en su contexto sociocultural y teológico.

Etimológicamente, el origen y significado del nombre esenio no está claro; aunque es posible que se derive de la palabra hebrea חֲסִידִים jasidim, que significa "piadosos". No obstante, fuentes antiguas indican al respecto: (1) Plinio el Viejo se refiere al grupo como *Esseni* (latín). (2) Josefo se refiere a ellos como Ἐσσαῖοι *Essaioi*. (3) Philo sugiere que el nombre está relacionado con la palabra griega ὁσιότης *hosiotēs*, que

---

[397] Hinson, D. F. (1990). *Historia de Israel* (Vol. 7, p. 213). Londres: S.P.C.K.

significa "santidad", y se refiere a ellos como ὅσιοι *hosioi* o "santos". (4) Epifanio se refiere a un grupo como Ὀσσηνοῖς *Ossēnois*, y a otro como Ὀσσαῖος *Ossaios*.

Es probable que la comunidad esenia se formó alrededor de la época de la revuelta macabea en 167-160 a. C., en respuesta a la opresión religiosa helenística del rey seléucida Antíoco IV Epífanes y los sumos sacerdotes que él nombró sobre el templo judío.

Revuelta macabea

En el 175 a. C., Antíoco IV Epífanes ascendió al trono del Imperio seléucida. Antíoco buscó lograr la helenización completa de su territorio, hazaña que logró solo por un corto tiempo. Antíoco despidió al sumo sacerdote, Onías III, y nombró a su propio sacerdote, Jason, quien esencialmente convirtió a Jerusalén en una ciudad-estado griega. Menelao siguió a Jason e hizo asesinar a Onías III. Finalmente, Menelao murió y Jason fue nombrado sumo sacerdote. En el 167 a. C., el culto a Jehová en Jerusalén fue reemplazado por el culto a Zeus. Esta medida llevó a la prohibición de todas las fiestas y prácticas judías, incluida la circuncisión (compárese con 1 Mac 1:60-61), estando los judíos obligados legalmente a participar en la nueva orden religiosa. Se colocaron altares a los dioses griegos alrededor de la ciudad, y la adhesión judía a las prácticas de la Torah estaban estrictamente prohibidas. Esta forma de opresión religiosa motivó a los judíos, encabezados por Judas Macabeo, a rebelarse contra Antíoco IV. Algunos judíos se escondieron durante este tiempo, cuando posiblemente comenzó la orden esenia.

El Qumrán y su gente

Si los rollos sectarios del mar Muerto reflejan una comunidad esenia, puede ser que un hombre conocido como el Maestro de Justicia se levantó y tomó el liderazgo del grupo. El Documento de Damasco (CD) menciona que Dios ungió al Maestro de Justicia para guiar al pueblo en el "camino de su corazón" (CD 1:9–11). El Documento de Damasco también establece que el Maestro de Justicia fundó la comunidad, aproximadamente 20 años después del asesinato de Onías III (CD 9:1-11).

El maestro era un talentoso intérprete de las Escrituras y poseía una voz profética con respecto a la apostasía espiritual de Israel. Lo más probable es que fuera un sacerdote sadoquita que fue derrocado por Jonatán, hermano de Judas Macabeo, en el 152 a. C., pero que aún conservaba el estatus de sacerdote legítimo. El principal rival del Maestro de Justicia se llamaba Sacerdote Inicuo (muy probablemente Jonatán Macabeo), quien fracasó en su intento de asesinar al maestro. Entonces, la comunidad esenia comenzó así, como resultado del ascenso hostil de Jonatán al puesto de sumo sacerdote. La comunidad de Qumrán se estableció alrededor del año 100 a. C., aunque algunos focos de esenios vivían en otros lugares.

Fuentes antiguas, como Josefo (*Antigüedades*, 18.20) y Filón (*Buena persona*, 75), cuentan a los esenios en alrededor de 4.000. Los hallazgos arqueológicos en Qumrán sugieren que aproximadamente de 150 a 200 esenios pueden haber vivido en el área de Qumrán, a orillas del mar Muerto, lo que indica que, si las estimaciones de Josefo y Filón eran correctas, los esenios existían en otros lugares.

Los romanos diezmaron Qumrán durante la primera guerra judeo-romana (ca. 68 d. C.). Josefo señala que algunos esenios se abstuvieron de participar en la guerra debido a su estricto pacifismo (*Guerra judía*, 2.152–53). Sin embargo, es posible que algunos esenios participaran en la guerra porque la vieron como la batalla final entre la luz y la oscuridad (1QM). La Gran Revuelta fue quizás el final de la comunidad esenia, aunque es posible que los fieles restantes continuaran la tradición.

La asociación entre la comunidad de Qumrán y los esenios se basa principalmente en la geografía. Plinio el Viejo ubica a los esenios en la orilla occidental del mar Muerto, al norte de Masada y En-Gedi, la región general de Qumrán, donde se descubrieron los rollos del mar Muerto (Plinio, *Historia Natural*, 5.15).

Los esenios mantuvieron una comunidad sumamente ascética, separatista y apolítica, por lo que prefirieron permanecer fuera de Jerusalén. Sin embargo, la evidencia sugiere que algunos esenios residían en Jerusalén y las aldeas circundantes. El *Pergamino de guerra*, que describe una batalla entre las fuerzas de la oscuridad y las fuerzas de la luz, establece que las fuerzas de la luz regresarán victoriosas a la "comunidad" en Jerusalén, lo que implica que existió una comunidad esenia. Por supuesto, esta evidencia asume que los rollos del mar Muerto eran realmente una parte de la biblioteca esenia.

Josefo señala que había comunidades esenias "en todos los pueblos" (*Guerra judía*, 2: 124), pero no describe su interacción con otros grupos. También menciona:

- Una puerta a Jerusalén nombrada en honor a los esenios, aunque se desconoce su significado (*Guerra Judía*, 5.145).
- Una reunión que tuvo con Judas, un maestro esenio, en Jerusalén en 104 a. C. (*Antigüedades*, 13.311).
- Que Herodes el Grande se encontró una vez con un joven esenio llamado Menahem (*Antigüedades*, 15.373).

Creencias religiosas de los esenios

Los esenios se adhirieron estrictamente a la Torah. Creían que eran el remanente fiel de Israel y tenían creencias que diferían de la corriente principal del judaísmo de la época. Como resultado, también tenían reglas únicas para sus comunidades.

Su devoción a la Torah

En el centro de la teología esenia estaba su estricta adhesión a la Torah, basada en la única creencia en el pacto de Dios con Israel en el Sinaí. Como los saduceos (y en contraste con los fariseos), los esenios rechazaron la enseñanza oral y la tradición, para no diluir la autoridad completa de la Torah. Su objetivo principal era estudiar la Torah y los profetas, para identificar y practicar la voluntad de Dios (1QS 8:14).

Un resultado de esta devoción a la Torah fue su creencia de que eran el verdadero remanente de Israel. Se señala que los esenios nunca se consideraron a sí mismos de otra manera que como la única representación legítima de las doce tribus de Israel en su conjunto en la era actual (*The Library at Qumran*, 164). Esta exclusividad se manifestó en:

- Repudio del templo "profanado".
- La creencia de que el templo sería restaurado algún día (11QT).
- Su creencia de que ellos mismos eran un templo intachable (1QS 8: 5-6; 9:6).
- Negativa a comer con otros grupos (Josefo, *Guerra judía*, 2.143).
- Maldiciones contra los forasteros (1QS 2: 5–18).

Además, los esenios eran una comunidad escatológica que creía que vivían en los últimos tiempos y que el Mesías vendría pronto (compare 1QS 11:11; 11Q13). Tenían a Moisés en una estima particularmente alta, como lo demuestran las muchas referencias a él en los textos de Qumrán (1QS 1: 1-3; 8:15, 22; CD 15: 8-9); incluso, prohibieron el uso inapropiado de su nombre (CD 15: 1-3). Los esenios poseían un interés peculiar por el sol, el cual se desviaba de las prácticas judías tradicionales. Por ejemplo, evitaban botar los desperdicios en su presencia (durante el día), hablar de manera mundana antes de que surgiera (antes del amanecer), y se apegaron a un calendario de 364 días (Josefo, *Guerra judía*, 2.128, 148–49).

Los esenios creían en el determinismo divino (1QS 3:15) y que tenían ángeles personales. También creían en la vida eterna (CD 3:20; 1QS 4: 6–8) y la resurrección corporal (1QH 3: 10–22; 6:34; 11:12). Josefo afirma que los esenios tenían la capacidad de predecir con precisión el futuro e interpretar los sueños (*Guerra judía*, 2.159).

Su estilo de vida

Como resultado de sus creencias, los esenios practicaron un marcado estilo de vida ascético por la solidaridad comunitaria y la pureza. Josefo señala que la admisión a la orden esenia implicó un período de prueba exclusivo del judaísmo antiguo (*Guerra judía*,

2.137-38). Santidad, libertad, piedad y un agudo sentido de la justicia sellaron la forma de vida esenia. Se negaron a tomar juramentos o poseer esclavos; y en cambio, se sirvieron unos a otros a través de relaciones comunales íntimas (1QS 1:11). También utilizaron un fondo comunal para comidas y reuniones (CD 14).

Se exhortó a los nuevos miembros de la comunidad esenia a transferir sus propiedades para uso general dentro de la comunidad (1QS 1: 11-12; 5: 1-2; 6: 17-22). El descubrimiento de cientos de monedas en Qumrán apoya la posición de propiedad comunal.

En cuanto a su concepción de la pureza, la comunidad esenia adoptó varias prácticas de pureza espiritual y material, que incluyen:

- El lavado personal frecuente.
- El vestir solo prendas blancas.
- El negarse a participar en los sacrificios del templo por temor a la contaminación.
- La limpieza ceremonial.
- El rechazo a las relaciones sexuales por placer.
- El tener métodos estrictos con respecto a la eliminación de los desechos corporales, incluso evitándolos por completo en el día de reposo.

La posición de los esenios sobre el matrimonio y el celibato no está clara. Filón (*Hypothetica*, 11.14-17) y Josefo (*Antigüedades*, 18:21) señalan que los esenios evitaban el matrimonio debido a su afiliación con las "costumbres de las mujeres". Sin embargo, Josefo también señala que algunos esenios se casaron (*Guerra judía*, 2:160). De excavaciones, solo se sacaron esqueletos masculinos de Qumrán, lo que significa que puede haber comunidades esenias fuera de Qumrán que permitieron el matrimonio.

La relación entre el Qumrán y los rollos del mar Muerto

Tradicionalmente, los rollos del mar Muerto excavados en Qumrán se asocian con los esenios, ya que la comunidad de Qumrán se parece a los esenios. Pero existe todavía cierto debate sobre si la comunidad que compuso los rollos del mar Muerto era parte de una comunidad más grande o simplemente era otra comunidad religiosa. Lo que sí es cierto es que la comunidad de Qumrán se parece a los esenios en muchos aspectos debido a que:

- Numerosos paralelos entre las fuentes antiguas, los rollos del mar Muerto y los hallazgos arqueológicos en Qumrán forman puntos de continuidad entre la secta esenia y la comunidad de Qumrán.
- Los hallazgos arqueológicos en Qumrán indican que la comunidad existió en algún momento entre el siglo II a. C. y el 68 d. C., lo que coincide con el informe de Josefo (*Witherington, New Testament History*, 95). Josefo menciona que la comunidad de Qumrán

182

se formó alrededor de la época del reinado de Jonatán (*Antigüedades* 13:71). También afirma que participó en el grupo cuando era joven, alrededor del año 53 d. C.

- El estilo de vida de la comunidad de Qumran se alinea con las descripciones antiguas de la comunidad esenia y puede coincidir con los pergaminos de Qumrán. Por ejemplo, la mención de Josefo del período de prueba de tres años para ingresar a la comunidad esenia (*Guerra judía*, 2.137–38) se vincula con la regla de la comunidad en los rollos del mar Muerto (1QS 6: 13–23). Además, la descripción de Josefo de la ética de trabajo esenia (*Antigüedades* 1.5) puede coincidir con los hallazgos arqueológicos de Qumrán.

- Las creencias religiosas de los esenios, tal como las expresaron Filón, Josefo y Plinio, parecen coincidir con las descripciones de la comunidad de Qumrán en los rollos del mar Muerto, como la creencia en ángeles personales, el determinismo divino y un enfoque en la escatología.

- La secta esenia y la comunidad de Qumrán estaban enamoradas de los escritos antiguos. Josefo señala que los esenios eran coleccionistas y ávidos lectores de estos escritos (*Guerra judía*, 2: 136, 159). Varios escritos antiguos descubiertos en Qumrán se ajustan a la evaluación de Josefo. Esta colección incluía muchas obras originales, libros deuterocanónicos y seudoepigráficos, así como libros bíblicos.

Juan el Bautista y los esenios

Betz, entre otros, teoriza que existía una relación entre la comunidad esenia y Juan el Bautista; sin embargo, esta teoría no puede ser probada. Hutchison describe las similitudes entre los esenios y Juan el Bautista, pero concluye que estas no tienen peso cuando se analizan más a fondo, porque:

- Qumrán está cerca del valle del Jordán, donde Juan comenzó su ministerio (Mt 3:1; Lc 1:80). Lucas 1:80 señala que Juan "vivió en los desiertos hasta el día de su aparición pública a Israel" (ESV). No obstante, este versículo no indica cuánto tiempo pasó Juan en el desierto, ni dice con quién estuvo.
- Tanto los esenios como Juan el Bautista se separaron de la sociedad judía. No obstante, mientras que los esenios se aislaron por razones ascéticas y apocalípticas, creyendo que la sociedad los contaminaría, Juan, simplemente, quería estar separado del establecimiento religioso y cumplir su función profética como se predijo en Isaías 40.
- Ambos abrazaron un mensaje escatológico basado en Isaías 40:3. Aunque parece más probable que Juan haya recibido su mensaje

directamente de Dios, en lugar de la comunidad esenia. Varios pasajes de las Escrituras (Mt3:3; Mr 1:3; Lc 3:4) indican que Juan fue el cumplimiento de la profecía de la "voz en el desierto", y el mismo Juan creía que este era el caso (Jn 1:23).

- Ambos enseñaron el arrepentimiento y la participación de un ritual del agua. A pesar de que el ritual del agua de Juan el Bautista difería del de los esenios. El bautismo de Juan, como oportunidad única, fue un evento de iniciación para el resto de creyentes que se estaban preparando para la venida del Mesías. Mientras que el ritual del agua de los esenios tenía el propósito de la limpieza diaria y la pureza ritual, por lo que se repetía a menudo.[398]

---

[398] Espinoza, B. D. (2016). *Esenios*. En J. D. Barry, D. Bomar, D. R. Brown, R. Klippenstein, D. Mangum, C. Sinclair Wolcott… W. Widder (Eds.), *The Lexham Bible Dictionary*. Bellingham, WA: Lexham Press.

Apéndice IV

CIUDADES DE GALILEA

Galilea

El distrito o región de Galilea se dividía en Alta Galilea y Baja Galilea. Las dos contaban con 240 ciudades y pueblos (Josefo, *Vida*, 45). La mezcla de razas en Galilea había engendrado un acento peculiar en los hablantes (Mr 14:70; Lc 22:59; Hch 2:7), y se pretendía creer que de Galilea no salían profetas. A pesar de esto, casi todos los apóstoles del Señor Jesús eran galileos (excepto Judas Iscariote), y el mismo Señor, aunque nacido en Belén (Judea), se había criado en Galilea (Jn 7:41, 52). Allí ejerció la mayor parte de su ministerio, tanto en los confines orientales del mar de Galilea como en el interior del país.[399] La excavación de muchas ciudades en Galilea ha avanzado la comprensión moderna del trasfondo bíblico y la historia de la región. Las diez ciudades galileas mejor descritas por la arqueología son:

Hazor

Fue la ciudad más grande jamás construida en Israel durante el período bíblico y se encuentra a 16 km al norte del mar de Galilea. Hazor fue un centro político y militar de Israel (en el antiguo Israel) donde Josué luchó contra Jabín, rey de Hazor y su coalición de reyes, en las aguas de Merom (Jos 11:1-11). Salomón reconstruyó la ciudad, alrededor del 950 a. C., como fortaleza para proteger la entrada norte de Israel (1 R 9:15). Hazor, Gezer y Meguido tenían puertas similares que fueron diseñadas por los constructores de Salomón. La ciudad fue construida y destruida en seis ocasiones diferentes entre la división del reino y la cautividad del reino del norte (1 R 15:20; 2 R 15:29). Hazor fue excavada por primera vez por Garstang, arqueólogo británico, en 1926; mientras que Yadin, arqueólogo israelí, dirigió el proyecto de 1955 a 1958, y regresó para una última temporada en 1968 (Yadin, Hazor: *El redescubrimiento de una gran ciudadela de la Biblia*). Desde 1990, Amnon Ben-Tor ha dirigido el trabajo para la Universidad Hebrea.

---

[399] Ventura, S. V. *Un nuevo diccionario bíblico ilustrado*. Terrassa (Barcelona): Editorial Clie, 1985, p. 412.

Dan

Durante el período de los jueces, la tribu de Dan abandonó su territorio asignado en la llanura costera y emigró al norte. Encontraron un lugar adecuado al pie del monte Hermón donde un manantial proporcionaba abundante agua para beber y para la agricultura. Los danitas conquistaron la ciudad de Lais y la llamaron Dan. La ciudad fue idólatra desde su fundación y se convirtió en un centro para la adoración del becerro de oro durante el gobierno de Jeroboam. Dan era la ciudad más al norte de la tierra de Israel y la extensión de la tierra se describió como desde "Dan hasta Beerseba". Las excavaciones en Tel Dan comenzaron en 1966 bajo el liderazgo de Biran, quien descubrió una inscripción aramea del siglo IX que se refiere a "Beit David", la Casa de David, la primera evidencia extrabíblica del rey David (Biran y Naveh, *Un fragmento de estela aramea de Tel Dan*, 81–99).

Capernaum

Esta ciudad se encuentra en la costa noreste del mar de Galilea. Después de salir de Nazaret, Jesús hizo su hogar en Capernaum (Mt 4:12-13), donde realizó algunos de sus milagros más relevantes (Mr 2:1-12; Lc 4:23; Jn 4:46-54) y ministró en su sinagoga (Jn 6:16-59). El explorador estadounidense Edward Robinson identificó por primera vez el sitio de Capernaum. Las excavaciones comenzaron en 1905 por arqueólogos alemanes y continuaron bajo los padres franciscanos (1905-1915; 1921-1926). Los excavadores franciscanos identificaron lo que por tradición era la casa de Pedro sobre la cual se construyó una iglesia octogonal en el siglo V (Strange y Shanks, *¿Se ha encontrado la casa donde Jesús permaneció en Cafarnaúm?* Págs. 26-36). Además, allí está una sinagoga del siglo IV hecha de piedra caliza, que se levanta sobre los cimientos de una sinagoga del siglo I, que puede haber sido la ubicación del discurso del "pan de vida" de Jesús (Jn 6:35-59). Las excavaciones en la parte occidental del sitio comenzaron en 1968.

Corazín

Esta ciudad de Galilea se encuentra entre las colinas, a solo 3 km al norte de Capernaum. Jesús, evidentemente enseñó allí, ya que le reprochó su incredulidad: "¡Ay de ti, Corazín! ¡Ay de ti, Betsaida! Porque si en Tiro y en Sidón se hubieran hecho los milagros que han sido hechos en vosotras, en ese mismo tiempo se hubieran arrepentido en cilicio y ceniza". Mateo 11:21. Corazín tiene los restos de una sinagoga del siglo IV d. C. La excavación de la sinagoga fue realizada por los alemanes en 1905-1907 y completada por el Departamento de Antigüedades de Israel. Las excavaciones de 1962-1963 se centraron principalmente en las estructuras del barrio central que rodea la sinagoga. Uno de los descubrimientos más interesantes en Corazín fue un "asiento de Moisés o silla de Moisés", donde el orador principal en un servicio de sinagoga se sentaba a enseñar. Jesús comenta en Mateo 23:2 que los fariseos se han sentado con orgullo en la silla de Moisés.

Betsaida Julias

El historiador judío Flavio Josefo, quien vivió en el siglo I d. C., explica que el hijo de Herodes el Grande transformó Betsaida, aldea de pescadores a orillas del lago de Genesaret o mar de Galilea. La Biblia se refiere a la ciudad como Betsaida, a pesar de que recibió el nombre de Julias, en honor a Julia, la hija de Julio César, cuando Felipe el Tetrarca reconstruyó la ciudad en el año 30 d. C. La aldea de Betsaida (casa del pescador) fue el hogar de los apóstoles Pedro, Andrés y Felipe (Jn 1:44, 12:21) y donde Jesús sanó un ciego (Mr 8:22). Rami Arav dirigió excavaciones en el montículo prominente (et-Tell) y argumentó que et-Tell era el sitio bíblico de Betsaida. El consorcio del proyecto de excavaciones de Betsaida continúa buscando pistas sobre la historia y cultura de la antigua Betsaida (Arav y Freund. *Betsaida: una ciudad en la costa norte del mar de Galilea*, 1-310).

Tiberias

Esta ciudad, que se encuentra en la orilla occidental del mar de Galilea, no se menciona en el ministerio de Jesús. Herodes Antipas construyó Tiberias entre los siglos XVIII y XXII d. C. para que fuera la capital de la tetrarquía de Galilea y Perea; y la nombró por el emperador Tiberio. La ciudad era un balneario para los romanos, quienes disfrutaban de sus fuentes termales de azufre ubicadas al sur. Debido a que la ciudad fue construida sobre un antiguo cementerio judío, estos la consideraron un lugar impuro hasta el año 145 d. C., cuando el rabino Shimon bar Yochai limpió la ciudad, permitiendo que los judíos se establecieran allí. Con el tiempo, Tiberias se convirtió en la ubicación del sanedrín y en un centro de estudios judío. Varias excavaciones realizadas en Tiberias durante los últimos 50 años han descubierto restos desde el período calcolítico hasta el período otomano. En 2009, se inició un nuevo proyecto en el centro de la ciudad bajo la dirección de Cytryn-Silverman, de la Universidad Hebrea.

Nazaret

La ciudad no se menciona en la Biblia hebrea (A. T.), pero fue el hogar de José y María (Lc 1:26), y donde Jesús vivió su infancia (Mt 2:23; Lc 2:39, 51). En la sinagoga de Nazaret, Jesús leyó Isaías 61:1-2 y fue rechazado por la gente (Lc 4:16-30).

Nazaret se encuentra en las colinas, a lo largo de la frontera norte del valle de Jezreel, a 30 km de Capernaum y a 6 km al sur de Séforis, la capital romana de Galilea. Está situada en una cuenca donde se edificó la Iglesia de la Anunciación, propiedad de la Iglesia católica que compró en 1620. La Iglesia de la Anunciación, que marca el lugar del anuncio de Gabriel a María (Lc 1:26-31), es el edificio cristiano más grande del Oriente Medio. Un sacerdote franciscano, llamado Bellarmino Bagatti, excavó extensamente esta área en 1955-1965. Hoy en día, Nazaret es la ciudad árabe más grande de Israel y alberga 23 monasterios e iglesias, así como mezquitas.

Caná

Jesús realizó su primer milagro en la ciudad de Caná (Jn 2:1-11). Caná tradicional se encuentra alrededor de 7 km al noreste de Nazaret, en Kefr Kenna. Caná fue el hogar de Natanael (Jn 21:2) y el lugar donde Jesús sanó al hijo del noble que estaba enfermo en Capernaum (Jn 4:46-50). Douglas Edwards, en asociación con la Universidad de Puget Sound, realizó excavaciones en Khirbet Kana en 1998-1999. Descubrió casas helenísticas y romanas y un gran complejo con columnas monumentales, aparentemente una sinagoga o iglesia bizantina.

Séforis

Séforis era una ciudad fuertemente fortificada, a 6 km al norte de Nazaret. Josefo registra que, al comienzo de su reinado, Herodes conquistó la ciudad durante una tormenta de nieve. Fue un importante centro militar y cultural, y la capital de Galilea durante el reinado temprano de Herodes Antipas (4 a. C. — 39 d. C.) hasta que se construyó Tiberias. Dado que Séforis estaba a solo una hora a pie de Nazaret, esta pudo haber sido uno de los lugares de trabajo de José, esposo de María. Después de la destrucción del templo de Jerusalén en el año 70 d. C., Séforis se convirtió en un importante centro judío y fue la sede del sanedrín durante algún tiempo. Judá el Patriarca, quien registró la tradición oral judía en la Mishnah, vivió en Séforis durante 17 años y, según la tradición judía, fue enterrado allí. Séforis fue excavada por primera vez en 1931 por la Universidad de Michigan. La excavación comenzó nuevamente en 1983 bajo la dirección de J.F. Strange de la Universidad del Sur de Florida. Desde 1985, el trabajo en Séforis ha sido realizado por la Expedición Conjunta a Séforis. Las excavaciones han revelado un barrio residencial judío, una villa romana con un mosaico de mesa triclinio (para cena formal), un cardo o pasaje bizantino, un teatro, un baño y una sinagoga judía con inscripciones de motivos judíos y los signos del zodíaco (Chancey, M. y E. M. Mayers. *How Jewish was Sepphoris in Jesus Time?* BAR 26 (2000), 18-33).

Cesarea de Filipo

Cesarea de Filipo se encuentra a unos 40 km al norte del mar de Galilea, cerca del pie del monte Hermón. Felipe construyó la ciudad en honor a César en un antiguo centro de adoración para el dios Pan; dios de la naturaleza asociado con pastores, rebaños, caza y música rústica. Una gruta sagrada dedicada a Pan fue descubierta en la boca de una cueva que es la cabecera del río Banias, una de las principales fuentes de agua del Jordán. Durante el período helenístico, esta cueva fue convertida en un centro de culto a Pan. El santuario recibió un mayor reconocimiento cuando el rey Herodes construyó allí un templo en honor a Augusto (16 a. C.). Aquí, junto a este centro de adoración pagano, Pedro hizo su confesión de fe en Jesús: "Tú eres el Mesías, el Hijo de Dios" (Mt 16:13-16). Aunque una excavación inicial tuvo lugar en 1967, la autoridad de antigüedades de Israel inició en 1988 un proyecto a gran escala de diez años. El Instituto para el Estudio de Arqueología y Religión de la Universidad de Pepperdine se unió al proyecto en 1993. Los descubrimientos en el sitio incluyeron un palacio real, que se cree que es la residencia de Agripa II (Wilson y Tzaferis. *Banias Dig Reveals King's Palace*, 54-61). Otras estructuras incluyen acueductos, patios, una casa de baños, una sinagoga y una iglesia. También se pueden encontrar restos de los Cruzados en las inmediaciones.[400]

Galilea: referencias bíblicas

- Entonces señalaron a Cedes en Galilea: Jos 20:7.
- A Neftalí le dieron a Cedes en Galilea: Jos 21:32.
- Veinte ciudades en la tierra de Galilea: 1 R 9:11.
- Cedes, Hazor, Galaad y Galilea: 2 R 15:29.
- En Galilea con sus tierras de pastoreo: 1 Cr 6:76.
- Lado del Jordán, Galilea de los gentiles: Esd 9:1.
- José partió para las regiones de Galilea: Mt 2:22.
- Jesús vino de Galilea a Juan, en el Jordán, para ser bautizado: Mt 3:13.

---

[400] Laney, J. C. (2016). *Galilee.* In J. D. Barry, D. Bomar, D. R. Brown, R. Klippenstein, D. Mangum, C. Sinclair Wolcott, … W. Widder (Eds.), *The Lexham Bible Dictionary.* Bellingham, WA: Lexham Press.

- Estando Juan bajo custodia, Jesús se retiró a Galilea: Mt 4:12.
- Al otro lado del Jordán, Galilea de los gentiles: Mt 4:15.
- Andando Jesús junto al mar de Galilea: Mt 4:18.
- Jesús iba por toda Galilea: Mt 4:23.
- Las multitudes lo siguieron desde Galilea: Mt 4:25.
- Jesús pasó junto al mar de Galilea: Mt 15:29.
- Jesús y sus discípulos se estaban reuniendo en Galilea: Mt 17:22.
- Jesús se alejó de Galilea, y fue a las regiones de Judea: Mt 19:1.
- Y la gente decía: Este es Jesús el profeta, de Nazaret de Galilea: Mt 21:11.
- Después que haya resucitado, iré delante de vosotros a Galilea: Mt 26:32.
- Muchas mujeres habían seguido a Jesús desde Galilea: Mt 27:55.
- Él va delante de ustedes a Galilea: Mt 28:7.
- Jesús dio instrucciones para que fueran a Galilea: Mt 28:10.
- Los discípulos se dirigieron a Galilea: Mt 28:16.
- Jesús vino de Nazaret de Galilea y fue bautizado por Juan en el Jordán: Mr 1:9.
- Detenido Juan, Jesús vino a Galilea: Mr 1:14.
- Jesús, andando junto al mar de Galilea: Mr 1:16.
- Se difundió la fama de Jesús por todo el distrito circundante de Galilea: Mr 1:28.
- Jesús recorre Galilea predicando en las sinagogas: Mr 1:39.
- Lo siguió una gran multitud de Galilea: Mr 3:7.
- Herodes y los principales hombres de Galilea: Mr 6:21.
- Jesús va por Sidón hasta el mar de Galilea: Mr 7:31.

- Jesús se puso a andar con sus discípulos por Galilea: Mr 9:30.
- Yo iré antes que ustedes a Galilea, dijo Jesús: Mr 14:28.
- Cuando Jesús estuvo en Galilea: Mr 15:41.
- Un ángel les dijo que Jesús iría delante a Galilea: Mr 16:7.
- El ángel Gabriel fue enviado por Dios a una ciudad de Galilea: Lc 1:26.
- José también subió de Galilea: Lc 2:4.
- José y María regresaron a Galilea: Lc 2:39.
- Herodes era tetrarca de Galilea: Lc 3:1.
- Jesús volvió en el poder del Espíritu a Galilea: Lc 4:14.
- Descendió Jesús a Capernaum, ciudad de Galilea: Lc 4:31.
- En Galilea, el poder del Señor estaba con él para sanar: Lc 5:17.
- Con sus discípulos, Jesús en tierra de gadarenos, que está frente a Galilea: Lc 8:26.
- Yendo Jesús a Jerusalén, pasaba entre Samaria y Galilea: Lc 17:11.
- Injurian a Jesús por alborotar y enseñar en Galilea: Lc 23:5.
- Los que le habían seguido desde Galilea, estaban mirando de lejos: Lc 23:49.
- Las mujeres que habían venido con José de Arimatea desde Galilea: Lc 23:55.
- Acordaos de lo que Jesús os habló, cuando aún estaba en Galilea: Lc 24:6.
- El siguiente día quiso Jesús ir a Galilea: Jn 1:43.
- Hubo una boda en Caná de Galilea: Jn 2:1.
- Principio de señales que hizo Jesús en Caná de Galilea: Jn 2:11.

- Jesús salió de Judea y se fue de nuevo a Galilea: Jn 4:3.
- De allí salió Jesús a Galilea: Jn 4:43.
- Cuando Jesús vino a Galilea, los galileos le recibieron: Jn 4:45.
- Volvió Jesús a Caná de Galilea: Jn 4:46.
- Jesús había salido de Judea a Galilea: Jn 4:47.
- Segunda señal hizo Jesús, cuando fue de Judea a Galilea: Jn 4:54.
- Jesús fue al otro lado del mar de Galilea: Jn 6:1.
- Andaba Jesús en Galilea, pues no quería andar en Judea: Jn 7:1.
- Jesús se quedó en Galilea: Jn 7:9.
- Decían: ¿De Galilea ha de venir el Cristo?: Jn 7:41.
- ¿Tú no eres también de Galilea?: Jn 7:52.
- De Galilea nunca se ha levantado profeta: Jn 7:52.
- Se acercaron a Felipe, que era de Betsaida de Galilea: Jn 12:21.
- Natanael, el de Caná de Galilea: Jn 21:2.
- Varones galileos, ¿por qué estáis de pie?: Hch 1:11.
- Después de este, se levantó Judas de Galilea: Hch 5:37.
- Y Galilea y Samaria gozaron de paz: Hch 9:31.
- Vosotros sabéis lo que se divulgó por toda Judea, comenzando desde Galilea: Hch 10:37.
- Jesús se apareció a los que habían subido con él de Galilea a Jerusalén: Hch 13:31.

Enseñanza en Galilea

- Después que Juan fue encarcelado, Jesús vino a Galilea predicando el evangelio: Mr 1:14.
- Ha resucitado. Recuerden lo que dijo en Galilea: Lc 24:6.

- Enseñando por toda Judea, desde Galilea hasta aquí: Lc 23:5.
- Su noticia se difundió por toda Galilea: Mr 1:28
- Le siguió una gran multitud de Galilea: Mr 3: 7.

La tierra de Galilea en las Escrituras

- Una ciudad de Neftalí: Jos 19:35.
- Ben-adad conquistó todo Kineret: 1 R 15:20.
- Galilea, tierra de los gentiles: Is 9:1; Mt 4:15.
- Cedes, una ciudad de refugio en la región montañosa de Galilea: Jos 20:7.
- Salomón le dio a Hiram veinte ciudades en la tierra de Galilea: 1 R 9:11.
- Tiglat-pileser capturó Galilea: 2 R 15:29.
- Jesús fue de Galilea al Jordán, donde estaba Juan: Mt 3:13.
- Jesús llegó a Capernaum, una ciudad de Galilea: Lc 4:31.
- Llegaron al país de los gerasenos, frente a Galilea: Lc 8:26.
- Jesús pasó entre Samaria y Galilea: Lc 17:11.
- Jesús decidió ir a Galilea: Jn 1:43.
- Un oficial del rey, cuando escuchó que Jesús había venido de Judea a Galilea: Jn 4:47.
- Anunciando el evangelio de la paz por toda Judea, comenzando en Galilea: Hch 10:37.

La gente de Galilea

- Este es el profeta Jesús, de Nazaret de Galilea: Mt 21:11.
- Jesús el galileo: Mt 26:69.
- ¿De Galilea ha de venir el Cristo?: Jn 7:41.

- Pilato preguntó si el hombre era galileo: Lc 23: 6.
- ¿Tú también eres de Galilea? Ningún profeta se levantará de Galilea: Jn 7:52.
- Felipe era de Betsaida de Galilea: Jn 12:21:
- Natanael de Caná de Galilea: Jn 21:2.
- Cuando Jesús llegó a Galilea, los galileos lo recibieron: Jn 4:45.
- Hombres de Galilea, ¿por qué se quedan mirando al cielo?: Hch 1:11.
- Seguramente tú eres uno de ellos, porque eres galileo: Mr 14:70.
- Ciertamente este hombre estaba con él porque es galileo: Lc 22:59.
- ¿No son galileos estos que hablan?: Hch 2:7.
- Judas de Galilea se levantó en los días del censo: Hch 5:37.
- Galileos, cuya sangre Pilato mezcló con sus sacrificios: Lc 13:1.
- ¿Crees que estos galileos eran peores que todos los demás galileos?: Lc 13:2.
- Herodes ofreció un banquete para los principales hombres de Galilea: Mr 6:21.

Escenas importantes en Galilea

- José se dirigió a Galilea: Mt 2:22-3.
- Jesús regresó a Galilea: Lc 4:14.
- Jesús salió de Judea y se fue a Galilea: Jn 4:3.
- Jesús fue a Galilea: Jn 4:43.
- Jesús se quedó en Galilea: Jn 7:9.
- Jesús se retiró a Galilea: Mt 4:12.
- Jesús anduvo por Galilea: Mt 4:23; Mr 1:39; Jn 7: 1.
- Jesús y sus discípulos iban por Galilea: Mr 9:30.

- Jesús y sus discípulos se estaban reuniendo en Galilea: Mt 17:22.
- Después que resucite, iré delante de ustedes a Galilea: Mt 26:32; Mr 14:28.
- El ángel les dijo: Él va delante de vosotros a Galilea: Mt 28:7; Mr 16:7.
- Dile a mis hermanos que vayan a Galilea: Mt 28:10.
- Los once discípulos fueron a Galilea: Mt 28:16.
- José subió de Galilea: Lc 2:4.
- Jesús salió de Galilea: Mt 19:1.
- Hubo una boda en Caná de Galilea: Jn 2:1.
- Jesús hizo la primera de sus señales en Caná de Galilea: Jn 2:11.
- Volvió a Caná de Galilea donde hizo vino del agua: Jn 4:46.
- Las mujeres que habían seguido a Jesús desde Galilea: Mt 27:55; Mr 15:41; Lc 23:49, 55.
- Jesús vino de Nazaret, en Galilea: Mr 1:9.
- Regresaron a Galilea, a su propia ciudad, Nazaret: Lc 2:39.
- Herodes era tetrarca de Galilea: Lc 3:1.
- Habían venido fariseos de todas las aldeas de Galilea y Judea: Lc 5:17.
- La iglesia en Judea, Galilea y Samaria tenía paz: Hch 9:31.
- Los que subieron con él de Galilea a Jerusalén: Hch 13:31.[401]

---

[401] Día, A. C. (2009). Collins. *Tesauro de la Biblia*. Bellingham, WA: Software Bíblico Logos.

Apéndice V

Biografía de los doce apóstoles nombrados en el Evangelio según Marcos

Obsérvese que Marcos no ordena los doce nombres de los apóstoles en pares, como lo hace Mateo; sino que los menciona a todos en una lista ininterrumpida. Siguiendo el orden de Marcos, veamos una breve referencia personal de cada uno de los Doce:

Simón. Era hijo de Jonás o Juan. Como pescador de oficio, con su hermano Andrés vivió primero en Betsaida (Jn 1:44) y después en Capernaum (Mr 1:21, 29). Tanto Marcos como Lucas nos informan que fue Jesús quien dio a Simón el nuevo nombre de Pedro (para otros detalles de este hecho véase Jn 1:42). Su nuevo nombre significa *roca*, y no tiene el fin de describir lo que Simón era en el momento en que fue llamado, sino de hablar de lo que por gracia habría de llegar a ser. Al principio, y por algún tiempo, Simón no fue un modelo de estabilidad emocional o de imperturbabilidad. Por el contrario, siempre oscilaba de una posición a otra totalmente opuesta. Cambiaba de la confianza a la duda (Mt 14:28, 30); de confesar con toda seguridad de que Jesús era el Cristo, a reconvenirle, sabiendo que era el Hijo del Dios viviente (Mt 16:16, 22); de la vehemente declaración de lealtad, a la negación abyecta (Mt 26:33-35, 69-75; Mr 14:29-31, 66-72; Lc 22:33, 54-62); de un: "no me lavarás los pies jamás", a un "no solo mis pies, sino también las manos y la cabeza" (Jn 13:8-9); de un salir corriendo al sepulcro con la intención de llegar primero, pero llegar después que Juan (Jn 20:46); de convivir con los gentiles y luego separarse de ellos porque les temía a los de la circuncisión (Gal 2:11-12). No obstante, por la gracia y el poder del Señor, Simón, el inconstante, fue transformado en un verdadero Pedro. Tocante a su papel en la Iglesia, después de la resurrección, véase CNT sobre Mateo 16:13-20. En consecuencia, cuando en esta temprana fecha —porque aquí Marcos refleja a Juan 1:42— Jesús dio a Simón su nuevo nombre, lo hizo como un acto de amor, de un amor deseoso de pasar por alto el presente e incluso el futuro cercano, y de mirar hacia un futuro lejano. ¡Qué maravillosa y transformadora es la gracia de nuestro Señor!

La tradición le asigna a Pedro la autoría de dos libros del Nuevo Testamento: 1 y 2 Pedro. Como dijimos en la Introducción de esta obra, no en vano Marcos ha sido llamado "el intérprete de Pedro".

Santiago hijo de Zebedeo y Juan, hermano de Santiago. Marcos menciona a estos dos pescadores no solo en 1:19-20, sino también más adelante (9:2; cf. 10:35–45). También hay varias referencias a ellos en los otros Evangelios. Probablemente, debido a su naturaleza impetuosa, Jesús llamó a estos dos hermanos Boanerges, palabra aramea que Marcos, único evangelista que la registra, la traduce para sus lectores no judíos como "hijos del trueno". El nombre hebreo sería *b^{e}nē reghesh*. El hecho de que ambos tuvieran realmente una naturaleza impetuosa se puede inferir tal vez de Lucas 9:54-56 (Mr 9:38). Santiago fue el primero de los Doce en ceñir la corona de mártir (Hch 12:2); y mientras que él fue el primero en llegar al cielo, su hermano Juan, con toda probabilidad, fue el último que quedó en la tierra. Con respecto a la vida y carácter de Juan, fue considerado por muchos (creo que correctamente) como "el discípulo a quien Jesús amaba" (Jn 13:23; 19:26; 20:2; 21:7, 20). Véase CNT, *Evangelio de San Juan*, pp. 19–22. La tradición le atribuye a Juan cinco libros del Nuevo Testamento: su Evangelio, tres epístolas (1, 2, 3 Juan), y el libro Apocalipsis.

Andrés. También era pescador y llevó a su hermano Pedro a Jesús (Jn 1:40-42). En cuanto a otras referencias sobre Andrés en el Evangelio según Marcos, véase Marcos 1:16, 29; 3:18; 13:3. Estúdiese también Juan 6:8-9; 12:22; y Hechos 1:13. Véase también lo dicho a continuación acerca de Felipe.

Felipe. Oriundo de Betsaida, fue conciudadano de Pedro y Andrés, al vivir, al menos por un tiempo, en esta misma región de Galilea. Después de responder al llamamiento de Jesús, halló a Natanael, y le dijo: "Hemos hallado a aquel de quien escribió Moisés en la ley, así como los profetas: a Jesús, el hijo de José, de Nazaret". Juan 1:45. Cuando Jesús iba a alimentar a los cinco mil, le preguntó a Felipe: "¿De dónde compraremos pan para que coman estas personas?" "Felipe respondió: Doscientos denarios de pan no bastarían para que cada uno de ellos tomase un poco" (Jn 6:5, 7). Aparentemente, Felipe olvidaba que el poder de Jesús sobrepasaba toda posibilidad de cálculo. Extraer de este incidente la conclusión de que Felipe era una clase de persona calculadora y más fría que los otros apóstoles sería basarse en algo sin suficiente fundamento. Además, por lo general, Felipe aparece en los Evangelios bajo una luz más bien favorable. Así, cuando los griegos se aproximan a él con la petición: "Señor, quisiéramos ver a Jesús" (Jn 12:21-22), él fue y se lo dijo a Andrés, y ambos (Andrés y Felipe) llevaron la petición a Jesús. Aunque, debe admitirse que Felipe no siempre entendió de inmediato el significado de las palabras profundas de Cristo — ¿las entendieron los otros? — pero a su favor debe decirse que con perfecta sinceridad manifestó su ignorancia y pidió mayor información. Lo que se ve también en Juan 14:8: "Señor, muéstranos al Padre y nos basta". A lo que recibió la reconfortante respuesta: "... El que me ha visto a mí, ha visto al Padre" (Jn 14:9).

Bartolomé. Su nombre significa "hijo de Tolmai". Él es claramente el *Natanael* del Evangelio de Juan (1:45-49; 21:2) que le dijo a Felipe: "¿De Nazaret puede venir algo bueno?". Felipe le respondió: "Ven y ve". Cuando Jesús vio a Natanael acercándose, dijo: "He aquí un verdadero israelita, en quien no hay engaño". Este discípulo-apóstol fue una de las siete personas a quienes el Cristo resucitado apareció cerca del mar de Tiberias. De los otros seis solo se mencionan a Simón Pedro, Tomás y los hijos de Zebedeo.

Mateo. Acerca de este discípulo ya hemos comentado en forma detallada en la cita de Marcos 2:14-17.

Tomás. Las referencias con relación a este apóstol se combinan para indicar que como hombre lo caracterizaban el desánimo y la devoción. Siempre le embargaba el temor de perder a su amado Maestro. Esperaba lo malo y le era difícil creer las buenas noticias cuando estas le llegaban. No obstante, con toda su ternura y condescendiente amor, el Salvador se presentó ante Tomás después de la resurrección, y fue Tomás quien exclamó: "¡Mi Señor y mi Dios!". Para más información acerca de Tomás, véase CNT sobre Juan 11:16; 14:5; 20:24-28; 21:2.

Jacob, el hijo de Alfeo. Marcos (15:40) le llama "Jacob el menor", lo que según la interpretación de algunos significa "Jacob el pequeño en estatura". No tenemos más información válida acerca de él. Es probable, sin embargo, que fuese el mismo discípulo al que se refiere Mateo 27:56; Marcos 16:1; y Lucas 24:10. Si esto es correcto, el nombre de su madre fue María, una de las mujeres que acompañaron a Jesús y que se hallaban cerca de la cruz. (Véase Jn 19:25). Ya se ha mostrado que el Alfeo, quien era padre de Mateo, probablemente no debería ser identificado con el Alfeo, padre de Jacob el menor (véase Mr 2:14).

Tadeo. También llamado Lebeo en ciertos manuscritos de Mateo 10:3 y Marcos 3:18. Con toda probabilidad es Judas, no el Iscariote de Juan 14:22 (véase sobre ese pasaje; cf. Hch 1:13). Juan 14 parecería decir que su deseo era que Jesús se mostrara al mundo, significando probablemente: presentarse en público.

Simón el cananista. "El cananista" es un sobrenombre arameo que significa zelote o fanático. En realidad, Lucas le llama "Simón el zelote" (Lc 6:15; Hch 1:13). Con toda probabilidad se le da este apodo porque había pertenecido anteriormente al partido de los zelotes. Partido que en su odio contra los gobernantes extranjeros que exigían tributos, no cesaba de fomentar la rebelión contra el gobierno romano (véase Josefo: *Guerra Judaica* II. 117, 118; *Antigüedades* XVIII. 1–10, 23. Cf. Hch 5:37).

Judas Iscariote. Generalmente, este nombre se interpreta con el significado de "Judas el hombre de Cariot (o Keriot)", lugar al sur de Judea. Algunos, sin embargo, prefieren la interpretación: "el hombre de la daga". Los Evangelios se refieren a él muchas veces (Mt 26:14, 25, 47; 27:3; Mr 14:10, 43; Lc 22:3, 47, 48; Jn 6:71; 12:4; 13:2, 26, 29; 18:2-5), y se le describe como "Judas el que traicionó", "Judas uno de los doce", "el traidor", "Judas hijo de Simón Iscariote", "Judas Iscariote, hijo de

Simón", o simplemente "Judas". Este hombre, aunque totalmente responsable de sus propios actos impíos, fue instrumento del diablo (Jn 6:70-71). La gente que no estaba de acuerdo con las enseñanzas de Cristo, simplemente se separaban del Señor (Jn 6:66), pero Judas permaneció como si estuviese perfectamente en armonía con Jesús. Era una persona egoísta en sumo grado y no pudo —o, ¿diremos mejor no quiso? — entender el gesto generoso y bello de María de Betania cuando ungió a Jesús (Jn 12:1ss). Era incapaz de entender que el lenguaje fundamental del amor es la generosidad. Fue el diablo quien instigó a Judas a traicionar a Jesús, es decir, lo impulsó a entregarlo en manos del enemigo. Era ladrón; sin embargo, fue a él a quien se le confió la bolsa de dinero del pequeño grupo, con resultado predecible (Jn 12:6). Pintores como Leonardo Da Vinci han registrado el momento dramático de la institución de la Cena del Señor (Mt 26:20-25; Jn 13:21-30) cuando Jesús sorprendió a los Doce diciendo: "Uno de vosotros me va a entregar". Aunque Judas ya había recibido de los principales sacerdotes las treinta piezas de plata como recompensa por el acto que había prometido realizar (Mt 26:14-16; Mr 14:10-11), tuvo la increíble osadía de decir: "¿Soy yo, Maestro?". Judas sirvió de guía al destacamento de soldados y a la cuadrilla armada de la policía del templo que arrestaron a Jesús en el huerto de Getsemaní. Mediante un pérfido beso dado a su maestro, simulando que todavía era un discípulo leal, este traidor les indicó a los soldados quién era Jesús (Mt 26:49-50; Mr 14:43-45; Lc 22:47-48).

En cuanto a la forma en que Judas se suicidó, véase Mt 27:3-5; y cf. Hch 1:18. ¿Cuál fue la causa para que este discípulo privilegiado llegara a ser el traidor de Cristo? ¿Fue acaso el orgullo herido, la ambición frustrada, la profunda codicia, el temor a ser expulsado de la sinagoga (Jn 9:22)? Sin duda alguna, todas estas razones se hallaban incluidas, pero ¿no podría ser la razón fundamental el hecho de que entre el corazón totalmente egoísta de Judas y el corazón infinitamente generoso de Jesús existía un abismo inmenso? Esto significaría que, o bien Judas debía implorar al Señor que le otorgase la gracia de la regeneración y la renovación total, petición que el traidor impíamente rehusó solicitar, o bien debía ofrecer su cooperación para deshacerse de Jesús (véanse también Lc 22:22; Hch 2:23; 4:28). Una cosa es cierta: ¡la espantosa tragedia de la vida de Judas es prueba, no de la impotencia de Cristo, sino de la impenitencia del traidor! ¡Ay de este hombre!

Los discípulos: Una visión general

Lo que realza la grandeza de Jesús es que él tomó a esta clase de hombres y los fundió en una comunidad de sorprendente influencia, que no solo demostraría ser un valioso eslabón con el pasado de Israel, sino también el fundamento sólido del futuro de la Iglesia. Sí, el Señor realizó un milagro múltiple en estos hombres, con todas sus fallas y debilidades. Aun cuando prescindamos de Judas Iscariote y nos concentremos en los otros, nos impresiona la majestad del Salvador, cuyo magnético poder, incomparable sabiduría e inigualable amor eran tan sorprendentes que fue capaz de reunir a su alrededor, y unir en una familia, a hombres de trasfondos y temperamentos completamente diferentes, y aun opuestos. Incluido en este pequeño grupo estaba Pedro, el optimista (Mt 14:28; 26:33, 35), y también Tomás, el pesimista (Jn 11:16; 20:24, 25); Simón, el exzelote, que odiaba los impuestos y deseaba derrocar al gobierno romano, y en contraposición, Mateo, quien voluntariamente había ofrecido sus servicios como recaudador de impuestos al mismo gobierno romano. Pedro, Juan, y Mateo, destinados a adquirir renombre póstumo a través de sus escritos, y también Jacob el menor, quien permanece en las sombras a pesar de que también él cumplió su misión.

Jesús los atrajo con los lazos de su ternura e inefable compasión. Les amó hasta lo sumo (Jn 13:1), y la noche antes de ser traicionado y crucificado les encomendó al Padre, diciendo: "He manifestado tu nombre a los hombres que del mundo me diste; tuyos eran, y me los diste, y han guardado tu Palabra [...] Padre santo, guárdalos en tu nombre, que tú me diste, para que sean uno, así como nosotros [...] No ruego que los quites del mundo, sino que los guardes del mal. No son del mundo, como tampoco yo soy del mundo.

Santifícalos en tu verdad; tu palabra es verdad. Como tú me enviaste al mundo, así yo los he enviado al mundo. Y por causa de ellos yo me santifico a mí mismo, para que también ellos sean verdaderamente santificados" (Jn 17:6-19).[402]

[402] Hendriksen, W. (1998). *Comentario al Nuevo Testamento: El Evangelio según San Marcos* (pp. 132-133). Grand Rapids, MI: Libros Desafío.

Apéndice VI

Los milagros de Jesús

...creed a las obras, para que conozcáis y creáis que el Padre está en mí, y yo en el Padre. Juan 10:38.

A través de su ministerio, Jesús hizo muchas señales, tan grandes y milagrosas, que hicieron que la gente se enojara o que creyera en él. Algunos milagros están incluidos en más de un Evangelio.

Registrados aquí: 43 milagros en total

Milagros	Mateo	Marcos	Lucas	Juan
Agua en vino				2:1–11
Sanó toda enfermedad	4:23–25			
Hombre leproso	8:2-3	1:40-42		
Siervo del centurión	8:5-13		7:1-10	
Suegra de Pedro	8:14-15	1: 29-34	4:38-39	
Sanó a todos los enfermos	8:16-17	1:32-39	4:40-41	
Calma la tempestad	8:23-27	4:35-41	8:22-25	
Dos hombres de Gadara	8:28-34	5:1-20 Un hombre	8:26-39 Un hombre	
Un paralítico (y perdón de pecados)	9:2-7	2:3-12	5:18-25	

211

Resurrección de la hija de Jairo	9:18-19, 23-25	5:22-24, 35-42	8:41-42, 49-56	
Mujer con flujo de sangre	9:20-22	5:25-34	8:43-48	
Dos ciegos	9:27-31			
Mudo endemoniado	9:32-33			
Sanando toda enfermedad	9:35			
Hombre con la mano seca	12:9-13	3:1-6	6:6-11	
Ciego, mudo, endemoniado	12:22		11:14	
Sanó pocos en Nazaret	13:58	6:5		
Alimentación de los cinco mil	14:13-21	6:32-44	9:10-17	6:1-14
Andar sobre el mar	14:22-33	6:47-51		6:15-21
Al tocar su ropa en Genesaret	14:34-36	6:53-56		
La hija de la mujer cananea	15:21-28	7:24-30		
Sanó a todos los que traían a él en Galilea.	15:29-31			
Alimentación de cuatro mil	15:32-38	8:1-9		
Joven poseído por un demonio	17:14-18	9:17-29	9:38-43	

Moneda en la boca del pez	17:24-27			
Multitudes en Judea	19:1-2			
Dos ciegos	20:29-34			
Muchos en Jerusalén	21:14			
La higuera seca	21:18-22	11:12-14: 20-25		
El endemoniado en la sinagoga		1:23-26	4:33-35	
Sordomudo		7:31-37		
El ciego de Betsaida		8:22-26		
Bartimeo, un ciego		10:46-52	18:35-43	
El hijo de la viuda de Naín resucita			7:11-15	
Mujer lisiada que tenía espíritu de enfermedad			13:10-13	
Hombre hidrópico			14:1-4	
Diez leprosos			17:11-19	
La oreja del criado del sumo sacerdote			22:49-51	
El hijo del oficial en Capernaum				4:46-54
El paralítico de Betesda				5:1-9

El ciego de nacimiento				9:1–6
Resurrección de Lázaro				11:1–44
Pesca milagrosa				21:1–11

Las parábolas de Jesús

Y les enseñaba por parábolas muchas cosa. Marcos 4:2

Parábolas	Mateo	Marcos	Lucas
La lámpara debajo de un almud	5:14-16	4:21-22	8:16-17:11:33-36
Los dos cimientos	7:24-27		6:46-49
Remiendo nuevo en paño viejo	9:16	2:21	5:36
Vino nuevo en odres viejos	9:17	2:22	5:37-39
El sembrador	13:3-23	4:2-20	8:4-15
El trigo y la cizaña	13:24-30; 36-43		
La semilla de mostaza	13:31-32	4:30-32	13:18-19
La levadura	13:33		13:20-21
El tesoro escondido	13:44		

La perla	13:45-46		
La red	13:47-50		
La oveja perdida	18:12-14		15:3-7
La moneda perdida			15:8-10
El hijo prodigo			15:11-31
El siervo malvado	18:21-35		
Los obreros de la viña	20:1-16		
Los dos hijos	21:28-32		
Los labradores malvados	21:33-45	12:1-12	20:9-19
La fiesta de bodas	22:1-14		
La higuera	24:32-35	13:28-29	21:29-31
Las diez vírgenes	25:1-13		
Los talentos	25:14-30		
El siervo fiel e infiel	24:45-51	12:41-48	
Las ovejas y los cabritos	25:31-46		
El crecimiento de la semilla		4:26-29	

El día y la hora que no se sabe		13:34-37	21:25-36; 17:25-36; 12:41-48
El buen samaritano			10:25–37
Las buenas dádivas			11:5–13
El rico necio			12:16–21
El siervo vigilante			12:35-48
La higuera estéril			13:6-9
Los convidados a las bodas			14:7-11
La gran cena			14:15-24
El mayordomo infiel			16:1-15
El rico y Lázaro			16:19-31
El deber del siervo			17:7-10
La viuda persistente			18:1-8
El fariseo y el publicano			18:9-14
Las diez minas			19:11-27

Tesoros nuevos y viejos	13:51-52		
El dueño de la casa		13:33-37	
El acreedor y los dos deudores			7:41-43
El amigo que llega a medianoche			11:5-13
La parábola de la torre y el rey que va a la guerra			14:25-35
El mayordomo astuto			16:1-13

Apéndice VII

MAPAS

Decapolis

LAS DIEZ CIUDADES

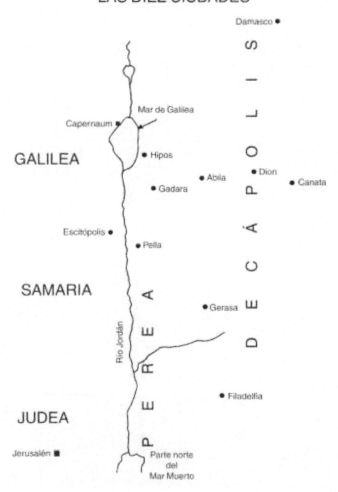

PALESTINA EN TIEMPOS DE JESÚS

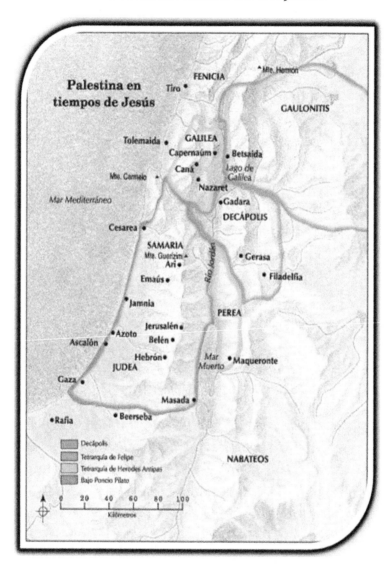

PLANO LADO NORTE
DE LA PLANTA BAJA DEL TEMPLO
EN LOS DÍAS DE JESÚS

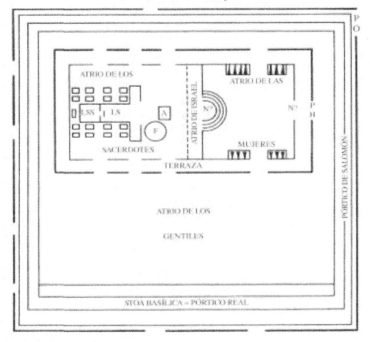

El diagrama presenta solamente los principales aspectos del templo de Herodes. Por lo que se refiere a la puerta de Nicanor, según Edersheim y Halberthal, estaba ubicada al oeste del atrio de las mujeres, aunque según muchas otras opiniones se encontraba al este de dicho atrio y se identifica con la Puerta Hermosa. Las principales fuentes para la obtención de información sobre el templo de Herodes, además de las referencias que nos da el Nuevo Testamento, son el tratado Middoth (medidas) que se encuentra en la Mishnah; Josefo, *Guerra judaica* V. 184-247, y *Antigüedades XV*,

38-425. También se han consultado A. Edersheim, *The Temple* (Londres, 1908); L. Halberthal, *The Plan of the Holy Temple of Jerusalem* (Montreal, 1967); T. Kollek & M. Peariman, *Jerusalem, A History of Forty Centuries* (Nueva York, 1968); y varios libros y artículos arqueológicos. Hendriksen, W. (1998). *Comentario al Nuevo Testamento: El Evangelio según San Marcos.* Grand Rapids, MI: Libros Desafío.

Apéndice VIII

Bosquejo del final largo del Evangelio según Marcos

Para facilitar el estudio y análisis histórico de contenido, haremos un bosquejo del final largo del Evangelio según Marcos, desde el verso 9 al 20.

I. **La revelación del Señor resucitado** (cap. 16, vv. 9-13).

> 9 Habiendo, pues, resucitado Jesús por la mañana, el primer día de la semana, apareció primeramente a María Magdalena, de quien había echado siete demonios. 10 Yendo ella, lo hizo saber a los que habían estado con él, los cuales estaban tristes y llorando. 11 Ellos, cuando oyeron que vivía, y que había sido visto por ella, no lo creyeron. 12 Pero después apareció en otra forma a dos de ellos que iban de camino, yendo al campo. 13 Ellos fueron y lo hicieron saber a los otros; y ni aun a ellos creyeron.

Todas las apariciones del Señor tuvieron un doble objetivo: Primero, asegurar a sus discípulos la realidad de su resurrección e identidad personal; y segundo, instruirles en la preparación de su futuro ministerio y testimonio ante el mundo.

1. **El privilegio de María Magdalena** (v. 9). Mientras que las demás mujeres se alejaron, María Magdalena se quedó cerca del sepulcro. El Señor, entonces, hizo su primera aparición. Aunque al ver morir al Señor su fe había flaqueado, su amor permaneció. No obstante, ese amor necesitaba más que un sepulcro vacío y el mensaje de los ángeles. Por eso, el Señor mismo le habló y todas sus dudas se desvanecieron. Ella, entonces, fue corriendo a la ciudad para contar lo acontecido a los demás.

2. **La incredulidad de los discípulos** (vv. 10-13). A pesar de la forma convincente en que María les hablaba, todo parecía demasiado maravilloso como para ser cierto; por tanto, los discípulos no le creyeron. Además, según la ley judía, las mujeres no eran consideradas testigos fidedignos en una corte de justicia.

La segunda aparición registrada aquí es a los dos discípulos que iban camino a Emaús y que Lucas describe en detalle (24:13-31). Al regresar a Jerusalén y relatar a los discípulos el encuentro que habían tenido con el Señor resucitado, se encontraron con la misma incredulidad que tuvieron con María. Resultaba difícil convencerlos de que Jesús había vencido a la muerte. Muchos son tardos para creer la verdad de Dios, y muy dispuestos a creer la mentira del diablo.

II. La renovación de la comisión (cap. 16, vv. 14-18).

14 Finalmente, se apareció a los once. Estaban ellos sentados a la mesa, y les reprochó su incredulidad y dureza de corazón, porque no habían creído a los que le habían visto resucitado. 15 Y les dijo: Id por todo el mundo y predicad el evangelio a toda criatura. 16 El que creyere y fuere bautizado, será salvo; mas el que no creyere, será condenado. 17 Y estas señales seguirán a los que creen: En mi nombre echarán fuera demonios; hablarán nuevas lenguas; 18 tomarán en las manos serpientes, y si bebieren cosa mortífera, no les hará daño; sobre los enfermos pondrán sus manos, y sanarán.

1. **La crítica o reproche del Señor** (v. 14) por su incredulidad, al no aceptar los testimonios de María y de los hombres de Emaús. Esta tercera aparición del Señor, entre las registradas por Marcos, tuvo lugar ese mismo domingo por la noche. Luego del reproche de Jesús, los discípulos se habrán sentido avergonzados por sus dudas sobre la resurrección corporal del Salvador.

2. **La comisión que recibieron** (vv. 15-16). Aparentemente, fue en vísperas de su ascensión, de modo que hay un intervalo considerable entre los versos 14 y 15.

a. El anuncio exigido (v. 15^a) de proclamar las buenas nuevas. Cada Evangelio termina con la Gran Comisión, aunque en términos significativamente diferentes, lo que señala que este mandato fue reiterado en varias ocasiones. No es una sugerencia de conveniencia o no, sino una orden que debe ser obedecida. Por eso debemos ponernos a disposición del Señor para acatar y cumplir con la Gran Comisión.

b. Los alcances esperados (v. 15^b). Las palabras "todo el mundo" en el griego son aún más enfáticas, y significan "el mundo entero, toda la creación". Así es, "a toda criatura", por más distante y apartada que esté. Cada persona en el mundo entero está dentro del alcance del mensaje de la gracia de Dios. Al fin, toda barrera debía ser derribada para que el río de la gracia fluya a todos. Cada ser humano de toda raza, lengua y nación tiene el derecho de escuchar el evangelio; y cada uno que lo ha oído tiene la obligación de retransmitirlo. Es por eso que una iglesia sin visión evangelizadora y misionera no se ajusta al modelo exigido por Dios. Por el contrario, desobedece su orden perentoria.

c. La acogida o recepción (v. 16) de ese evangelio que debían proclamar:

- La salvación de los que creen (v. 16^a). Salvación de la muerte espiritual y de la pena del pecado. El bautismo luego sería la esperada expresión exterior y el testimonio visible de la identificación con Cristo y de la decisión de fe ya tomada. Si una persona creía, se esperaba que fuera bautizada.

- La sentencia contra los que no creen (v. 16^b). Serán condenados por Dios. La razón de esa condenación es la incredulidad, y no el dejar de cumplir alguna ordenanza como el bautismo. Esto reitera que el único requisito para apropiarse de la salvación que Dios ofrece es la fe en Él.

3. **La confirmación por las señales que seguirán** (vv. 17 y 18). El propósito de estas señales se indica en Hebreos 2:3-4 y 2 Corintios 12:12. Antes que el Nuevo Testamento fuese completado, los hombres pedirían a los apóstoles y a otros creyentes pruebas y credenciales de que el evangelio era de origen divino. Esto para confirmar su predicación, pues Dios atestiguó con señales y maravillas y varios dones del Espíritu Santo (Hch 4:30-33; 5:12). En el libro Hechos encontramos ejemplos de casi todas las señales aquí mencionadas.

a. Expulsión de demonios. Así se señala la victoria sobre el reino de atanás.
b. Hablar en nuevas lenguas que eran desconocidas para los que las hablaban.

c. Tomar en las manos serpientes. Tanto esta señal como la que sigue, involucra una promesa de protección divina en el servicio del Señor o en el cumplimiento del deber. Entendemos que no puede referirse a actos deliberados de tomar serpientes venenosas o de beber pociones venenosas.

d. Beber veneno sin que tenga efectos nocivos. No se registra ningún caso en el libro Hechos, pero el historiador Eusebio lo atribuyó a Juan y Bernabé.

e. Imponer las manos sobre los enfermos para sanarlos.

En todos los casos, estas señales eran para confirmar el poder divino y glorificar a Dios, no para la autopromoción o glorificación de quienes las realizaban.

III. La recepción celestial del Señor (cap. 16, v. 9).

> 19 Y el Señor, después que les habló, fue
> recibido arriba en el cielo, y se sentó a
> la diestra de Dios.

1. **Su ascensión gloriosa** (v. 19^a) por la intervención de Dios, como indica este pasaje y 1 Timoteo 3:16. Esto marca el fin de su ministerio terrenal y el comienzo de su nuevo ministerio en el cielo como Sumo Sacerdote y abogado de su pueblo (Heb 7-10; 1 Jn 2:1-3).

Llama la atención el paralelo entre Marcos y Filipenses capítulo 2. Jesús vino como siervo (Flp 2:1-7; ver Mr cap. 1 al 13), murió en la cruz (Flp 2:8; ver Mr 14 y 15), y fue exaltado en gloria (Flp 2:9; ver Mr 16). Tanto Pablo como Marcos destacan la necesidad de que el pueblo de Dios haga llegar el mensaje a todas las naciones (Flp 2:10-11; Mr 16:15-16) en la seguridad de que Dios obrará en y a través de los que prediquen el evangelio (Flp 2:12-13; Mr 16:19-20).

2. **El lugar que ocupó y aún ocupa** (v. 19^{b}), sentado a la diestra de su Padre (Heb 1:3), nos habla de su majestad, poder y autoridad; y nos recuerda que es "Rey de reyes y Señor de señores" (Ap 19:16). Debemos reconocerle como Señor de nuestra vida y tomar la determinación de vivir cada día en obediencia a su voluntad.

El estar sentado confirma que su obra ya ha sido acabada. En contraste, en el tabernáculo no había asiento alguno, lo cual señalaba que la obra del sacerdote nunca concluía. Por eso resulta significativa la comparación que se hace en Hebreos 10:11-13 entre los sacerdotes que "día tras día" ministran y ofrecen "muchas veces los mismos sacrificios", y Aquel que "habiendo ofrecido una vez para siempre un solo sacrificio por los pecados, se ha sentado a la diestra de Dios".

Entre los versículos 19 y 20 tuvo lugar Pentecostés, que inauguró una nueva era para esta humanidad tan necesitada de Dios. Es la era del Espíritu Santo.

IV. Los resultados benditos (v. 20).

> 20 Y ellos, saliendo, predicaron en todas partes, ayudándoles el Señor y confirmando la palabra con las señales que la seguían. Amén.

La labor del Señor sobre la tierra fue continuada a través de sus discípulos (ver Hch 1:1). "Señor" era un nuevo título, apropiado para esta nueva condición. Durante su ministerio terrenal, su nombre era Jesús; pero por haber resucitado, ahora es el Señor, Señor Jesús o Señor Jesucristo.

1. **El acatamiento y obediencia de los discípulos** (v. 20[a]). Hoy nuestro acatamiento se hace más perentorio, pues debido a la explosión demográfica aumenta aún más el número de aquellos que no conocen a Cristo. Sin embargo, el método para alcanzarlos sigue siendo el mismo: la predicación del evangelio con todos los medios disponibles, y a través de discípulos consagrados con un amor ilimitado por el Señor y las almas que todavía no le conocen. Discípulos que no consideran ningún sacrificio demasiado grande por él.

La voluntad de Dios para cada hijo Suyo es la evangelización del mundo. Como repetidamente se ha dicho: "que la Gran Comisión no se convierta en la gran omisión". La evangelización del mundo no es optativa, sino obligatoria. No es solo un complemento de la obra de Cristo, sino que es fundamental para ella. Sin duda, por esta razón en cada uno de los Evangelios se reitera tal comisión, y en cada caso se trata de un mandato divino. No podemos escoger si queremos o no evangelizar al mundo. Dios ya ha tomado esa decisión. La única opción que nos queda es obedecer o desobedecer.

2. **La ayuda del Señor** (v. 20^b). Todo lo que los discípulos hacían era en realidad la obra del Señor en y a través de ellos por medio del Espíritu Santo. Este era el secreto del éxito de la Iglesia apostólica, y sigue siéndolo en nuestros días. El Maestro arriba, los siervos abajo, cooperando en el esfuerzo para salvar a los hombres (1 Co 3:5-9). Nuestro Señor nunca nos abandona, dejando que realicemos la tarea solos.

Nada en la historia del mundo resulta más maravilloso que el haber encargado a este puñado de hombres, sin mucha escuela, la empresa más grande de todos los tiempos. Y estos hombres triunfaron sin recursos materiales ni medios sofisticados; y a la vez, afrontando fuerzas opositoras abrumadoras. La única explicación posible es la que se da aquí, que el Señor resucitado y ascendido actuó en y a través de ellos.

Jesucristo, el Siervo perfecto, sigue actuando ahora a través de sus siervos aquí en la tierra. Es cierto que el carácter de su ministerio ha cambiado en parte; pero desde su lugar de majestad y gloria a la diestra del Padre, dirige las acciones de los suyos, hasta que se cumplan todos los propósitos de Dios para este tiempo.

La mayor confirmación que hoy Dios da a nuestra labor son los milagros de convicción y conversión producidos en los corazones y vidas de aquellos a quienes proclamamos el evangelio, para que no se pierdan, sino que tengan vida eterna.

Continuación de comentarios al pie de página

1. Viene de la pág. 14. Continuación del comentario 3 acerca de "*Hijo de Dios*" (cap. 1:1).

El evangelio es un tema importante en Marcos. La palabra εὐαγγελίου aparece aquí ocho veces, versus solo cuatro veces en el Evangelio según Mateo y ninguna en Lucas y Juan. Con el uso frecuente del término, Marcos enfatizó la frescura e incluso el carácter revolucionario del mensaje de Jesús. Este mensaje ofreció esperanza a los abandonados y oprimidos.

El nombre Jesús, que significa "Dios salva", es el equivalente griego del hebreo "Joshua" (ambas palabras han sido castellanizadas). Como nombre común en el primer siglo, lo compartían otras dos o tres personas mencionadas en el N. T.: Barrabás (Mt 27:16-17, NRSV, NEB), Jesús Justo (Col 4:11) y Josué (Hch 7:45; Heb 4:8, KJV). Josefo se refirió a unas veinte personas diferentes que tenían este nombre. Marcos lo usó ochenta veces sin enfatizar el significado teológico del nombre. La palabra griega "Cristo" es el equivalente a la palabra hebrea "Messiah" (castellanizada también); y en realidad, Cristo se traduce como Mesías. Ambas significan el Ungido, es decir, una persona comisionada por Dios para una tarea especial. En el primer siglo, algunos judíos aguardaban por un rey ungido, de quien esperaban restauraría el reino de

David y consumaría la era. El término Cristo o Mesías era originalmente un título, pero en los días de Marcos estaba en camino de convertirse en un nombre propio (9:41). En el A. T., los sacerdotes (Ex 29:7, 21), los profetas (1 R 19:16) y los reyes (1 S 10:1) eran ungidos para tareas especiales. Marcos no describió a Jesús como sacerdote, y explícitamente dijo muy poco sobre él como profeta (6:4, 15; 8:28); pero en 15:2, 9, 12, 18, 26, 32 lo describe como el Rey de los judíos de Israel. Para Marcos y sus lectores/oyentes, Jesús fue el único superior a todos los demás, pues fue el ungido por Dios para la tarea más grande de todos los tiempos. Evidentemente, en su bautismo (1:9-11), Jesús fue ungido formalmente para su misión especial.

2. Viene de la pág. 16. Continuación del comentario 15 acerca de "*estudiante*" (viene del título en cap. 1:14).

La mayoría de las versiones bíblicas lo traducen como "discípulo". Pero queremos resaltar el hecho de que un discípulo es realmente un alumno. En el caso del contexto judeocristiano, se refiere específicamente a un estudiante de la Torah. Por tanto, todo discípulo de Cristo es un alumno estudioso de la Palabra de Dios. Jesús realmente tuvo una escuela rabínica cuyo objetivo principal era el estudio de la Torah (como toda escuela rabínica de su época), lo cual se tenía que cursar en el lapso de tres años. Había otros rabíes que tenían más alumnos o aun menos (discípulos), por ejemplo, un discípulo famoso de Hilel llamado Rabbí

Johana ben Zakkai. Hilel tuvo 80 discípulos, pero Johana ben Zakkai, quien vivió en los tiempos de Jesús, tuvo 5 discípulos (alumnos). De estos 5 discípulos se destacaron, a su vez, 2 de ellos: Eliezer ben Hyrcanus y Joshua ben Hananiah. Luego, en el segundo siglo se destacó otro Rabbí llamado Akiva ben Yosef quien fue discípulo de Joshua ben Hananiah. Así que, discípulo o alumno era una cuestión importante en los tiempos de Jesús, así como también lo relacionado a las escuelas rabínicas. Nos referimos a asuntos que ocupaban un lugar importante en la sociedad de aquel entonces.

3. Viene de la pág. 26. Continuación del comentario 32 acerca de "*Levi*" (cap. 2:14).

Es la misma persona que escribió el Evangelio que lleva su nombre. Alfeo significa "cambiar". Es obvio que la lealtad de Mateo cambió, desde ser un siervo de Roma hasta unirse a Jesús como su futuro apóstol. Marcos y Lucas llaman a este hombre Leví (nombre que se menciona en Gn 29:34), pero él se llama a sí mismo Mateo (Mt 9:9), que significa "don de Jehová". ¿Cuándo fue cambiado su nombre de Leví a Mateo? ¿Fue Jesús quien le dio este nuevo nombre cuando siendo recaudador de impuestos llegó a ser su discípulo? ¿Fue en la misma forma que el Señor cambió el nombre de Simón a Cefas = Pedro? (Mr 3:16; Jn 1:42). También es posible que, desde el comienzo, este nuevo discípulo haya tenido dos nombres. Lo mismo pudo haber pasado con Tomás (Jn 11:16) y Bartolomé (Mt 10:3; Mr 3:18; Lc 6:14; Hch 1:13; Jn 1:45-49; 21:2). Leví y Mateo son la misma persona, según lo demuestra la comparación de los tres relatos de los Evangelios sinópticos. Además, Lucas llama "publicano" a Leví (5:27), y en la lista de los Doce (según se ve en Mt 10:3) se menciona a "Mateo el publicano."

4. Viene de la pág. 35. Continuación del comentario 52 acerca de "*La blasfemia contra el ES*" (cap. 3:29).

Lo cual conduce finalmente a rechazar la deidad de Cristo. Este pasaje ha preocupado a muchas personas, quienes se han preguntado si han cometido este pecado. Para dilucidar esto, deben tomarse en cuenta cuatro condiciones: (1) La naturaleza del pecado es atribuir la obra obvia del Espíritu Santo al mismo satanás; por ejemplo, liberar a las personas por el poder de satanás y no por el poder de Dios. (2) No es simplemente una duda momentánea o una actitud pecaminosa, sino que de hecho es una condición consciente matizada de maldad, perversión, difamación, odio, rechazo, mentira y crueldad contra la obra del Espíritu, como lo tipificaron los líderes religiosos que se opusieron a Jesús. (3) Una persona a la que le preocupa la posible creencia de que pecó contra el Espíritu, en realidad no ha estado ni cerca de haber cometido este pecado, porque los que lo cometen aquí (es decir, los fariseos y líderes religiosos) no están preocupados en lo más mínimo por la advertencia de Jesús. Nuevamente, si una persona teme haber cometido el llamado "pecado imperdonable" y está angustiada porque le inquieta no alcanzar la salvación, no ha cometido bajo ninguna circunstancia el pecado contra el Espíritu Santo; de otra manera, no sentiría tal convicción y temor. (4) El pecado de blasfemia contra el Espíritu Santo debería ser ejecutado en el mismo momento en que Jesús está ejerciendo su ministerio de echar fuera demonios y, en ese preciso momento, la persona se tendría que oponer a ello, maldiciendo y rechazando a Cristo y su poder (que viene del Espíritu Santo). Hay un ejemplo en el A. T. que ilustra esto. En Nm 16, a la voz de Moisés, cayeron vivos al infierno los que se rebelaron contra él: Coré, Datán, Abiram y todos los que se le unieron (ver 16:29-33). Nadie más ha caído vivo al infierno por causa de una rebelión contra un siervo de Dios. La sentencia estaba dada solo para ese momento. Hoy día, por la gracia de Dios, no hay pecado que Él no pueda ni esté dispuesto a perdonar. Es interesante resaltar que cuando Jesús dictó la sentencia sobre la blasfemia contra el Espíritu Santo, aún no había derramado su sangre poderosa e invencible. Pero ahora sabemos que Cristo ya murió en la cruz. Su sangre poderosa e invencible ha sido derramada. Consumado es, dijo Jesús. El velo del templo se rasgó en dos, ahora tenemos libre acceso al Trono de la Gracia. Si hoy día hubiera algún pecado que Dios no pueda perdonar, los siguientes pasajes bíblicos estarían en conflicto teológico y hermenéutico: Col 2:13 (Dios en Cristo perdonó todos los pecados), 1 Jn 1:7 (la sangre de Su Hijo Jesús nos limpia de todo pecado), 1 Jn 1:9 (si confesamos nuestros pecados, Dios los perdonará), Pr 28:13 (el que encubre sus pecados no prosperará, pero el que los confiesa y se aparta alcanzará misericordia), Lc 1:37 (para Dios no hay nada imposible), Ap 1:5 (al que nos ama y que por su sangre nos ha librado de nuestros pecados), 1 P 2:24 (Cristo mismo llevó en su cuerpo nuestros pecados a la cruz). La pluralidad aquí expresada en estos pasajes indica todo. ¡Gracias Dios, por Jesucristo, Señor nuestro! Además, Marcos explica que fue a los escribas a quienes Jesús les dio esta sentencia, por causa expresa de lo que decían contra él. (Ver Mr 3:30).

5. Viene de la pág. 38. Continuación del comentario 60 acerca de "*El que tiene oídos para oír debe escuchar*" (cap. 4:9).

Esta fue una expresión común usada por Jesús al requerir que escuchasen y prestasen atención (Mt 11:15; 13:9, 43; Mr 4:23; Lc 8:8; 14:35). Esta expresión se repite varias veces en Marcos, y tiene como propósito exhortar a quien escucha a prestar atención. "El que tiene oídos para oír debería usarlos". La frase asume que no todas las personas van a estar dispuestas a escuchar, ya que solo los que tienen oídos para oír podrán prestar atención. Por lo general, aplicamos partes de esta parábola a los incrédulos, pero Jesús nos instruye que la apliquemos a nosotros mismos. Los cuatro tipos de suelos hablan de cuatro tipos de corazones: corazones indiferentes, corazones huecos, corazones perceptivos a medias y corazones completos.

Con el primer suelo vemos la actividad de satanás; con el segundo, la de la carne (connota la simple naturaleza humana terrenal apartada de la influencia divina); y el tercero, la del mundo. Dar fruto nunca es un problema con la semilla, sino del suelo sobre el cual cae la semilla.

6. Viene de la pág. 40. Continuación del comentario 63 acerca de "*sean perdonados*" (cap. 4:12).

Lamentablemente, hay personas que se niegan a tomar este camino hacia Dios. Podemos decidir oír a Dios y convertirnos a Él si le creemos de todo corazón. Jesús evoca en este verso lo que dice Is 6:9-10, donde encontramos una ironía dicha por el profeta. Tanto Jesús como el profeta están usando una figura literaria que en hermenéutica se define como ironía (del lat. ironīa, y del gr. εἰρωνεία). Es una figura retórica que consiste en decir lo contrario a lo que se quiere expresar, aunque por deducción lógica siempre se hace resaltar lo verdadero. Cuando se usa en las Escrituras, nunca es con el propósito de humillar o escarnecer, sino de hacer brillar con intensidad la verdad en una enseñanza determinada. Las parábolas, como método por excelencia de Jesús para enseñar, hacían que la instrucción fuese tan clara que podía ser entendida por todos. "Les hablo en parábolas para que no entiendan" es parte de retórica en esta ironía, ya que, precisamente, la parábola es para lograr todo lo contrario a lo dicho aquí con ironía. En el caso de

Isaías y Jesús, cuando hablaron en parábolas al pueblo, lo hicieron precisamente para asegurarse de que todos los oyentes entendieran y no existiera ninguna excusa de decir: Nadie me dijo nada. Con esto queda claro que no se trata de que la gente no entendió lo que se les dijo, sino que no aceptaron lo que se les enseñó. Sus corazones no estaban dispuestos a recibir el mensaje. Tanto Isaías como Jesús hablaron en parábolas para que la gente se arrepintiera y fueran perdonados, pero esto no sucedió porque, intencionalmente, ellos cerraron su corazón a Dios. Por tanto, el pueblo que escuchó la parábola la oyó y sí entendió, pero no quiso creerla ni obedecer su mensaje. Se demuestra, una vez más, que lo que se llega a conocer realmente depende de si la persona o nación está dispuesta a obedecer lo que se la Escritura enseña.

7. Viene de la pág. 41. Continuación del comentario 68 acerca de "*y otro cien*" (cap. 4:20).

La parábola llamada "del sembrador" debería llamarse la parábola de los oidores, porque en lugar de enfocarse en el sembrador (quien es el que predica) o en la semilla (que es la Palabra), realmente se enfoca en identificar y describir cuatro tipos de personas que oyen la palabra. De estas cuatro tierras, solo una da fruto (Mt 13:1-23; Mr 4:1-20; Lc 8:4-15). Jesús describe cuatro diferentes tipos de discípulos que oyen sus enseñanzas y sus respuestas a la Palabra es el principal enfoque de la parábola. Solo la buena tierra produce fruto y la condición de esta determinará la germinación de la semilla y el éxito o fracaso de la cosecha. Se debe considerar en la enseñanza de esta parábola, que los agricultores tienen su mayor preocupación en la calidad de la tierra, que la semilla la tienen bien escogida y las lluvias son bien calculadas, así como el elegir el tiempo adecuado para la siembra. Consideraciones que también se deben tener con la siembra de la Palabra.

Con respecto al "misterio" que es dado a conocer a los discípulos, se explica porque solo ellos estaban prestos a obedecer la enseñanza. Estaban dispuestos a prestar atención, a recibir de Dios la Palabra y a ponerla en acción. Entonces, para el que tiene un buen corazón y es sincero con Dios, no habrá ningún misterio difícil de obedecer, porque son buena tierra. Mientras que los que escuchan el mensaje y endurecen su corazón, resistiéndose al poder de la Palabra, les va a ser difícil practicarlo. Para ellos es un misterio. Aunque en realidad es una gran excusa, ya que les es fácil escuchar la Palabra, aunque les es difícil practicarla, y terminan diciendo: "es que no entiendo", cuando en realidad lo que deberían decir es: "no quiero seguir a Jesús". Por eso, todo el que ve, todo el que entiende, y todo el que se convierte es porque está dispuesto en su corazón a obedecer. Los que obedecen son los únicos que entienden los misterios de Dios (los mensajes de Jesús). Ellos obedecen porque son buena tierra (tienen un buen corazón) y practican la Palabra, es decir, dan fruto. Entones, la tierra fértil que da fruto se compara al discípulo que tiene un buen corazón. Y el mensaje aquí es claro: Seamos como el discípulo que recibe la Palabra de la enseñanza de Jesús con buen corazón.

Desafortunadamente, todavía muchos creen que las parábolas encierran un misterio (4:11) lo que haría más difícil aprender por medio de ellas, pero no es así realmente. Cuando entendemos la definición rabínica de lo que es una parábola podemos reconocer lo que Jesús quiso decir con lo de "el misterio". Una parábola es una historia con un mensaje que contiene verdades dirigidas al que la oye, de quien se espera que de inmediato obedezca la enseñanza dada. La importancia de la parábola en cuestión radica en que hace énfasis en la riqueza mayor de la fe y la vida piadosa: se debe oír y obedecer la Palabra de Dios. Solo escuchar no es suficiente. Y esto es lo que se espera que se haga con cada parábola, descubrir las verdades que transmite y obedecer. De tal manera que en esta parábola se describe la relación entre la enseñanza y el obedecer lo aprendido, donde la actitud del corazón determinará la habilidad del discípulo para recibir el mensaje y ponerlo en acción. La calidad del corazón es lo que hace a un verdadero discípulo. La tierra buena en esta parábola es el buen corazón (Lc 8:15). Esto es lo que comunica el profundo mensaje de Jesús. El buen corazón es lo que se necesita para que la Palabra de Dios no vuelva a Él vacía. Al ser obedecida, que significa el ponerse en práctica, cumple su propósito en nuestras vidas y es bendecido todo nuestro ser.

Cuando Isaías y Jesús hablan de "para que escuchen, pero no entiendan", están manejando una expresión irónica. Lo que realmente quieren decir es: "sí entendieron, pero no quieren obedecer". Escucharon el mensaje y entendieron, pero no están dispuestos a convertirse ni a obedecer. Todos escucharon a Jesús y entendieron su mensaje, pero pocos se convirtieron.

En Marcos 4:15-20 vemos un denominador común en la interpretación de los cuatro tipos de suelos, que corresponden a cuatro tipos de discípulos que oyen y responden diferente. Solo el último da fruto.

> 15 Lo que fue sembrado junto al camino es el que oye la Palabra, y de inmediato viene satanás, y quita la Palabra que fue sembrada.
> 16 Asimismo, lo sembrado sobre pedregales, es el que oye la Palabra, y de inmediato la recibe con gozo;
> 17 pero al no tener suficiente raíz, duran solo por un tiempo; entonces, cuando pasan por aflicciones y persecuciones por causa de la Palabra, enseguida tropiezan y se apartan.
> 18 Lo sembrado entre espinos es el que oye la Palabra;
> 19 pero el afán de la vida, el engaño de las riquezas, y la codicia de muchas cosas, logran tener más importancia que la Palabra y la ahogan, y se vuelve infructuosa.
> 20 Lo sembrado en buena tierra es el que oye la Palabra, la reciben, y da fruto...

Según Lucas 8:15, la buena tierra representa al discípulo de buen corazón. En la literatura rabínica del primer siglo, una persona con buen corazón tipifica a alguien generoso, sincero y de agradable carácter. Una persona con buen corazón es también un correcto servidor, es perceptivo (sensible) y cumple con todas las características para ser un excelente discípulo de la Palabra. El discípulo ideal es aquel que tiene este buen corazón porque busca siempre el Reino de los cielos. El Reino de los cielos significa que la gente puede reconocer su Reino y recibir el poder para dedicar su vida a Dios. Si la persona recibe la enseñanza de Jesús con buen corazón, recibe el Reino de Dios con gozo, y no permite que nada ni nadie le desanime a seguir hasta el fin. Escuchan el mensaje de Jesús y lo pone en ejecución.

Cada una de estas cuatro personas referidas en la parábola tomaron su propia decisión. Unos dejaron que satanás les quitara la Palabra sembrada. Otros no permitieron a la Palabra arraigarse en sus corazones. Otros se enredaron con los afanes de la vida y perdieron de vista el mensaje de Jesús. El factor determinante fue la condición de cada tierra o lugar donde cayó la semilla. Todos pueden escuchar el mensaje de Jesús, pero es la tierra fértil la que provee los nutrientes necesarios para que la semilla germine y crezca la planta. El amor a Jesús, el Gran Maestro, emerge como un reto a cada persona para recibir la Palabra con un buen corazón. Y cada persona que escuche y actúe de acuerdo a la enseñanza de la Palabra con buen corazón, producirá mucho fruto.

8. Viene de la pág. 42. Continuación del comentario 69 acerca de "...*la lámpara*" (cap. 4:21).

La lámpara es "la Palabra de Dios" y la luz que emite es "nuestra vida" que "predica" al mundo el mensaje de esperanza a través de nuestro diario vivir. Eso es dar fruto a treinta, a sesenta, y a cien por uno.

9. Viene de la pág. 45. Continuación del comentario 81 acerca de "*gadareno*" (cap. 5:1).

Esta región era una fortaleza helenística a 10 km al sudeste del lago de Genesaret. Mateo sitúa en la región de los gadarenos la curación de los endemoniados (Mt 8:28), mientras que Marcos y Lucas en la región de los gerasenos (Mr 5:1; Lc 8:26), que en realidad describen a la misma región. Estaba poblada mayormente por gentiles (de ahí la práctica de la crianza de puercos). Los cerdos eran considerados animales inmundos por los judíos. (Ver Mateo 8:28-34).

10. Viene de la pág. 46. Continuación del comentario 82 acerca de "*arrodillándose*" (cap. 5:6).

En nuestra revisión de la Escritura traducimos proskuneó como adoración o adorar solo cuando se trata de Dios, de Cristo resucitado o seres celestiales. Todas las veces que aparece proskuneó relacionado a Jesús de Nazaret no resucitado o relacionado a una autoridad humana, lo traducimos como postrarse, arrodillándose, para mostrar respeto a la autoridad, reverencia, o reconocimiento. Jesús de Nazaret, aunque es Dios Hombre, Emmanuel, nunca usó su poder divino para hacer lo que hizo en su ministerio terrenal. Él prefirió llamarse a sí mismo el Hijo del Hombre. Pero una vez resucitado se identificó a sí mismo como: "Yo soy el Alfa y la Omega, el principio y el fin, dice el Señor, el que es y que era y que ha de venir, el Todopoderoso". Ap 1:8. Claramente, el Dios Hombre resucitado ahora se muestra como el Hijo Eterno del Padre. Es evidente que hay una gran diferencia en el ministerio de Jesucristo antes y después de su resurrección y προσκυνέω proskuneó debe de tomar la forma correcta en cada caso, dependiendo de si se usa en Jesús de Nazaret resucitado o no. Literalmente, proskuneó es una palabra compuesta (prós, "hacia" y kuneo, "besar"). Propiamente indica besar el suelo al postrarse ante un superior, adorar, dispuesto a inclinarse, postrarse para adorar de rodillas (DNTT), para hacer reverencia. El significado básico de proskuneó, en opinión de la mayoría de los eruditos, es besar a alguien. En los relieves egipcios, los adoradores están representados con la mano extendida lanzando un beso a (prós "hacia") la deidad. Proskuneó ha sido metafóricamente descrito como "el acto más sublime" entre los creyentes (la Novia del Cordero) y Cristo (el Novio celestial). Por otro lado, proskuneó sugiere la disposición voluntaria de hacer todos los gestos físicos de reverencia que son necesarios. Προσκυνέω proskuneó, desde los más antiguos documentos, como se dijo antes, ha sido usado para indicar con frecuencia: postrarse, acto apropiado, besar la mano a, inclinarse hacia alguien en señal de reverencia. Por eso, entre los orientales, especialmente los persas, significa: caer de rodillas y tocar el suelo con la frente como expresión de profunda reverencia. En el N. T. se traduce en su totalidad como: arrodillarse o postrarse para rendir homenaje (a uno) o hacer reverencia, ya sea para expresar respeto o para hacer una súplica, adorar, adoración. Pero la connotación hermenéutica que se da a proskuneó, expresa solo dos aplicaciones. Se usa únicamente en dos sentidos, a saber:

(1) Como homenaje mostrado a hombres de rango superior, aparece en: Mt 2:2, 8, 11; 4:9; 8:2; 9:18; 14:33; 15:25; 20:20; Mr 5:6; Jn 9:38; Hch 10:25; Ap 3:9.

(2) Como homenaje rendido a Dios y al Cristo ascendido, a los seres celestiales y a los demonios (lo que envuelve el entendimiento sobre nuestro adorar), aparece en: Mt 4:10; Lc 4:7-8; 24:52; Jn 4:20-21, 23; 12:20; Hch 7:43; 8:27; 24:11; 1 Co 14:25; Heb 1:6; Ap 4:10; 5:14; 7:11; 9:20; 11:1, 16; 13:4, 12; 14:7, 9, 11; 15:4; 16:2; 19:4, 10, 20; 20:4; 22:8.

11. Viene de la pág. 46. Continuación del comentario 83 acerca de "*¿Que tienes en mi contra?*" (Cap. 5:7).

La expresión hebrea equivalente en el A. T. tenía dos significados básicos: (1) Cuando una persona estaba molestando injustamente a otra, la parte agraviada podía decir: "¿qué a mí y a ti?", es decir: "¿qué te he hecho para que me hagas esto?" (Jue 11:12; 2 Cr 35:21; 1 R 17:18). (2) Cuando se le pedía a alguien que se involucrara en un asunto, pero reconocía que no era de su incumbencia, podía decirle al que se lo pedía: "¿qué para mí y para ti?", es decir: "eso es asunto tuyo, no mío" (2 R 3:13, Os 14:8). Estos matices aparentemente se ampliaron en griego, pero las nociones básicas de hostilidad defensiva (opción 1) e indiferencia o desvinculación (opción 2) todavía están presentes. Al lenguaje contemporáneo se sugiere lo siguiente como glosa para esta expresión: ¿Qué tengo que ver contigo? ¿Qué tenemos en común? ¡Déjame solo! ¡No importa! La hostilidad entre Jesús y los demonios ciertamente debe entenderse en este contexto, de ahí que la mejor traducción sería trasmitir el: "déjame en paz" o "no me molestes".

12. Viene de la pág. 48. Continuación del comentario 88 acerca de "territorio" (cap. 5:17).

Historia similar se vuelve a repetir en nuestros días, siglo XXI, donde gente malvada usa el poder político en naciones, ciudades y comunidades, para establecer leyes antibíblicas y anticristianas que le niegan la libertad religiosa al individuo. Aún más, los tres Evangelios sinópticos relatan lo ocurrido en Gadara, lo cual es esencial para la comprensión de la lección que aquí se imparte: aquellos hombres tenían miedo de Jesús o estaban resentidos con él. ¿Quizás porque les había privado de sus bienes? ¿Quizás porque estaba perturbando su régimen habitual de vida privada? ¿Cuántas veces, incluso en nuestra época, no se ha repetido este mismo incidente? La gente está ansiosa por escuchar la historia de Jesús y de su amor. Eso sí, siempre y cuando no se insista demasiado en las implicaciones del evangelio en su vida y conducta diaria, porque les sería desagradable e inquietante (Mt 18:23-35; 25:31-46; Jn 13:14, 15; 2 Co 8:7-9; Ef 4:32; 5:2).

13. Viene de la pág. 55. Continuación del comentario 108 acerca de "dos túnicas" (cap. 6:9).

Debían mostrar un estado de peregrinaje, andar con la menor carga posible y tan libres como pudieran estar, sin preocuparse de ningún otro asunto más que en ministrar la Palabra. Era común que los viajeros usaran dos túnicas para poderse cambiar. El relato de Mateo y Lucas prohíbe aun el bastón y las sandalias; sin embargo, la advertencia de no llevar enseres de sobra se extiende a los siguientes artículos: sandalias y bastón. Si esto es correcto, entonces lo que Jesús dice también aquí en Marcos es: no se debe llevar una túnica de sobra, ni sandalias de sobra, ni bastón de sobra. El bastón que tenéis en vuestras manos ha de ser el único bastón que llevéis; las sandalias que usaréis serán las únicas que llevaréis.

14. Viene de la pág. 62. Continuación del comentario 121 acerca de "endurecidos" (cap. 6:52).

El conocimiento religioso que habían recibido desde niños todavía los tenía ciegos. Cada milagro lleva un mensaje. Por tanto, con el milagro de los panes y los peces tampoco pudieron entender quién era realmente Jesús, el Mesías. Más tarde lo entenderían todos. Sin embargo, el problema estaba en sus corazones, por su poca fe. En realidad, sus corazones estaban endurecidos. En la Escritura, el corazón es la sede de los sentimientos y de la fe, como también la fuente de las palabras y de las acciones (Mt 12:34; 15:19; 22:37; Jn 14:1; Ro 10:10; Ef 1:18). Es la raíz de la vida intelectual, emocional y volitiva del hombre, es el núcleo y centro de la existencia humana, su ser más íntimo. "De él mana la vida" (Pr 4:23). "El hombre mira lo que está delante de sus ojos, pero Jehová mira el corazón" (1 S 16:7). Cuando Marcos expresa que el corazón de estos discípulos estaba endurecido, probablemente lo dice por la torpeza de los Doce al manifestar incapacidad para deducir y llegar a las conclusiones acertadas ante los milagros de Jesús. Tal vez, como resultado de su negligencia, al no reflexionar y meditar en aquellas prodigiosas obras realizadas y en su Autor. El asombro no les impidió caer sumidos en una especie de sopor o pereza espiritual, y a pesar de esto, en su regocijo en medio del mar, estos discípulos llegaron finalmente a reconocer la deidad de su Maestro, como realmente sucedió según lo muestra Mateo (Mt 14:33). En otras palabras, no se les ocurrió preguntarse lo que de aquel Ser divino podría esperarse. Una y otra vez fue necesario despertarles de su letargo espiritual. Por otra parte, esta dureza de corazón no debe confundirse con la insensibilidad e indiferencia de los escribas y fariseos. Tal actitud en estos religiosos era el resultado de la incredulidad y del odio. Por el contrario, los discípulos (menos Judas), eran hombres de fe... aunque de poca fe. La lección que enseña la Escritura es que la fe deberá crecer y ser lo bastante grande como para deducir conclusiones correctas de premisas sólidamente establecidas en la Palabra (Mt 6:26-30; Lc 11:13; Ro 8:31-32).

15. Viene de la pág. 64. Continuación del comentario 126 acerca de "ceremonialmente lavadas" (cap. 7:2).

En particular, las manos deben purificarse de forma cultual (ceremonial) para las acciones sagradas en las que se utilizan, a saber, la oración y el sacrificio. Por lo tanto, ἀνίπτοις χερσίν es un concepto de culto importante. Este concepto se conoce en el Antiguo Testamento (Lv 15:11; Ex 30:19-21, y ss.). En el judaísmo neotestamentario, muchos requisitos que originalmente se aplicaban solo a los sacerdotes fueron transferidos a los laicos (fariseísmo). Así, lavarse las manos antes de las comidas se convirtió en una regla religiosa para todos. En tiempos de Jesús, sus discípulos son atacados porque comienzan a comer sin lavarse las manos ceremonialmente (Mt 15:20; Mr 7:2). En términos de religión ética y espiritual, Jesús muestra que este requisito no tiene importancia religiosa.

16. Viene de la pág. 65. Continuación del comentario 131 acerca de "*Es corban*" (cap. 7:11).

En este caso, la gente simplemente pronunciaría la palabra "es corbán" sobre el dinero que estaba obligada a usar para mantener a sus padres ancianos, y eso los eximiría de su deber de dárselos a ellos. Jesús desaprobó esta práctica, ya que anulaba los mandamientos de Dios. Simples palabras en sí mismas no cuentan para Dios porque Él busca justicia y obediencia de corazón.

17. Viene de la pág. 67. Continuación del comentario 137 acerca de "*envidia*" (cap. 7:22).

El griego literalmente dice: "ojo maligno", y el verdadero paralelo no es Mt 6:23, sino Mt 20:15. "¿Es tu ojo...?", significa: "¿tienes tú envidia porque soy bueno (generoso)?". Siempre que se trata de diferenciar los celos de la envidia se definen los celos como el temor de perder lo que uno tiene, y la envidia como el desagrado de ver que alguien posee algo que no se tiene. Uno de los vicios que más destruye el alma es la envidia. ¿No es acaso carcoma de los huesos? (Pr 14:30). Nuestra palabra española envidia viene del latín invideo, que significa "mirar en contra", es decir, mirar mal a otra persona a causa de los bienes que posee. Como dijimos, es interesante notar que en Marcos 7:22, el original griego expresa esta idea literalmente, porque su significado básico es "ojo siniestro", el ojo que mira a otra persona con desagrado, con mala voluntad y enojo. Fue la envidia lo que causó el asesinato de Abel, lo que lanzó a José a un pozo, lo que hizo que Coré, Datán y Abiram se rebelaran contra Moisés y Aarón; lo que hizo a Saúl perseguir a David, lo que alentó las amargas palabras que el "hermano mayor" (en la parábola del hijo pródigo) dirigió a su padre, y lo que crucificó a Cristo. El amor nunca tiene envidia. Hendriksen, W. (1998). Comentario al Nuevo Testamento: El Evangelio según San Marcos. Grand Rapids, MI: Libros Desafío. Pág. 294.

18. Viene de la pág. 68. Continuación del comentario 143 acerca de "nacionalidad" (cap. 7:26).

Ella era una mujer nacida en el extranjero y con una hija demonizada. Estas características la convirtieron en una candidata con pocas probabilidades de buscar ayuda de un judío. La división racial entonces era bastante pronunciada, pero el amor y la fe superan todas las barreras, incluido el prejuicio racial. En el texto hebreo de Mateo 15:22 se describe a la mujer como una comerciante cananea. Canaán incluía la región correspondiente, en la actualidad, al Líbano y parte de Siria. Al cananeo se le conocía como una persona no judía que vivía en esa región. Fue allí donde Jezabel estableció el culto a Baal, y también allí su cuerpo o cadáver fue arrojado a los perros. Aquí Jesús sana a una niña y, juntamente con su madre gentil, son bienvenidas a la verdadera adoración del Dios único y eterno.

19. Viene de la pág. 76. Continuación del comentario 159 acerca de "su casa" (cap. 8:26).

Marcos nos revela aquí que Cristo buscaba con sus discípulos la soledad más profunda entre las montañas mientras viajaba a Jerusalén, para tener su última visita allí. En este viaje lo interrumpieron las personas que trajeron a este hombre ciego, lo cual ponía en peligro su misión. Sin embargo, esto no impidió la curación del hombre, a quien sanó de la manera menos pública posible. El secreto de la actuación fue paralelo al extraordinario cuidado con el que envió al ciego a su propia casa, bajo la prohibición de hablar sobre el milagro con cualquier persona del vecindario. Evidentemente, el ciego no era solo un medio para lograr un fin; Jesús entendió que la edificación espiritual del ciego también estaba en juego. Como la fe del hombre era débil, su estado espiritual requería la protección de la soledad (privacidad). Solo en el más profundo silencio podía permitir la maduración de su experiencia espiritual con Jesús, hasta la perfección. Tampoco debemos olvidar la referencia del Señor a los que rodeaban al ciego. Le pidieron que lo tocara. A esta demanda de un acto inmediato, le suponía seguir un resultado instantáneo; pero, el Señor eligió nuevamente su propio método de procedimiento lento y circunstancial. Esto también ocurrió en el caso del hombre sordo y mudo, sobre quien le pidieron que pusiera su mano (7:31-37). En ambos casos existieron evidencias de creencias paganas que sugerían una influencia mágica por parte de Cristo. Sin embargo, su sabiduría dispersó estas tontas imaginaciones, protegió la fe naciente del sanado y evitó que acontecimientos extemporáneos alteraran su viaje a Jerusalén.

20. Viene de la pág. 77. Continuación del comentario 162 acerca de "rogarle" (cap. 8:32).

Esta palabra en la literatura griega se usa en dos sentidos; uno para dar honor y otro opuesto para culpar, castigar o reprender. En la versión Septuaginta LXX se convierte en un término técnico para la poderosa palabra divina de reprensión y amenaza. Se usa para que las olas turbulentas disminuyan, cesen los gritos y satanás se mantenga en sus límites. En el N. T., humanamente hablando, se usa para prohibir algo, como una reprimenda, o amistosamente como una corrección fraternal; y, divinamente hablando, para tratar una amenaza o la reprensión, como una prerrogativa de Dios y Cristo solamente. Debido a esto, la exégesis de esta palabra ἐπιτιμᾶν epitiman debe ser cuidadosamente interpretada, pues no se debe dar la impresión de un acto autoritario ni grosero de parte de

Pedro para con Jesús. Es decir, fue un argumento sano entre hermanos. Lógicamente, Pedro estaba muy conmovido emocionalmente por lo que Jesús reveló acerca de su muerte, y sus emociones no le permitieron ver con claridad cuál era la verdadera voluntad de Dios.

21. Viene de la pág. 77. Continuación del comentario 163 acerca de "satanás" (cap. 8:33).

Diablo es otro nombre para él. En este pasaje de Marcos, Jesús quiere decir que Pedro estaba hablando como satanás, oponiéndose a los propósitos de Dios. En ningún momento el apóstol estuvo poseído por el diablo ni influenciado por él. Al hablar, movido por las emociones, Pedro automáticamente se alineó al pensamiento de satanás, que siempre es contrario a la voluntad de Dios. Sus emociones fueron el factor equivocado. En otra ocasión, también su emoción fue lo que le impulsó a decirle a Jesús: "Aunque tenga que morir contigo, jamás te negaré" (Mt 26:35). Las emociones desorientan al creyente y hacen que ofrezcamos lo que no sabemos ni tenemos. Además, las emociones encubren y malinterpretan los propósitos de Dios. Debido a esta situación con Pedro fue que Jesús explicó su maravilloso discurso en los versículos subsiguientes, del 34 al 38. En este discurso, Jesús hace énfasis sobre el camino del discipulado, donde ni aun la vida misma del creyente debe ser una prioridad ante el propósito divino.

22. Viene de la pág. 81. Continuación del comentario 170 acerca de "...tratado con desprecio" (cap. 9:12).

Nótese que los discípulos acababan de ver en la transfiguración un anticipo del Reino. Sin embargo, ellos recuerdan que se había predicho en Malaquías que Elías vendría primero. ¿Dónde estaba Elías?, era su pregunta. ¿Vendría como los escribas decían que lo haría? Para aclarar el punto, Jesús les respondió así: "Sí, es cierto que Elías debe venir primero. Pero mucho más importante es preguntarse: ¿No predicen las Escrituras que el Hijo del Hombre ha de padecer mucho y será despreciado?". ¿A quién era más importante resaltar en la escatología, a Elías o al Mesías? Así corrige Jesús el error de los escribas (quienes resaltaban a Elías más que al Mesías). Elías, en realidad, ya había venido en la persona y el ministerio de Juan el Bautista (Mt 17:13), y así como lo habían rechazado a él, también habrían de rechazar a Jesús, el Mesías. Y las palabras "restaurará todas las cosas" implican que Juan el Bautista introdujo el nuevo orden que finalmente terminaría en la restauración final de todas las cosas a través del Mesías.

23. Viene de la pág. 81. Continuación del comentario 172 acerca de "gran admiración" (cap. 9:15).

Era la mezcla de alegría, admiración, asombro y temor. Gracias a esta palabra griega, es obvio conectar la admiración y el temor con la suposición de que "restos" de la gloria de la transfiguración aún permanecían en el rostro del Señor y también, a la sorpresa que embargó a los nueve discípulos que, al no haber sacado el demonio del muchacho, se quedaron al pie de la montaña y no participaron de la prodigiosa transfiguración que dejó pasmados a Pedro, a Jacob y a Juan.

24. Viene de la pág. 82. Continuación del comentario 174 acerca de "Y les dijo:" (cap. 9:19a).

En cualquiera de las dos traducciones, Marcos deja claro que esta represión está dirigida principalmente al padre del muchacho (y a sus acompañantes los escribas). El padre se debatió entre la fe y la duda (ver 9:24). Sin embargo, los discípulos también están involucrados indirectamente en esta exhortación, porque son coprotagonistas del episodio. En cualquiera de las interpretaciones, la exhortación dicha por el Maestro sirve para cualquier tipo de público que desee conducirse correctamente en el mundo de la fe. Esto, debido a que para tener la fe bíblica es necesario aprender del Maestro sus enseñanzas y nunca prescindir de ellas. La fe viene por el oír la Palabra de Dios... siempre (Ro 10:17).

25. Viene de la pág. 82. Continuación del comentario 176 acerca de "aprendan todo" (cap. 9:19b).

Debemos de tener cuidado en la exégesis de esta palabra tan rica y extensa en el lenguaje bíblico-griego, ya que podemos presentar una imagen de la persona de Jesús muy equivocada. De ningún modo, Jesús estaba enojado aquí. El gran Maestro siempre es paciente al ejercer su misión especial con los discípulos como es el enseñarles. Un buen maestro no se frustra con sus alumnos, siempre es positivo. Esta palabra griega en el N. T. se usa en un contexto muy distinto del secular. Por ejemplo, en Ef 4:2 y Col 3:13 aparece esta misma palabra ἀνεχόμενοι anexomai para exhortar a la comunidad de fe a soportarse los unos a los otros en amor. Es una invitación fraternal a permanecer juntos hasta que todos maduren y crezcan en el Señor. Es decir, esta palabra en el N. T. no tiene aquí el significado negativo de una persona que se ha cansado de algo y desea retractarse (porque tiene poca tolerancia). Más bien, implica una aceptación constante de la realidad presente y de perseverar en la acción ejercida, esperando pacientemente hasta terminar con éxito lo propuesto. De tal modo que Jesús, a pesar de haberles estado instruyendo con paciencia y verdad, ha reconocido el bajo nivel de fe de ellos y muestra su fuerte deseo de continuar enseñándoles. Él ve la necesidad de seguir la enseñanza hasta que todo esté terminado, hasta que sus fieles seguidores puedan valerse por sí mismos. ¡Jesús está dispuesto a permanecer con ellos hasta ese día!

26. Viene de la pág. 85. Continuación del comentario 183 acerca de "ayuno" (cap. 9:29).

El ayuno está asociado con Isaías 58:6. Nuestras vidas deben estar saturadas de la presencia de Dios a través de la oración y el ayuno para mantener el balance espiritual interno que nos enfoca en el querer vencer el mal que hay en el mundo y que a menudo se oculta en los corazones de los hombres. Ciertamente, el problema en esta historia es la falta de fe, pero Jesús nuevamente ratifica que el estilo de vida de un hombre o una mujer de fe se reconoce por la práctica consuetudinaria de la oración y el ayuno. La marca distintiva de la espiritualidad de Jesús y sus discípulos son estos dos elementos, donde la fe viene a ser el resultado o el fruto característico de tan distintiva forma de vivir. Por tanto, la fe disociada de este estilo de vida es simplemente el ejercicio de la voluntad humana "positiva" que no da gloria a Dios, sino que reconoce solo el esfuerzo del hombre. Mas la fe que está arraigada y emana de este estilo de vida, glorifica siempre a Dios. Por último, la fe es el séptimo componente del fruto del Espíritu (Gl 5:22-23) y sin fe es imposible agradar a Dios (Heb 11:6).

27. Viene de la pág. 87. Continuación del comentario 186 acerca de "niño como este" (cap. 9:36).

Aunque también sabemos que el niño representa el orden más bajo en la escala social, aquel que está bajo la autoridad y cuidado de otros y que aún no ha logrado el derecho a la autodeterminación. "Volverse como un niño" (según Mt 18:3) es renunciar al estatus logrado como adulto y aceptar el lugar más bajo, ser un "pequeño" (Mt 18:6, 10, 14; 10:42). Sin embargo, Marcos no usa los mismos términos que Mateo con relación al niño. En esta escena no hay un llamado (como en Mateo) a volverse como un niño (eso seguirá en 10:15), sino más bien el mandato de "recibir" al niño. Entonces, implícitamente, el punto teológico que resalta Jesús aquí es el tema de la representación (autoridad delegada). Actuar en nombre de alguien era un asunto legal importante en los tiempos de Jesús, donde el enviado tenía tanta autoridad como el que lo envió. El asunto es que las personas deben aprender a ver en el enviado a aquel que le envío. Jesús ya había enviado a los Doce (3:14; 6:7-9; 11:1; 14:13) y recibirlos a ellos era como recibir a Jesús. Por supuesto que eso implicaba atenciones especiales correspondientes para con los enviados. Pues bien, en esta escena, Jesús toma a un niño, ilustrando que este niño representa a uno de sus discípulos; entonces, si alguien recibe al discípulo recibe a Jesús, y si recibe a Jesús como el Mesías, debe saber que también recibe al Padre que le envió. La meta aquí es que aprendan a recibir al Padre con la misma fe con que reciben a Jesús, que fue la misma fe con que recibieron al discípulo. En esta "cadena de mando" se comienza con "el niño" que representa al discípulo. "El que reciba en mi nombre a un niño como este (que representa a un discípulo de Cristo), a mí me recibe; y cualquiera que me recibe, no me recibe a mí, sino al que me envió". El fin es reconocer ahora que todo viene del Padre. Reconocer que todo comienza con el Padre, y el Padre es responsable de todos los demás. ¡Qué maravilloso ejemplo de unidad, de compromiso, de pacto, de responsabilidad y de solidaridad! Incomodar a un discípulo significa incomodar al Todopoderoso. Además, también aprendemos aquí que recibimos a Dios solo a través de Jesucristo, Su Hijo; y las personas conocerán a Jesús por medio de nosotros. Veamos pues, cuán gran responsabilidad tenemos los creyentes al tener que hacer que la gente vea en nosotros a Jesús.

28. Viene de la pág. 87. Continuación del comentario 187 acerca de "no nos seguía" (cap. 9:38).

Pudo haber sido uno que, después de escuchar al Maestro y haberle entregado su corazón, no había entablado una relación más íntima con sus otros seguidores. Por lo dicho en este pasaje, sabemos con certeza que había estado expulsando demonios en nombre de Cristo, y que Juan y otros —tal vez otros apóstoles— habían desaprobado enérgicamente sus actos ("y tratamos de impedírselo porque no nos seguía"). Al parecer, el intento no tuvo éxito. El hombre debía estar totalmente convencido de que lo que hacía era correcto y justo. Lo estaba haciendo en el nombre de Cristo, es decir, lo hacía en conformidad con el espíritu y palabras de Jesús, según lo entendía él. Para aquel hombre, la frase en nombre de Cristo no era una fórmula mágica; era una realidad que él mismo conocía personalmente. Lo que significa que no solo los religiosos, los no creyentes, etc., podrían intentar detener el llamado de Dios en alguien, porque este pasaje demuestra que aun lo pueden obstaculizar los mismos seguidores de Cristo. Cada quien debe estar convencido de su propio llamado y obedecer a Dios antes que a los hombres. Si tu llamado y tu fe son reales, nunca podrás hablar mal de Cristo bajo ningún aspecto.

29. Viene de la pág. 89. Continuación del comentario 195 acerca de "preservado" (cap. 9:49).

El verso 49 es la conclusión del discurso dado en los versos del 43 al 48. Discurso donde hay un señalamiento jerárquico sobre prevenir el pecado en las tres partes del cuerpo más representativas: manos (lo que hacemos), pies (donde andamos, estilo de vida), y ojos (los cuales perciben y llevan a concebir la mayoría de los deseos pecaminosos). En fin, abstenerse de pecar es el mensaje en este discurso. Esto habla de un sacrificio personal que es producto de un sometimiento al juicio de la Palabra de Dios. Cuando nos sometemos al juicio de Dios en esta tierra, ya nadie nos puede juzgar. No se puede juzgar una persona dos veces por el mismo delito. Ahora bien, Jesús dijo que todos serán expuestos al fuego, a un juicio. Cuando el fuego o juicio viene al hombre pecador (al hombre que no tiene su cuerpo mutilado, porque no se abstuvo de pecar), este juicio le condenará. Pero cuando este mismo juicio viene al creyente (al hombre que tiene su cuerpo mutilado, porque se opuso al pecado y pudo reconocer que solo Cristo le puede librar de él), el juicio no le condenará y, por ende, por la gracia de Dios será preservado. En el primer caso, el juicio le condenará porque nunca se juzgó culpable, reconociendo que solo Cristo le libra del pecado; en el segundo caso el juicio no le condenará porque ya se había juzgado culpable ante Dios. Prueba de ello es que reconoció que Cristo solo le puede dar la victoria contra el pecado.

30. Viene de la pág. 93. Continuación del comentario 206 acerca de *"adulterio contra ella"* (cap. 10:11).

El adulterio, en el contexto bíblico, se produce cuando una persona casada tiene relaciones sexuales con otra persona fuera del matrimonio. En la Biblia está evidenciado que el divorcio es válido bajo ciertas circunstancias (Dt 22:13-21; 24:1; Mt 5:32;). En ambos versículos, 11 y 12, Jesús está enseñando que se es adúltero si el divorcio no fue legalmente justificado, concebido, ni aprobado por las autoridades competentes según toda ley que gobierna y autoriza el divorcio. Por tanto, si esa persona, tanto hombre como mujer, no cumple con todas las exigencias y no está legalmente divorciada, pues entonces continúa casada y al casarse de nuevo, comete adulterio contra su primera pareja y comete adulterio con su segunda pareja. Ejemplo, Herodía, quien, estando casada legalmente con su tío, Herodes Felipe I, se divorció ilegalmente para casarse con su otro tío, Herodes Antipas (6:14-31). Jesús aludió a la fornicación como única causa para conceder el divorcio, y existía un grupo de judíos conservadores que no permitían el divorcio, sino solo en caso de fornicación (ver Evangelio según Mateo, nota 141 del cap. 5:32; y Apéndice en pág. 288, acerca del compromiso prenupcial judío).

31. Viene de la pág. 97. Continuación del comentario 220 acerca de "*vende todo cuanto tienes*" (cap. 10:21).

Tampoco debe ignorarse que las personas deben renunciar a otras cosas para seguir a Jesús; como por ejemplo: una vocación, un estilo de vida, una pasión pecaminosa o una relación tóxica, entre tantas. Jesús aquí no hace un llamado a la pobreza, sino al discipulado, el cual adopta muchas formas. Cualquier forma de discipulado será siempre gravosa. Habrá un precio a pagar, el rechazo del mundo. Continuamente habrá un precio que pagar para aquel que fielmente quiera seguir a Jesús, ya que implica sacrificio o entrega incondicional. Implica obediencia. Implica seguir el ejemplo de Jesús. Pero al mismo tiempo, implica recompensa, como se describe en los vv. 29-31.

32. Viene de la pág. 100. Continuación del comentario 229 acerca de *"Jesús se adelantó para ir un poco más al frente que el resto"* (cap. 10:32).

La cifra está sin duda un tanto exagerada, pero de todas maneras se sabe que la afluencia era masiva. A Jerusalén llegaban de Judea, Galilea, y también israelitas procedentes de Cirene y de Alejandría, ciudades griegas del norte de África; de Cilicia y otras regiones de Asia, de Grecia misma, de Roma, de Chipre, de la Galia y de Germania, de Siria, Arabia, Mesopotamia y regiones situadas aún más al este; de Egipto y de Etiopía. En fin, de cualquier lugar en que hubiera comunidades judías. Porque todo israelita varón y todo prosélito estaban obligados a participar en las peregrinaciones anuales coincidentes con las tres principales fiestas peregrinas: Pascua, fiesta de las Semanas y de los Tabernáculos. El origen de la peregrinación se remonta a un mandamiento de la época de la Torah: "Tres veces cada año aparecerá todo varón tuyo delante de Jehová tu Dios en el lugar que él escogiere: en la fiesta solemne de los panes sin levadura, y en la fiesta solemne de las semanas, y en la fiesta solemne de los tabernáculos. Y ninguno se presentará delante de Jehová con las manos vacías". Deuteronomio 16:16. Aquellos judíos que no vivían en Jerusalén, como Jesús y su familia, estaban obligados a peregrinar a la capital del pueblo judío, tres veces por año, en las llamadas fiestas de peregrinación. Era una manera de mantener conectados a los judíos de la periferia o de la diáspora con la tierra de Israel. De este modo, la peregrinación a Jerusalén en tiempos de Jesús estaba envuelta con elementos religiosos, pero también con elementos culturales, históricos y económicos. La peregrinación a Jerusalén en tiempos de Jesús se realizaba en grupos. Algunos peregrinaban de manera individual, pero la norma era caminar en compañía de una gran delegación de personas. La Mishnah describe que la gente acostumbraba a reunirse en un punto de encuentro, generalmente una ciudad importante, para organizarse y emprender el viaje. La peregrinación a Jerusalén en tiempos de Jesús era un acontecimiento nacional y él, como todos los judíos de Galilea y demás zonas periféricas, mantuvo durante toda su vida una estrecha relación con la capital del pueblo judío. Sus peregrinaciones a la ciudad sagrada definen a Jesús como un personaje social y políticamente activo y considerablemente comprometido con el judaísmo de su época. Así que, podemos imaginar a Jesús caminando hacia Jerusalén, su última peregrinación, para celebrar la Pascua, junto a sus discípulos y también junto a innumerables judíos que hacían lo mismo. Para ese entonces, todos los caminos estaban llenos de peregrinos, y Jesús con sus Doce estaban entre ellos. La multitud se maravillaba al ver cada vez más de cerca la Ciudad de David, pero Jesús tomó a los Doce porque los vio llenos de miedo, y les contó de nuevo (por tercera vez) todas las cosas que le iban a suceder allá. Sin embargo, les recordó que al final de ese proceso, resucitaría. Así que no había ninguna razón para sentir temor, más bien, al subir a Jerusalén debían disfrutar, al admirar en su totalidad el paisaje tan hermoso de imponentes montañas e impresionante vista que rodeaba la ciudad. Hay que aprender a vivir el momento y descansar en Dios, quien está siempre en control.

33. Viene de la pág. 109. Continuación del comentario 247 acerca de *"los gentiles"* (cap. 11:15a).

El más cercano al templo era el atrio de los sacerdotes, luego el atrio de los hijos de Israel, seguido por el atrio de las mujeres; y finalmente, el patio más externo, el atrio de los gentiles, donde los no israelitas que deseaban deleitarse viendo sus virtudes arquitectónicas y ofrecer ofrendas y sacrificios al Dios de los judíos eran admitidos libremente. El atrio de los gentiles formaba el recinto más bajo y más exterior de todos los atrios del templo y estaba abierto a cualquiera, tanto a judíos como a gentiles por igual. Pavimentado con el mármol jaspeado más fino, era el lugar que permitía la oración a personas de cualquier nación. Sin embargo, a los gentiles no se les permitía ir a los otros patios más cercanos al templo. Prohibición ésta bajo pena de muerte. En el atrio de los gentiles fue detenido Pablo por quienes lo acusaron de introducir gentiles al templo (Hch 21:17-35). Pablo estaba con sus amigos en el atrio de los hijos de Israel adorando a Dios y lo sacaron, llevándolo al atrio de los gentiles, lugar donde lo apresaron, pues allí pudo entrar la guardia romana para llevárselo (Hch 21:29-30). Es de hacer notar que los atrios del templo siempre fueron considerados lugares de honor, de privilegio, de reverencia, de santidad, de humildad, de devoción y de bendición (Sal 84:10); y muy triste saber que el único lugar designado a los gentiles de todas las naciones estaba contaminado por el ruido, desorden y toda clase de inmundicia. Mayor información al final. Apéndice VII, pág. 224.

34. Viene de la pág. 109. Continuación del comentario 249 acerca de "*vendedores de palomos*" (cap. 11:15b).

Los cambistas establecieron sus puestos un par de semanas antes de la Pascua, período en que debía pagarse el impuesto. Todo esto parece bastante lógico. Sin embargo, lo cuestionable era si este tipo de comercio debía instalarse dentro del recinto del templo en sí o en algún lugar cercano. Hay evidencia de que los animales de sacrificio se vendían en el monte de los Olivos y que fue solo en los últimos años cuando se permitió a los comerciantes cruzar el valle e instalarse en el patio de los gentiles que rodeaba al templo. De modo que la protesta de Jesús pudo haber encontrado una reacción positiva de quienes estaban resentidos por el reciente cambio. Sea como fuere, Marcos cuenta la historia de tal manera que sugiere que la protesta de Jesús no fue contra el comercio en sí mismo, ni contra una supuesta explotación por parte de los comerciantes; porque en ese caso, ¿por qué expulsó tanto a compradores como a vendedores? Más bien, la protesta fue para repudiar el que estaban comerciando en el lugar equivocado. Los atrios del templo no fueron diseñados para tal fin. Por otra parte, los cuatro Evangelios describen esta acción de Jesús en el templo, señalando que dada la enorme extensión del patio de los gentiles (era el atrio más grande de todos), fue notable el gran esfuerzo que hizo un solo hombre para dejar el lugar despejado. La descriptiva imagen de Juan sobre Jesús expulsando con un látigo a los comerciantes sugiere el impacto dramático de su acción. Podemos imaginar una especie de estampida de personas corriendo para apartarse del camino de este hombre celoso por Dios, quien logró echar fuera personas, animales, derribar utensilios y todo aquello que estorbaba y distorsionaba la función del templo; y así, recuperar la paz que necesita el que se acerca a Dios en oración.

35. Viene de la pág. 111. Continuación del comentario 253 acerca de "*a la higuera que le hablasteis*" (cap. 11:21).

Otros, no utilizan el término técnico "maldecir", ya que se limitan a traducir la expresión verbal articulada: "habló su deseo". En el N. T., katēraso solo aparece 5 veces: Mt 25:41; Mr 11:21; Lc 6:28; Ro 12:14 y Stg 3:9. Donde, en Ro 12:14 se nos prohíbe maldecir. No creemos que Cristo maldijo a la higuera. Más bien, creemos que lo que sí hizo fue hablarle a la higuera, y ese es precisamente el punto crucial de su enseñanza. Sería un absurdo seguir pensando que Jesús maldijo, nunca lo hizo y a nosotros se nos prohíbe semejante acción. La Versión Nueva Vida (NLV) interpreta correctamente el texto, traduciéndolo así: "¡La higuera a la que le hablaste se ha secado!". Finalmente, es Pedro quien dijo que Jesús "maldijo" a la higuera, pero hemos visto que Jesús realmente no lo hizo. Creemos que Jesús, como hombre, quería comer del fruto del árbol y al no poder lograrlo, lo reprobó y reprochó como cualquier otra persona lo pudo haber hecho. Jesús ilustra su enseñanza con esta escena para señalar la importancia de confesar con nuestros labios la fe en lo que creemos.

36. Viene de la pág. 111. Continuación del comentario 254 acerca de "tened fe en Dios" (cap. 11:22).

Por eso, muchas traducciones que son muy respetadas, rezan: "Tened la fe de Dios". La fe de Dios es esa fe segura que demuestra la confianza profunda que tenemos en Él. La Biblia The Message dice así: "Jesús fue práctico. Abraza esta vida de Dios. Realmente, abrázala, y nada será demasiado para ti". Es un llamado a tener "el tipo de fe de Dios" en un sentido práctico.

La clave para comprender e imitar el tipo de fe de Dios es estudiar cómo Jesús demostró fe. El texto griego solo usa tres palabras aquí: Ἔχετε πίστιν θεοῦ, literalmente: "Tened fe Dios"; pero el contexto del pasaje sugiere al lector a tener la fe en Dios, y, al mismo tiempo, a tener la fe de Dios. Esto nos ayuda a entender la operación de la fe en el mundo natural. Cualquiera que fuere el caso de lo que dice el texto griego, leemos que Jesús primero habló, pronunció la palabra y entonces la fe obró. Jesús usó este encuentro con la higuera para enseñar a sus discípulos, y en última instancia, a los creyentes a lo largo de la historia, a cómo caminar por fe. Cuando surgen desafíos, nosotros, como creyentes, tenemos dos opciones: podemos salir del paso y dejar que el enemigo determine el resultado final, o podemos caminar por fe y confiar, en todo momento, en que la Palabra de Dios vencerá los dardos de fuego de satanás. La elección es nuestra. Dios nos ha dado la herramienta, Su Palabra, y Jesús nos ha enseñado qué hacer con ella. ¡A creerla! Demostrando esto con la correspondiente acción de hablarla. Él sabía la importancia del poder de la fe en Dios.

37. Viene de la pág. 124. Continuación del comentario 284 acerca de "*aun los elegidos*" (cap. 13:22).

Por ejemplo, con respecto a la mención de la gran tribulación, el Señor no se refiere allí a las tribulaciones que los creyentes han soportado en todas las épocas, sino a un período de angustia único en su intensidad (Dn 12:1). Cabe destacar que la Gran Tribulación, por una parte, es primordialmente judía en su carácter. Leemos del templo (v. 14; Mt 24:15), de Judea (v. 14), de las autoridades (sanedrín), de las sinagogas, de los elegidos o escogidos; frases y palabras que solamente hacen referencia al pueblo judío. Se dijo que es el "tiempo de angustia para Jacob" (Jer 30:7). Creemos que aquí no está contemplada la Iglesia, que ya habrá sido arrebatada al comenzar el Día del Señor (1 Ts 4:13-18; 5:1-3).

38. Viene de la pág. 127. Continuación del comentario 291 acerca de "*contra nosotros*" (cap. 14:2).

En caso de cualquier acción en contra de su líder, estos seguidores podrían causar graves problemas. El pasaje de Juan 12:17-19 es muy significativo en este sentido. Los enemigos de Jesús decían muy amargados: "¡Mirad, el mundo se va tras él!". Los principales sacerdotes, escribas y ancianos no tenían deseo alguno de tener que actuar frente a una multitud fervorosa, militante, determinada y alborotada que se reunía en la Pascua.

39. Viene de la pág. 128. Continuación del comentario 292 acerca de "*el leproso*" (cap. 14:3).

Es obvio que la comida o cena, si se prefiere, fue motivada por amor al Señor. Específicamente, como muestra de gratitud por la resurrección de Lázaro y la curación de Simón, el que había sido leproso, a quien seguían llamando "Simón el leproso", y que presumiblemente había sido curado por Jesús. Fue en el hogar de este Simón donde se sirvió la cena. La que servía era Marta, la hermana de María y Lázaro (Jn 12:2).

40. Viene de la pág. 129. Continuación del comentario 298 acerca de "desperdicio de ungüento" (cap. 14:4).

La gran suma de dinero en que este perfume pudo (y debió haberse vendido), habría sido un generoso donativo para los pobres. Ahora bien, Judas tenía un cierto tipo de influencia en el grupo de los Doce, debido a que tanto Mateo como Marcos dejan en claro que los otros discípulos también se hicieron eco. Como resultado, indignados murmuraban contra María: "El perfume pudo haberse vendido por trescientos denarios y dado a los pobres". ¡Pobre María! Mirara donde mirara tropezaba con rostros enojados y de desaprobación, pues era el sentir de todos. Parece que aquellos hombres no entendían que el idioma nativo del amor es la generosidad y la gratitud: lo que ella hizo con su Señor. ¡Qué nobles eran aquellos hombres! Especialmente Judas, el defensor de la forma de vida sencilla y el ayudador de los necesitados. Aunque lo que realmente pretendía está indicado en Juan 12:6: "Pero dijo esto, no porque cuidara de los pobres, sino porque era ladrón, y teniendo la bolsa, sustraía de lo que se echaba en ella".

41. Viene de la pág. 131. Continuación del comentario 305 acerca de "*La última Pascua*" (En título de cap. 14:12).

En esta fiesta se rememora la salida del pueblo de Israel de Egipto; así como el porqué del sacrificio de un cordero y la sangre del mismo que fue aplicada en la entrada de cada casa: señal de protección y salvación para cada familia en esa noche de libertad. Cristo quiere enseñarles a sus discípulos que ese cordero y esa sangre fueron un acto profético que lo describía realmente a él: verdadero Cordero de Dios que quita el pecado del mundo. Por eso, cuando los cristianos celebramos la Pascua, la historia del éxodo debe concluirse con la interpretación profética que Jesús está dando a los discípulos aquí. Que su cuerpo fue inmolado y su sangre fue derramada para que todo aquel que participe de esta cena entienda el verdadero significado de su sacrificio en la cruz.

42. Viene de la pág. 131. Continuación del comentario 306 acerca de "*sin levadura*" (cap. 14:12).

En realidad, primero era la Pascua y seguida, inmediatamente, la fiesta de los Panes sin Levadura (del 15 al 21 de Nisán), la cual duraba ocho días. El programa de la fiesta de la Pascua realmente era un día, pero compartido en dos días. El jueves por la noche (cuando se permitía comer la cena de la Pascua a los que venían fuera de Jerusalén (como a Jesús y sus discípulos), y el viernes, que era el día 15 de Nisán. Los términos Pascua y fiesta de los Panes sin Levadura se usaban indistintamente, como si fueran la misma fiesta, pero realmente eran dos. Aunque según Lv 23 son dos fiestas distintas, pero en la misma semana. Por lo tanto, toda la fiesta pascual, incluía igualmente los días de la fiesta de los Panes sin Levadura. Los corderos de la Pascua eran seleccionados el 10 de Nisán (marzo/abril) y los sacrificios comenzaban a partir del 14 de Nisán (lo que llama Marcos "el primer día de la fiesta").

43. Viene de la pág. 131. Continuación del comentario 308 acerca de "... *discípulos*" (cap. 14:14).

Esto llama la atención, porque normalmente no era el hombre sino la mujer o una muchacha quien desempeñaba esta labor. De ahí que los discípulos no tendrían dificultad en localizarlo. Al mismo tiempo, esto nos hace pensar que el hombre pertenecía a la comunidad religiosa de los esenios, pues ellos no aceptaban mujeres y hacían este trabajo como un servicio a Dios. Además, Jesús les manda seguir al hombre hasta la casa en que entrase. Es evidente que el hombre a quien habrían de seguir no era el dueño, sino tal vez un huésped que visitaba Jerusalén por causa de la Pascua. Al menos, el dueño de la casa tuvo que haber sido algún discípulo de Jesús. Finalmente, la tradición identifica al dueño de la casa como el padre de Juan Marcos.

44. Viene de la pág. 132. Continuación del comentario 309 acerca de "*amueblado y dispuesto*" (cap. 14:15).

Sin duda, las grandes habitaciones superiores eran más comunes en la antigua Jerusalén que en el campo. El aposento alto es un lugar para reunirse y orar. Así que, indudablemente, debemos concebir el aposento alto como si estuviera en el segundo piso. El lugar era sin lugar a dudas la casa de una persona adinerada, ya que la palabra traducida por amueblado significa que la habitación tenía alfombras, vasijas y colchonetas colocadas alrededor de la mesa, como requería la costumbre de recostarse durante las comidas. Las personas que hoy visitan Jerusalén pueden ver el cenáculo (que significa comedor en latín), pero el edificio es de construcción del tiempo de los Cruzados (alrededor de 1099 d. C.). Una tradición que ubica el cenáculo como el lugar de la cena se remonta al siglo IV, pero no se puede tener mucha confianza en la tradición debido a la destrucción de Jerusalén en el 70 d. C. y su reconstrucción en el 135 d. C. y años siguientes.

45. Viene de la pág. 133. Continuación del comentario 314 acerca de "*mi cuerpo*" (cap. 14:22).

Cualquiera que sea la interpretación que se dé a esta frase, la traducción debe representar fielmente el significado llano de las palabras. No se recomiendan traducciones como "esto significa mi cuerpo" (Moffatt) o "esto representa mi cuerpo" (Williams). El ἄρτος artos es el pan sin levadura de la cena de Pascua. Jesús, como anfitrión, naturalmente lo tomó, lo bendijo y lo partió, siendo estas las acciones normales del padre en una comida familiar judía. Según Marcos, la "bendición" (εὐλογέω) fue el primer acto espiritual remarcado por Jesús y pudo haber sido la misma oración por el pan que es como sigue: "Bendito seas tú, Señor Dios nuestro, Rey del Universo, que sacas el pan de la tierra". Luego, en el v. 23 dio gracias por la copa εὐχαριστέω. El dar gracias por la copa pudo haber estado conectado a la oración tradicional de: "Bendito eres tú, Señor Dios nuestro, Rey del Universo, que creas el fruto de la vid". De acuerdo al apóstol Pablo, la copa que Jesús dedicó en la Pascua fue la copa de bendición (1 Co 10:16). Esta se corresponde con la tercera copa de las cuatro que se toman en la Pascua, y es la misma que en Israel los novios toman para declararse los votos matrimoniales al casarse. Es la copa de bendición, de eucaristía. Quiere decir que entre todo lo que la Cena del Señor representa para los seguidores del buen Jesús, el Cristo, ese también es el momento de renovar los votos de fidelidad, consagración y servicios al Rey del Universo.

46. Viene de la pág. 136. Continuación del comentario 322 acerca de "*cayo*" (cap. 14:35a).

Según el contexto, esta "caída" puede ser en primer lugar, intencional, i. e., lanzarse, arrojarse uno mismo. En la mayoría de los casos se usa literalmente, pero en este otro caso denota una caída no intencional. Por eso pensamos que aquí, Jesús cayó involuntariamente debido a la debilidad súbita que estaba sufriendo su humanidad. Los judíos oraban con mayor frecuencia de pie y con las manos levantadas. Así que el caer en tierra de rodillas fue una señal del intenso dolor que experimentó de forma repentina. Pronto sería el momento de su arresto, juicio y ejecución.

47. Viene de la pág. 136. Continuación del comentario 323 acerca de "*vivo y fuerte*" (cap. 14:35b).

Él no podía morir antes de tiempo, ni tampoco quería morir sin las fuerzas humanas necesarias para cumplir a cabalidad con todo el plan divino. Al acercarse la hora del gran sacrificio en Jerusalén, Jesús se cuidó de estar listo para la cruz y procuró no debilitarse ni física ni emocionalmente. Muchos piensan equivocadamente que Jesús oró pensando en el terrible dolor que representaba la muerte de cruz, implicando que estuvo titubeando, dudando en su fe o "queriendo sacarle el cuerpo a la cruz" como lo haría cualquier ser humano. Otros, hasta han llegado a comentar que quiso morir de otra manera, de una menos dolorosa, pero nada de esto fue así. Jesús oró para proteger su salud y recuperar sus fuerzas y así poder llegar fuerte a la cruz. Por eso no permitiría que una muerte prematura alterara o pusiera en riesgo el fin por el cual había venido a la tierra. Él tenía que cumplir con lo profetizado en Isaías 53:3-9. Así que cuando dijo "pasa de mí esta copa", expresó una preocupación sabia. Él reconocía que el intenso sufrimiento le anunciaba a su cuerpo natural una muerte repentina, lo cual comenzó inesperadamente en Getsemaní; pero igualmente sabía que no era parte del plan divino. Es decir, no era el plan divino que muriera en Getsemaní, sino crucificado. La repentina sensación de muerte lo puso en alerta. Recordemos que hacía pocas horas atrás todo estaba bien. Estaba en la cena pascual, donde, además de comer y beber, cantó con sus discípulos. Aunque sabía que se acercaba su hora, tuvo gozo delante de sí para luego soportarlo todo (Heb 12:2). En el libro Hebreos no dice que puso tristeza delante de sí, ni que estuvo triste o deprimido. Estuvo siempre consciente y contento. No obstante, algo inesperado le sobrecogió repentinamente en Getsemaní, una sensación de muerte súbita. Pero Jesús tomó autoridad sobre ello, decidiendo que bajo ninguna circunstancia se dejaría morir antes de tiempo. Eso hubiera sido el fracaso total de su misión. Él quería estar preparado en todos los sentidos.

48. Viene de la pág. 137. Continuación del comentario 324 acerca de "*Abba*" (cap. 14:36a).

El uso de Jesús de la palabra Abba enfatizó su relación Padre-Hijo con Dios. Veamos el uso de esta palabra en el judaísmo y el cristianismo: (1) En el judaísmo, אַבָּא ἀββᾶ abba es la determinación aramea אַבָּא de אָב "padre", que en el uso más establecido del período de la Mishnah y el Targum toma dos formas. Primera, con el sufijo pronominal de la 1ª persona del singular (mi padre), y segunda, con la 1ª persona del plural (nuestro padre). La palabra también sirve como título y como nombre propio. Sin embargo, casi nunca se usa la forma אָבִי en relación con Dios. La palabra πατήρ pater = padre, se usa en la fórmula: "mi padre, que está en el cielo". Finalmente, el uso de אַבָּא en el habla religiosa está atestiguado solo en algunos pasajes, aunque siempre mantiene la distancia entre el hombre y Dios, a saber: "que está en el cielo". (2) En el cristianismo primitivo, אַבָּא ἀββᾶ abba, en lo que respecta al uso de Jesús, lo más probable es que él empleó la palabra אַבָּא no solo donde está expresamente mencionada (Mr 14:36), sino que, en todos los casos, la usó para dirigirse a Dios. Al hacerlo, aplica a Dios un término que debió haber sonado familiar e irrespetuoso para sus contemporáneos, ya que se usa solo en la vida diaria de la familia. En otras palabras, porque se estila en el simple discurso del niño pequeño en el trato con su papá. Cuando el término arameo se emplea en las epístolas griegas de Pablo (Ro 8:15; Gal 4:6), bien puede subyacer una reminiscencia litúrgica, posiblemente en el comienzo de la oración del Señor o Padrenuestro. En cualquier caso, no puede haber duda de que el uso de la palabra en la comunidad cristiana está ligado al término de Jesús para con Dios y, por tanto, denota una apropiación de la relación proclamada y vivida por él. El uso judío muestra cómo esta relación padre-hijo con Dios supera con creces cualquier posibilidad de intimidad asumida en el judaísmo, introduciendo, de hecho, algo que es completamente nuevo.

49. Viene de la pág. 137. Continuación del comentario 325 acerca de *"esta copa"* (cap. 14:36b).

Jesús sintió que este repentino sufrimiento pudo haberlo llevado a una muerte inesperadamente prematura; lo sabemos porque el médico Lucas, en 22:44, describe que "estando en agonía, oraba con mucha más intensidad; y su sudor se volvió como gruesas gotas de sangre que caían sobre la tierra". Lucas, como médico, describe un cuadro clínico de un paciente que presenta una aguda agonía. El cuadro clínico de un paro cardiorrespiratorio agudo y severo puede producir esta sintomatología de sudar gotas como de sangre, lo cual es un indicativo de muerte segura. Jesús no le estaba pidiendo al Padre que lo librara de la cruz. Más bien, le estaba pidiendo a Dios que lo mantuviera con vida durante esa noche de agonía repentina, para poder cargar la cruz y quitar nuestros pecados por medio de su sacrificio expiatorio. Según las profecías del A. T., Jesús debía ser clavado y traspasado en una cruz. Aprendemos de Heb 5:7 que la oración que Jesús hizo aquí, en Getsemaní, fue respondida esa noche cuando le fue quitada "la copa del agudo sufrimiento que anunciaba una muerte súbita". Un ángel de Dios le fue enviado para fortalecerlo y librarlo de una muerte prematura (Lc 22:43). La "copa" que le pidió al Padre que le quitara era la copa de muerte prematura que satanás estaba tratando de hacerle beber en el huerto. Todo fue una guerra espiritual para hacer fracasar el acto de redención. Jesús sabía y anhelaba la muerte en la cruz, la cual experimentaría pocas horas después, ese mismo día viernes. La sintomatología de una muerte inesperada y súbita se identifica por la descripción medicamente descrita por Lucas, cuando dice de Jesús "estar sudando gotas como de sangre"; y se corrobora con el dato de Marcos, quien narra que Jesús cayó en tierra. Dios respondió a su clamor y Jesús sobrevivió la agonía del Getsemaní. Así es como pudo cargar la pesada cruz y ser el sacrificio por nuestros pecados en el Calvario. Bajo ninguna circunstancia se puede creer que Jesús vaciló en su fe y disposición de ser el Cordero expiatorio que quita el pecado del mundo. Tampoco lo hizo Isaac (quien fuera tipo de Cristo). Este jovencito no titubeó cuando iba a ser sacrificado por su padre, Abraham (Heb 11:17). Así que tenemos un Salvador valiente. Jesús siempre tuvo valor y nunca lo perdió. Él sabía muy bien que vino para morir en la cruz y además, que tenía que morir para llevar mucho fruto: "Si el grano de trigo que cae en la tierra no muere, queda solo, pero si muere, lleva mucho fruto" (Jn 12:24). Igualmente, sabía que nadie tenía el poder para quitarle la vida. Él mismo daría su vida, por su propia voluntad: "Tengo autoridad para dar mi vida, y tengo autoridad para volverla a tomar. Este mandamiento recibí de mi Padre" (Jn 10:18). También estuvo vigilante (en muchas ocasiones) identificando cuando no era su hora de morir (Jn 2:4; 7:6, 30); y también discernió cuando llegó su hora (Jn 17:1). Pero, sobre todo, tuvo que velar para no morir fuera de tiempo, ni en una forma que no cumpliera con las profecías. Está escrito que sin derramamiento de sangre no hay remisión de pecado, y su sangre debía ser derramada en el mismo altar del sacrificio (Mt 26:28). Por eso la cruz era su altar, no el Getsemaní. No podía morir por un paro cardiorrespiratorio, ni por un infarto al miocardio, tampoco apedreado o envenenado, ni ahogado, ni por ninguna otra causa, solo en la cruz. Porque "como Moisés levantó la serpiente en el desierto, así es necesario que sea levantado el Hijo del Hombre" (Jn 3:14). "Y hallándose en forma de hombre, se humilló a sí mismo, haciéndose obediente hasta la muerte, y muerte de cruz" (Flp 2:8). Morir en Getsemaní hubiera significado abortar el propósito de Dios. Getsemaní sigue hoy representando todas aquellas circunstancias existenciales de la vida que presionan al creyente con el propósito de que se aborte el propósito de Dios en él. Jesús nos da una lección aquí. Él luchó para no sucumbir a las presiones existenciales. No fue un desertor, no fue alguien que se dio por vencido con facilidad, mantuvo el coraje, el valor y la determinación para culminar la tarea encomendada. Qué magnífico ejemplo a seguir. No tires la toalla, no abandones nada ni a nadie que Dios te haya entregado. Lucha. Imita a Jesús.

50. Viene de la pág. 138. Continuación del comentario 327 acerca de *"una hora"* (cap. 14:37).

Aquellos tres hombres aún permanecían despiertos (aunque no por mucho tiempo). Sabemos que el suave comentario de Cristo abarcaba a los tres; sin embargo, iba dirigida particularmente a Pedro, seguramente porque él había estado a la cabeza en la cuestión de jurar lealtad y alardear de ello. Este era el mismo Pedro que en el camino a Getsemaní, e incluso estando en el Aposento Alto, se había jactado de la siguiente manera: "Aun cuando todos se aparten, yo no" (14:29). "Aunque me fuese necesario morir contigo, de ningún modo te negaré" (14:31). "Señor, dispuesto estoy a ir contigo no solo a la cárcel, sino también a la muerte" (Lc 22:33). "Señor, [...] Mi vida pondré por ti" (Jn 13:37). Y ahora, ¡Helo aquí, dormido profundamente, aun cuando Jesús le había instado a orar para que pudiese velar! Hendriksen, W. (1998). Comentario al Nuevo Testamento: El Evangelio según San Marcos (p. 593). Libros Desafío.

51. Viene de la pág. 138. Continuación del comentario 329 acerca de *"cargados de sueño"* (cap. 14:40).

Repasemos el arduo programa de Jesús en Jerusalén durante su última semana. Primero, el día domingo, anterior a esa semana, fue la actividad intensiva de la entrada triunfal a Jerusalén. El lunes regresan a Jerusalén y Jesús lleva a cabo la purificación del templo; el martes, todo el día ocupados en una serie de más de doce enseñanzas; el miércoles están en la casa de Simón el leproso continuando con la enseñanza; el jueves temprano fueron los preparativos para la Pascua desde a las 6:00 p. m. hasta las 12:00 p. m. (6 horas duraba el Seder – programa – de la Pascua). Y ahora, viernes, como a la 1:00 a. m. en Getsemaní, los discípulos estaban extremadamente exhaustos. Se demuestra, al mismo tiempo, que la fortaleza física de Jesús es notoria. Tanta, que pudo soportar el sufrimiento hasta el final, hasta su muerte en la cruz.

52. Viene de la pág. 139. Continuación del comentario 332 acerca de "A quien besare, ese es" (cap. 14:44).

Extraordinaria señal que dio Judas a esa turba que le acompañaba para que pudieran identificar al Mesías. Significa que si Judas no da esta señal, difícilmente hubieran sabido quién era el maestro. Esta señal demuestra dos cosas: (1) Que esta multitud con palos y piedras no era la misma multitud presente en la entrada triunfal que hizo Jesús en Jerusalén. Si hubieran sido las mismas personas, no habría sido necesaria ninguna señal para identificarlo. Aquellos que cantaron con gozo y gritaron aleluyas al verle pasar, le hubieran reconocido fácilmente, porque estuvieron con él. Ellos le tendieron ramas y mantos por el camino y su corazón piadoso jamás le hubiera permitido formar parte del juicio de muerte contra Jesús. (2) Una señal también era necesaria porque Jesús vestía similar a sus discípulos. Es decir, el Mesías no vestía con ropas que le distinguía de ellos. Vestía, comía, hablaba sin diferenciación con sus discípulos. Su apariencia era parecida.

53. Viene de la pág. 140. Continuación del comentario 336 acerca de "*un joven*" (cap. 14:51).

A menudo se toma a este hombre joven como Juan Marcos de Jerusalén, en cuya casa familiar pudo haber tenido lugar la Última Cena (como se mantiene en la tradición por años), y donde los cristianos que indica el post Nuevo Testamento, ciertamente se reunieron para orar y adorar (Hch 12:12). Pero algo más creíble lo explica Rick Renner, especialista en griego bíblico y en estudios del período del Segundo Templo. El joven que "vestía solo un lienzo de lino echado sobre su cuerpo desnudo" pudo haber sido un difunto que resucitó cuando escuchó las palabras "Yo Soy" que dijo Jesús. Según Juan 18:4-6 hubo tanto poder cuando Jesús dijo "Yo Soy" que todos cayeron en tierra sobrenaturalmente. Toda esta narrativa del arresto de Jesús se desarrolló muy cerca de un cementerio donde ocurriría este milagro de resurrección. Por supuesto, este detalle pudo haber sido simplemente un recuerdo irrelevante, un incidente insignificante grabado en la mente de Marcos, no por su propia importancia sino por la importancia del principal evento que le rodea. Jesús es el verdadero protagonista de este incidente. Lo demás son detalles que decoran los hechos y la trascendental historia del arresto de Jesús.

54. Viene de la pág. 142. Continuación del comentario 338 acerca de "*digno de muerte*" (cap. 14:64).

Fue un juicio viciado. No había intención alguna de ofrecer a Jesús una audiencia justa a fin de descubrir, en estricta conformidad con la ley, la evidencia de si los cargos contra él eran verdaderos o infundados. En los anales de la jurisprudencia no hay constancia de que haya tenido lugar una parodia de un juicio más ilegal y arbitrario que este. Además, para llegar a esta conclusión no es necesario hacer un estudio acabado de todos los puntos técnicos relativos a la ley judía de aquellos días. Varios autores han subrayado que el juicio de Jesús era ilegal en varios aspectos técnicos, tales como los siguientes: (1) Ningún juicio de vida o muerte estaba permitido de noche. Sin embargo, Jesús fue juzgado y condenado de 1:00 a 3:00 a. m. del viernes, y ejecutado durante la fiesta, lo cual estaba prohibido. Según la ley farisaica, ninguna audiencia que comprendiera la pena capital se podía iniciar en la víspera de una de las grandes festividades, como lo era la Pascua. Por tanto, no se permitía ningún fallo durante la noche, así como tampoco ejecutar sentencia en la fecha de una de las grandes fiestas. Todo esto iba en contra de las normas establecidas. (2) El arresto de Jesús se efectuó como resultado de un soborno, a saber, el precio de sangre que Judas recibió. (3) A Jesús se le instó para que se incriminara a sí mismo. (4) En caso de pena capital, la ley judía no permitía pronunciar la sentencia hasta el día después de que el acusado había sido condenado. En fin, estos y otros puntos legales similares han sido mencionados muchas veces y usados como argumentos para probar la ilegalidad de todo el proceso en contra de Jesús de Nazaret.

55. Viene de la pág. 148. Continuación del comentario 352 acerca de "*Gólgota*" (cap. 15:22).

En hebreo se traduce como golgoleth. Jerónimo tradujo kranion al latín como calvaria en la Biblia Vulgata, y del latín se tradujo al español como Calvario. Se han sugerido tres posibles razones para la adopción de dicho nombre: (1) Porque allí se encontraron calaveras. (2) Porque era un lugar donde se efectuaban ejecuciones. (3) Porque el lugar tenía una forma semejante a la de un cráneo o calavera. Todo lo que conocemos por las Escrituras en cuanto a este sitio es que estaba fuera de Jerusalén, no muy distante de una puerta de la ciudad y de un camino principal, y que cerca había un jardín en donde existía una tumba. En la actualidad, se indican dos ubicaciones distintas en Jerusalén como el lugar de la cruz y la tumba del Señor. Una es la Iglesia del Santo Sepulcro, la otra el Calvario de Gordon, comúnmente conocido como el Jardín de la Tumba. La Iglesia del Santo Sepulcro está situada en el lugar que antiguamente ocupaba un templo dedicado a Venus, que fue demolido por el emperador Constantino, pues estaba construido sobre el lugar sagrado. De manera que la tradición se remonta por lo menos al siglo II d. C. Por otro lado, el Jardín de la Tumba fue señalado por primera vez en 1849; allí existe una formación rocosa que se asemeja a una calavera y es indudable que el sitio concuerda con la descripción bíblica, aunque no hay ninguna tradición antigua que apoye esta propuesta. Creemos que las dos ubicaciones deben seguir considerándose como los únicos lugares probables.

56. Viene de la pág. 150. Continuación del comentario 357 acerca de "*cruz*" (cap. 15:30).

De acuerdo a las características, encontramos tres tipos de cruces básicas. (1) La crux immissa, cruz para crucifixión en la que la parte superior del eje vertical se extiende por encima de la viga transversal (†, cruz immissa), también conocida como crux capitata, que significa "con cabeza". (2) La crux commissa, cruz para crucifixión en la que el eje vertical no se extiende más alto que la viga transversal (T, cruz commissa). (3) La crux decussata, cruz para crucifixión que consiste en dos vigas que se cruzan erigidas en forma de equis (X, cruz decussata). Esta última fue la que eligió Pedro para ser crucificado, cabeza hacia abajo. Como Marcos afirma que pusieron una tablilla escrita que decía: Rey de los judíos, se deduce que la forma de la cruz para crucificar a Jesús fue la cruz immissa, la cual permitiría clavar esta tablilla por encima de su cabeza. Los persas inventaron o usaron por primera vez este modo de ejecución por crucifixión. Más tarde, la cruz fue implementada por Alejandro Magno. De estos pasó a los romanos, quienes llamaron crux (en latín) al instrumento utilizado. La crucifixión se consideraba una de las peores formas de ejecución. Cicerón la llamó la pena capital suprema, la más dolorosa y espantosa. La flagelación solía precederla y además, el condenado estaba expuesto a la burla. A veces, lo desnudaban y sus ropas se repartían entre los verdugos, aunque esta no era la regla común. La crucifixión se realizaba públicamente en calles o lugares elevados y por lo general, el cuerpo se dejaba pudrir en la cruz para que se lo comieran las aves de carroña, aunque también podría ser entregado para su entierro. Los sufrimientos físicos y mentales que implica esta muerte lenta en la cruz son inimaginables. La crucifixión, como pena capital, fue terminada por Constantino el Grande. La ley judía no prescribía la crucifixión, pero sí contemplaba que los idólatras y blasfemos pudieran ser ahorcados en un árbol. Esto demostraba a los judíos que los que habían sido condenados a muerte por ahorcamiento, estaban malditos por Dios. "Porque cualquiera que muere colgado de un árbol es maldito de Dios" (Dt 21:23). Posteriormente, este dicho fue aplicado por el judaísmo a los que fueron crucificados. Pablo fue el primero en establecer una teología de la cruz. No se preocupa de describir el acontecimiento histórico de la crucifixión de Jesús, sino de mostrar su significado salvífico. En Flp 2:8 concluye la primera estrofa del himno a Cristo con las palabras de que él fue obediente hasta la muerte de cruz (μέχρι θανάτου, θανάτου δὲ σταυροῦ). La muerte en la cruz fue la etapa más baja de la humillación, pero también la culminación de la obediencia. En obediencia a la voluntad de Dios, él llevó a cabo la obra de redención. En 1 Co 1:17, Pablo se niega a usar palabras que puedan desvirtuar el poderoso significado salvador de la cruz de Cristo. La mera predicación filosófica que aporta la sabiduría humana en el lugar de la sabiduría de Dios, despoja a la cruz de Cristo de su contenido esencial. La predicación de Cristo crucificado no puede hacerse con los instrumentos de la sabiduría humana porque la palabra de la cruz es locura para los que se pierden y poder de Dios para los que creen (1 Co 1:18). Por lo tanto, la predicación de la cruz es sabiduría perfecta, al ser la revelación de la sabiduría de Dios (1 Co 2:6-7). La Palabra de la cruz es también el poder y la sabiduría de Dios. En Filipenses 3:18, Pablo llama a ciertas personas enemigos de la cruz de Cristo. Se refiere a cristianos que no niegan el significado salvífico de la cruz, pero que desprecian la cruz de Cristo por su forma de vivir. No aceptan sus implicaciones al aplicarla en la vida práctica. Mientras que en Gálatas 6:12, el apóstol argumenta que los judaizantes tratan de obligar a los cristianos de Galacia a circuncidarse. Pero la circuncisión y la cruz son mutuamente excluyentes. Y confiesa que la cruz de Cristo es la revelación decisiva en la historia de la salvación (Gl 6:14). Por eso la cruz es su única gloria. Toda autoglorificación es eliminada. Además, la cruz de Cristo es considerada por él como medio de expiación en Efesios 2:16 y en Colosenses 1:20. Aquí declara que el acto reconciliador de Cristo no es solo para el hombre, sino para todas las cosas, tanto las terrenales como las celestiales. La base de la reconciliación es la sangre derramada por Jesús en la cruz. Esto tiene un poder expiatorio que lo abarca todo. Colosenses 2:14 habla del significado de la cruz de Cristo para la relación entre Dios y el hombre. Así mismo, en Hebreos 12:2 se declara que Jesús sufrió la cruz, que tuvo que elegir entre la dicha celestial y la muerte en la cruz, y eligió la cruz. Jesús tomó la cruz para ganar el gozo celestial y por esta decisión, está sentado hoy a la diestra de Dios. Los líderes posapostólicos consideraban la cruz como tema central de su fe. Era el soporte que sostenía a los cristianos (como piedras vivas) formando parte del edificio del templo de Dios. El significado de la cruz es aún más profundo cuando interpretaban a esta como el tronco que echa sus ramas. De la cruz de Cristo brota fuerza viva y todos los que pertenecen a Cristo están colocados en el indefectible nexo vivificante de la pasión y muerte redentora de Jesús; ellos son las ramas del tronco de la cruz. Ignacio pensaba que los cristianos están clavados en la cruz del Señor Jesucristo tanto en la carne como en el espíritu, y Policarpo dijo que la cruz da testimonio de la verdadera corporeidad de Cristo.

57. Viene de la pág. 155. Continuación del comentario 378 acerca de "*tenían mucho miedo*" (cap. 16:8).

En este versículo 8 se destacan cuatro palabras griegas. Primeramente, el término εἶχε δὲ está destinado, sin duda alguna, a expresar la idea de que, cuando estaban fuera del sepulcro, sus sentimientos de asombro se apoderaron de ellas. Queriendo decir, que lo primero que sintieron cuando estuvieron dentro de la tumba fue gozo; y luego, sentimientos opuestos las sobrecogió: temblor y éxtasis. Es el paralelo de Mateo 28:8, donde se permite aclarar la escena: "Con temor y gran gozo". El pánico indica que la persona no es dueña de sí misma en ese momento, y esta vivencia fue seguida de un τρόμος tromos, o una expresión externa de intenso miedo. Marcos describe el intercambio de este juego de sentimientos de un estado de transición de gozo (según Mateo), a un temblor y asombro. Quienes experimentan esto les resulta imposible actuar conscientemente. Por eso es que ninguna de las dos (María Magdalena y María madre de Jacob y Salomé) le dijo nada a nadie. La intención de Marcos era señalar el hecho de que su silencio fue debido a los fuertes sentimientos encontrados de forma súbita. Esto produjo que las mujeres no actuaran según el mensaje de los ángeles. Posteriormente, tampoco los discípulos actuaron según el mensaje de las mujeres. Los apóstoles, reunidos, no actuaron según el mensaje de los hombres ni de los discípulos que se habían encontrado en el camino a Emaús. La intención de esta narrativa es esta: resaltar de manera significativa las barreras de incredulidad que levantó el miedo y asombro por semejante novedad. Tardó un tiempo para que todos procesaran la gran noticia de la resurrección de su Maestro. Este miedo solo pudo ser justificado porque el acontecimiento era tan nuevo para ellos, tan grande y tan insólito, que no se aventuraron a divulgarlo hasta terminar de procesarlo ellos mismos; aún más, no ayudó mucho a procesar esta buena noticia el hecho de que los discípulos estaban descorazonados por lo sucedido al Maestro.

58. Viene de la pág. 155. Continuación del comentario 379 acerca de *"Un apéndice antiguo"* (En título de cap. 16:9).

Los manuscritos más antiguos de Marcos concluyen con el versículo 16:8. Manuscritos posteriores agregan uno o ambos de los finales siguientes:

a. Final más corto de Mark

Luego informaron brevemente de todo esto a Pedro y sus compañeros. Después, Jesús mismo los envió de oriente

a occidente con el sagrado e indefectible mensaje de
salvación que da vida eterna. Amén.

b. El final más largo de Mark va desde el verso 9 al
   20 como se muestra en la presente versión.

Este pasaje del 9 al 20, se encuentra en la mayoría de
los manuscritos y versiones. Se omite en los dos
manuscritos griegos más antiguos del N. T., Codex
Vaticanus y Codex Sinaiticus, ambos del siglo IV.
También se omite en el manuscrito latino antiguo "k"
(siglo IV o V), en la versión siríaca más antigua de los
Evangelios, el siríaco sinaítico (siglo IV o V), y en
importantes códices de las versiones armenia, etíope y
georgiana. Por esto y circunstancias diversas, muchas
editoriales lo han eliminado de las páginas de Marcos.
Sin embargo, nosotros mantenemos este final largo de
Marcos porque hay una fuerte tradición cristiana que
lo justifica intensamente, al igual que una fuerte
conexión con la literatura del resto de los Evangelios.
Ese pasaje contiene una declaración que, aunque
concisa, es muy sobresaliente acerca de las apariciones
de Jesús, su mandato final a los discípulos, su
ascensión a la diestra de Dios y la predicación del
evangelio por todo el mundo. Si existió como un
documento independiente o fue el final de un
documento más largo antes de ser agregado al
Evangelio según Marcos, es una cuestión de
interpretación.

Además, hay una similitud verbal entre el v. 20 y una declaración de Justino Mártir (148 d. C.), lo cual hace posible (aunque no de manera concluyente) que conocía el pasaje. Taciano confirma haber tenido el final largo de Marcos en su armonía de los cuatro Evangelios (170 d. C.), e Ireneo (180 d. C.) es el primer escritor que cita expresamente cualquier parte de esta sección como perteneciente al Evangelio según Marcos. Como este final largo de Marcos estaba en los manuscritos más antiguos utilizados por Erasmo (su manuscrito más antiguo era del siglo X, y el más importante para su edición de los Evangelios era del siglo XV), se incluyó en su N. T. griego (primera edición en 1516), y desde entonces se reimprimió en todas las ediciones sucesivas del N. T. griego, incluido el Textus Receptus. Así fue incluido en la versión autorizada de 1611 y en todas las demás traducciones basadas en el Textus Receptus. En las ediciones modernas del N. T. griego, el final más largo generalmente se imprime entre paréntesis, separándolo con un espacio de Marcos 16:8, como apéndice. Todavía siguen, sin embargo, la división en verso tradicional (vv. 9 al 20 del cap. 16) del Textus Receptus, y la mayoría de las traducciones modernas continúan imprimiéndolo como parte de Marcos. Aunque algunos niegan la autoría de Marcos y escriben después del verso 8 asuntos como: "El Evangelio según Marcos termina aquí en los dos manuscritos más antiguos" o "este párrafo es un suplemento de un autor posterior". Palabras finales sobre la autenticidad de

Marcos 16:9-20: No podemos dejar de reconocer que ha habido considerable controversia a través del tiempo (a partir del siglo IV) en cuanto a si estos versículos son genuinos o no, y si fueron escritos por Juan Marcos. Al respecto conviene hacer algunas breves observaciones: (1) El 95 % de los manuscritos griegos incluyen estos versículos. Con excepción de las versiones armenias y arábigas del siglo X, todas las demás versiones desde el año 150 de nuestra era los incluyen. (2) Es evidente que Marcos no tenía la intención de concluir en el v. 8. (3) Resulta ilógico pensar que el Evangelio terminase abruptamente en ese versículo, mostrándose al final del original griego la preposición "para" (γάρ gar). (4) Marcos es el único evangelista que llama explícitamente a su libro "Evangelio". Entonces, sin esos versículos, ¿cómo se explica que omite parte importante de las buenas nuevas como lo es la comisión de transmitirlas a otros? (5) Estos versículos contienen rasgos propios de Marcos, a saber: (a) Énfasis sobre la expulsión de demonios (23 veces en Marcos y solo 9 en Mateo). (b) Énfasis sobre la incredulidad de los apóstoles (ver 4:40; 6:52; 8:17). (c) La expresión "el evangelio" sin el agregado "del Reino" es exclusivo de Marcos (1:1, 15; 8:35; 10:29; 13:10; 14:9; 16:15). (d) La palabra "enfermos", ἄρρωστος arrōstos, aparece 5 veces en el N. T.; 3 de estas corresponden a Marcos (Mt 16:14; Mr 6:5, 13; 16:18; 1 Co 11:30).

Para el autor de este comentario, las evidencias señalan que los versos del 9 al 20 son genuinos. Creemos que se trata de la Palabra inspirada por Dios y que Marcos es su autor. Por último, hemos hecho un bosquejo del final largo de Marcos desde el verso 9 al 20 para facilitar su estudio y análisis histórico del contenido. Leerlo en el Apéndice VIII, pág. 226.

59. Viene de la pág. 156. Continuación del comentario 380 acerca de "Mujeres en el NT" (En título de cap. 16:9).

Mujeres en el Nuevo Testamento
  A. Culturalmente, tanto en el mundo judío como en el grecorromano, las mujeres eran ciudadanas de segunda clase, con pocos derechos y privilegios (con excepción de Macedonia).
  B. Mujeres en puestos de liderazgo
    1. Elisabet y María, mujeres piadosas y dispuestas a servir a Dios (Lc 1–2)
    2. Ana, profetisa que servía en el Templo (Lc 2:36)
    3. Lidia, creyente y líder de una iglesia en su propia casa (Hch 16:14, 40)
    4. Las cuatro hijas vírgenes de Felipe eran profetisas (Hch 21:8–9)
    5. Febe, diaconisa de una iglesia en Cencrea (Ro 16:1)
    6. Prisca (Priscila), compañera de trabajo de Pablo y maestra de Apolos (Hch 18:26; Ro 16:3).
    7. María, Trifena, Trifosa, Pérsida, Julia, las hermanas de Nereo, junto a otras colaboradoras de Pablo (Ro 16:6–16)

8. Junías (NVI), posiblemente fue una mujer apóstol (Ro 16:7)

9. Evodia y Síntique, colaboradoras de Pablo (Fil 4:23)

*Las mujeres que siguieron a Jesús:

A.   Lucas 8:1-3 hace la primera mención del grupo de mujeres seguidoras de Jesús, quienes lo ayudaron a Él y al grupo de apóstoles.

  1. María, llamada Magdalena (Lc 8:2)
    a. Mateo 27:56, 61; 28:1
    b. Marcos 15:40, 47; 16:1, 9
    c. Lucas 8:2; 24:10
    d. Juan 19:25; 20:1, 11, 16,18

  2. Juana, la esposa de Chuza (siervo de Herodes, Lc 8:3); también mencionada en Lucas 24:10.

  3. Susana (Lc 8:3)

  4. «...y muchas otras que de sus bienes personales contribuían al mantenimiento de ellos» (Lc 8:3)

B. Se menciona a un grupo de mujeres presentes en la crucifixión:

  1. Lista en Mateo
    a. María Magdalena (Mt 27:56)
    b. María, madre de Santiago y José (Mt 27:56)
    c. La madre de los hijos de Zebedeo (Mt 27:56)

  2. Lista en Marcos
    a. María Magdalena (Mr 15:40)
    b. María, madre de Jacobo el menor y de José (Mr 15:40)
    c. Salomé (Mr 15:40)

  3. Lucas solamente señala a «las mujeres que le habían acompañado desde Galilea» (Lc 23:49)

  4. Lista en Juan
    a. María, madre de Jesús (Jn 19:25)

      b. La hermana de su madre (Jn 19:25)

      c. María de Cleofás; lo cual puede significar la esposa de Cleofás o la hija de Cleofás (Jn 19:25)

      d. María Magdalena (Jn 19:25)

C. Se menciona a un grupo de mujeres que observaban el lugar donde Jesús había sido enterrado.

   1. Lista en Mateo

      a. María Magdalena (Mt 27:61)

      b. La otra María (Mt 27:61)

   2. Lista en Marcos

      a. María Magdalena (Mr 15:47)

      b. María, madre de José (Mr 15:47)

   3. Lucas solo menciona a «las mujeres que habían venido con Él desde Galilea» (Lc 23:55)

   4. Juan no menciona que las mujeres hayan ido a la tumba.

D. Un grupo de mujeres llegó a la tumba el domingo temprano en la mañana

   1. Lista de Mateo

      a. María Magdalena (28:1)

      b. La otra María (28:1)

   2. Lista de Marcos

      a. María Magdalena (16:1)

      b. María, la madre de Jacobo (16:1)

      c. Salomé (16:1)

   3. Lista de Lucas

      a. «Llegaron a la tumba» (24:1–5; 24)

         (1) María Magdalena (24:10)

         (2) Juana (24:10)

         (3) María, madre de Jacobo (24:10)

      (4) La lista de Juan solo menciona a María Magdalena (20:1, 11)

E. Se indica la presencia de mujeres en el aposento alto (Hch 1:14)
   1. «las mujeres» (Hch 1:14)
   2. María, la madre de Jesús (Hch 1:14)
F. La relación exacta entre las mujeres en estas listas no es clara. Obviamente, María Magdalena tiene un papel predominante. Un buen artículo sobre «las mujeres» en la vida y ministerio de Jesús se encuentra en el *Diccionario de Jesús y los Evangelios*, publicado por IVP.

Las mujeres que viajaron con Jesús y sus discípulos

Mateo 27:55–56	Marcos 15:40–41	Lucas 8:2–3, 23:49	Juan 19:25
María Magdalena	María Magdalena	María Magdalena	María, madre de Jesús
María, madre de Jacobo y José	María, madre de Jacobo el menor y de José	Juana, esposa de Chuza (administra-dor de Herodes)	Las hijas de su madre, María, esposa de Cleofas
La madre de los hijos del Zebedeo (Santiago y Juan)	Salomé	Susana y otras	María Magdalena

A continuación algunas notas sobre las mujeres mencionadas en Marcos 15:40-41:

«Había también unas mujeres mirando de lejos» El grupo apostólico fue ministrado financiera y físicamente por varias mujeres (p. ej., para cocinar, lavar, etc., v. 41; Mt 27:55; Lc 8:3).

«María Magdalena» Magdala era una pequeña ciudad a orillas del mar de Galilea, unos 5 km al norte de Tiberias. María siguió a Jesús desde Galilea después de que este la liberara de varios demonios (Lc 8:2). Ha sido injustamente catalogada como una prostituta, pero no hay evidencia alguna de ello en el Nuevo Testamento.

«María, la madre de Jacobo el menor y de José» En Mateo 27:56 a ella se la denomina «la madre de Jacobo y José»; en Mateo 28:1, aparece como «la otra María». La pregunta real sería, ¿con quién estuvo casada? En Juan 19:25 posiblemente lo estaba con Cleofas; sin embargo, su hijo Santiago, se dice «hijo de Alfeo» (Mt 10:3; Mr 3:18; Lc 6:15).

«Salomé» Era esposa de Zebedeo y la madre de Santiago y Juan, quienes formaban parte del círculo íntimo de los discípulos de Jesús (Mt 27:56; Mr 15:40; 16:1-2).

A continuación, algunas notas sobre las mujeres mencionadas en Juan 19:25:

«Junto a la cruz de Jesús estaban su madre, la hermana de su madre, María la esposa de Cleofas y María Magdalena» Hay mucha discusión en torno si aquí hay tres o cuatro nombres. Es probable que haya cuatro porque no habría dos hermanas con el mismo nombre de María. La hermana de María, Salomé, aparece en Marcos 15:40; Mateo 27:56. De ser cierto, significaría que Santiago, Juan y Jesús eran primos hermanos. Una tradición del siglo II d.C. (Hegesipo) dice que Cleofas era hermano de José. María de Magdala fue aquella a quien Jesús liberó de siete demonios, y la primera a quien escogió aparecérsele después de su resurrección (20:1-2, 11-18; Mr 16:1; Lc 24:1-10).

Las mujeres servidoras en la iglesia:

Características expresadas por Pablo en 1 Timoteo:
  A. Dignas (3:11)
  B. No calumniadoras (es decir, nada de chismes maliciosos, 3:11)
  C. Sobrias (3:11)
  D. Fieles en todo (3:11)
  E. Sin parientes que la sostengan económicamente (5:16)
  F. Su esperanza puesta en Dios (5:5)
  G. En constante oración (5:5)
  H. Irreprochables (5:7)
  I. Mayores de sesenta años (5:9)
  J. Esposa de un solo hombre (5:9)
  K. Que tenga testimonio de buenas obras (5:10)
      1. Que críe bien a sus hijos (5:10)
      2. Que demuestre hospitalidad para con los forasteros (5:10)
      3. Que lave los pies de los santos (5:10)
      4. Que ayude al afligido (5:10)
      5. Consagrada a toda buena obra (5:10)

M.R, Vincent en su Estudio de palabras, vol. 2, pp. 752 y 1196 dice que las Constituciones Apostólicas, que datan desde los siglos II y III d.C., distinguen las responsabilidades y la ordenación de las ayudantes femeninas de la iglesia:

A. Diaconisas
B. Viudas (ver 1 Ti 3:11; 5:9–10)
C. Vírgenes (ver Hch 21:9, y posiblemente 1 Co 7:34)

Las responsabilidades incluían:

A. El cuidado de los enfermos
B. Cuidar a los que eran perseguidos físicamente
C. Visitar a quienes eran puestos en prisión por causa de su fe
D. Enseñar a los nuevos creyentes
E. Ayudar en el bautismo de las mujeres
F. Cierta supervisión sobre miembros de la iglesia que eran mujeres[403]

60. Viene de la pág. 156. Continuación del comentario 382 acerca de "*tampoco les creyeron*" (cap. 16:13).

En realidad, Lucas aborda el tema con mayor claridad. Ya en la noche, los once sabían con certeza que Cristo se había aparecido a Simón y en consecuencia, por el momento, estaban empezando a creer. Pero luego llegan los discípulos de Emaús y declaran que Jesús se les había aparecido, y no pudiendo comprender este

---

[403] Utley, B. (2015). *Tópicos del Nuevo Testamento*. Lecciones Bíblicas Internacional.

nuevo modo de existencia (que Jesús puede estar aquí y de repente allá), se llenan nuevamente de dudas. Entonces, para explicarse a sí mismos el fenómeno, elucubrando, se les ocurre interpretarlo como una aparición espiritual. Por eso se asustan cuando Jesús, inesperadamente, se aparece entre ellos; llevándolos a pensar que hay un fantasma presente (Lc 24:37). Ante esto, el Señor debe convencerlos de la verdad de su nueva corporeidad. Ellos no sabían nada sobre lo que es y lo que puede hacerse con un cuerpo glorificado. El punto presentado por Marcos testifica, en consecuencia, de un conocimiento extremadamente nuevo. Esta comprensión de los hechos posresurrección fue tratada por varios teólogos prominentes: (1) Por Agustín, quien explicó que eran ciertos discípulos los que no creían, pero otros sí. (2) Por Calvino, quien trató de explicar que al principio todos los discípulos dudaron, y luego creyeron. Aunque la verdad era que la situación por sí misma les fue muy difícil de procesar, debido a su naturaleza. Se trataba de un cuerpo glorificado y, hasta el momento, no se sabía nada sobre esta nueva modalidad de existencia. Lo más cercano a esto fue la resurrección de Lázaro, pero él continuó siendo un ser común y corriente. El asunto es que Jesús se estaba apareciendo inesperadamente a diferentes personas, en diferentes sitios, y casi simultáneamente, lo cual generaba muchas interrogantes que exigían una explicación lógica. ¿Cómo puede estar en ese lugar y luego se nos dice que estaba también con otros y otros? ¿Qué significa esto? Eran noticias difíciles de procesar y de creer porque no había una narración congruente. Por eso pensaron, lógicamente, que si el Señor se hubiera aparecido a Simón en Jerusalén, no podría haberse aparecido, al mismo tiempo, a otros a cierta distancia de la ciudad. También se pudo pensar en la reflexión siguiente: ¿Por qué debería revelarse a estos dos en Emaús antes que a nosotros en Jerusalén? En fin, lo cierto sobre la resurrección es que la confusión inicial era natural y, una vez comprendida y verificada, esta llegó a ser parte de la doctrina principal del cristianismo (1 Co 15:14-17) y fue incluida como una de las confesiones válidas y necesarias para ser salvo: "Si confesares con tu boca a Jesús por Señor, y crees en tu corazón que Dios le resucitó de entre los muertos, serás salvo". Romanos 10:9.

61. Viene de la pág. 157. Continuación del comentario 385 acerca de "...*id*..." (cap. 16:15).

La misión de los discípulos es ser universal; es para toda la creación. El que crea y sea bautizado será salvo, pero el que no crea será condenado. Una vez más, se enfatiza la importancia de creer; y, como en Mat. 28:19, el bautismo ahora se ve como un elemento importante en la respuesta al evangelio. Los signos que acompañarán a los creyentes incluyen la expulsión de los demonios y la curación de los enfermos, ambos ya atribuidos por Marcos a los discípulos (ver Mr. 3:15; 6:13). Hablar en lenguas extrañas y agarrar serpientes se describe en Hechos (referido en Hch. 2:4; 28:3-6). La idea de que los cristianos serán inmunes al veneno no se encuentra en ninguna otra parte del Nuevo Testamento, aunque más adelante en la historia de la iglesia se registran testimonios de escapes milagrosos y toda clase de milagros de protección divina.

62. Viene de la pág. 158. Continuación del comentario 387 acerca de *"no les hará daño"* (cap. 16:18a).

Por lo cual, se cree que estas narraciones están relacionadas con este pasaje escrito por Marcos. Esto sugiere que la vida de los creyentes debe crecer más y más en fe, y por esta misma fe ser capaces de vencer todas las influencias dañinas; y a menudo, literalmente, vencer estas circunstancias de una manera milagrosa. El pasaje en Mateo 20:23 podría ser una sugerencia general, en forma simbólica, sobre este asunto. Sabemos que el "tomar serpientes" está inmediatamente relacionado con el "beber de cualquier cosa mortal" y significa que la vida de los creyentes sería preservada por el poder milagroso de Dios, siempre que fuera necesario el ejercicio de tal poder y hubiera un propósito divino en ello. Todo acto milagroso conlleva un propósito. Esto no significa que los creyentes deben tentar a Dios manipulando serpientes y bebiendo veneno para demostrar Su poder sobre ellos. Tampoco significa que todos serán librados de la muerte si intentan aplicar literalmente este versículo. Recordemos a los mártires que fueron envenenados y echados a las fieras, y muchos de ellos murieron como cualquier otro ser humano.

63. Viene de la pág. 158. Continuación del comentario 388 acerca de *"ellos sanaran"* (cap. 16:18b).

El resumen de los versos 15 al 18 es: El evangelio permanecerá proclamando su testimonio triple: (1) Por medio del mensaje mismo sobre las buenas nuevas. (2) Por la práctica del sacramento. Y (3) por los milagros como señal del cielo. Por lo cual, el cristianismo seguirá siendo un milagro continuo de sanidad y de vida a todo aquel que crea. El mensaje de las buenas nuevas procede del amor más puro, procede de Dios para efectuar nuestra salvación. Según Lutero, las palabras de Cristo son palabras majestuosas, en virtud de lo cual, se envía a estos discípulos a salir y predicar esta nueva verdad. No en una ciudad o país específico, sino en todo el mundo, en todo principado y reino; y a abrir la boca libre y confiadamente delante de todas las criaturas, para que todo el género humano pueda oír esta predicación. Este es un mandato tan fuerte y poderoso que ningún otro mandato lo ha superado. Solo aquellos que se han arrepentido y son verdaderamente humildes pueden predicar el arrepentimiento. Por esto sabemos que Jesús ha instituido el oficio ministerial para beneficio de toda la humanidad. Los portales de la gracia están abiertos para todos. Dios no excluirá de la bienaventuranza eterna a nadie que no se excluya a sí mismo por incredulidad. La fe es requerida a todos, y un solo camino lleva al cielo: la fe; y un solo camino al infierno: la incredulidad. La incredulidad es la única base de la condenación. Ningún hombre puede salvarse si no por Cristo. Sin embargo, Cristo declara condenado al único que ha rechazado la salvación que se le ofrece. Todos los milagros que acompañan la proclamación de la Palabra divina son solo evidencias que señalan esa maravillosa y verdadera salvación. El cristiano que se avergüenza de Cristo debe pensar en Mateo 10:32-33. El mandato imperativo de Cristo: "Id" es dado a la Iglesia, el cual adquirió prominencia en Pentecostés. El evangelio es para todos. El estado de la Iglesia puede verse en lo que hace por y a través de las misiones. El mundo es el teatro donde debe exhibirse con gran excelencia la obra majestuosa del evangelio. Se debe comprender que el cristianismo es una necesidad para la humanidad; por tanto, es un deber el predicar continuamente el evangelio. Debemos profesar la fe que tenemos en nuestros corazones, ya que la fe es necesaria para todos, sin excepción, para que todos sean salvos. Finalmente, que la entrada de Jesús en la gloria nos fortalezca durante el período de prueba; que nos fortalezca en lo siguiente: nuestra fe en el cielo, y en nuestro anhelo por el cielo. La ascensión de nuestro Señor nos muestra el camino al cielo. La ascensión de nuestro Señor es la culminación real de su obra en la tierra. La ascensión es el último milagro del Jesús histórico en la tierra. Con ella, el Señor cerró su estancia visible en la tierra. La ascensión de Jesús nos muestra también que el cielo está ahora abierto. La predicación del evangelio a toda criatura es el mejor testimonio de Cristo resucitado y sentado a la diestra de Dios. Con la ascensión, el Reino comienza a extenderse por todos lados. Por causa de la ascensión, el Señor continúa bendiciendo a su Iglesia. No fue hasta su ascensión que él se convirtió propiamente en nuestro Salvador en toda la extensión de la palabra. Esto consoló el dolor de los discípulos y llena de gozo a quienes lo aceptamos como nuestro único Salvador. Consideremos que Jesús, por su ascensión, ha abierto todo lo que antes estaba cerrado: (1) El corazón humano a la fe. (2) Toda la tierra al evangelio. (3) El cielo para que entren todos los que crean en él.

ORACIÓN PARA RECIBIR A CRISTO COMO SALVADOR PERSONAL

Si desea recibir a Cristo como su único y suficiente Salvador y comenzar una nueva vida, repita esta oración con fe y en voz alta:

"Hoy vengo ante ti, Dios Creador, en el nombre de tu Hijo, Jesús. Tu Palabra dice que todo el que invoque el nombre del Señor será salvo (Romanos 10:13). Creo en mi corazón y confieso que Jesús es el Señor, mi Salvador, y que Tú le levantaste de entre los muertos al tercer día; también te pido perdón por mis pecados. En Cristo Jesús te lo pido. Amén".

Una publicación, gracias a Dios por medio de

Moedim Ministries and Academic Association, Inc.

Escríbanos a: alv36588@oru.edu

o

P.O. Box 4513

Dallas, Texas 75208

EE. UU.

Viste a: http://moedim.com

También en: www.Facebook.com/moedimministries

SOBRE EL AUTOR

El Dr. Henry Álvarez nació en Venezuela. A través de su peregrinaje académico adquirió un bagaje de estudios enfocados en las ciencias básicas, que supo combinar con el interés por el bienestar del ser humano como producto del amor a Dios, y con su inclinación por las letras, le llevan, en 1983, a escribir un libro titulado Perspectivas de la Cultura Cristiana. Primera publicación que le induce a continuar, hasta hoy, con la meta de plasmar por escrito el producto de sus investigaciones y experiencias personales.

Desde el verano de ese 1983 hasta 1985, estudió en el Instituto Bíblico Central de las Asambleas de Dios en la ciudad de Barquisimeto; en 1987, obtuvo el grado de Doctor en Medicina en la Universidad del Zulia, Venezuela, cuando además fue ordenado en el ministerio del Evangelio; en 1999 se graduó en la Escuela de Evangelización Dr. Jerry Savelle, en Crowley, Texas; y en el 2005 ingresó a la Universidad Oral Roberts, en Tulsa, Oklahoma, donde estudió Divinidades, Literatura Bíblica, Consejería Cristiana y Doctorado en Educación en Universidades y Colegios. Por último, obtuvo un doctorado en Teología y Filosofía en la Universidad Inter Americana de Puerto Rico, en el 2015.

Desde 1991 es mentor de pastores y líderes en diferentes países, estando en el ministerio a tiempo completo para desempeñarse en diversos lugares como misionero, pastor, maestro de la Palabra, evangelista y conferenciante. Desde 1997 mantiene credenciales como pastor y ministro por Faith Christian Fellowship International Church, Inc., en Tulsa, Oklahoma; y por medio de la Asociación Evangélica para la Educación y Evangelismo en Toronto, Canadá.

Es fundador y presidente de la Universidad Cristiana Internacional El Shaddai, en Dalas, Texas. Además, es presidente y fundador de Moedim Ministries and Academic Association, Inc.

Printed in Great Britain
by Amazon

21184179R00180